Sammlung Metzler
Band 290

Dagmar Lorenz

Wiener Moderne

Verlag J.B. Metzler
Stuttgart · Weimar

Die Deutsche Bibliothek – CIP-Einheitsaufnahme

Dagmar Lorenz:
Wiener Moderne.
– Stuttgart ; Weimar : Metzler 1995
(Sammlung Metzler ; Bd. 290)
ISBN 3–476–10290–4
NE: GT

ISBN 3–476–10290–4
ISSN 0 558 3667

SM 290

● 1995 J.B. Metzlersche Verlagsbuchhandlung
und Carl Ernst Poeschel Verlag GmbH in Stuttgart
Einbandgestaltung: Kurt Heger
Satz: Johanna Boy, Brennberg
Druck und Bindung: Franz Spiegel Buch GmbH, Ulm-Jungingen
Printed in Germany

Verlag J.B. Metzler Stuttgart · Weimar

EIN VERLAG DER   *SPEKTRUM FACHVERLAGE GMBH*

Inhalt

Pantheismus: Allgottlehre
Lehre, in der Gott und Welt identisch
sind; Anschauung, nach der Gott das
Leben des Weltalls selbst ist.

1. Einleitung: Warum Wien?
Anmerkungen zu einer Geographie der Moderne

Im Nachwort zu seiner Text-Anthologie *Die literarische Moderne* beklagt Gotthart Wunberg die eigentümliche Unbestimmtheit, die dem Begriff der ›Moderne‹ in den Jahren um die Jahrhundertwende anhafte: »dass jeder ihn verwendet, dass jeder ungefähr, aber nicht ganz, dasselbe darunter versteht; dass folglich jeder weiss, was gemeint ist; dass folglich kaum einer genau definiert – definieren kann –, was er meint« (Wunberg, Dokumente, 1971,245).

Das Diktum, ursprünglich gemünzt auf jene Schriftsteller in Berlin und Wien, die seit den achtziger Jahren des letzten Jahrhunderts sich selbst als ›modern‹ verstanden, könnte mit einiger Berechtigung auch auf die gegenwärtige Forschung zum Thema ›Wiener Moderne‹ Anwendung finden. Die Vielfalt der derzeit angebotenen ›Moderne‹-Definitionen im Hinblick auf die geisteskulturellen Tendenzen im Wien der Jahrhundertwende erzeuge unweigerlich die »Verwirrung des Begriffs Modern«, schreibt etwa Manfred Wagner in seinem Aufsatz über den Wiener Jugendstil (Wagner, 1990,111). Unklarheit aber herrscht nicht nur hinsichtlich der Definition, sondern auch hinsichtlich der Datierung besagter Moderne. Herbert Zeman nennt in seiner literaturhistorischen Skizze zur österreichischen Literatur der Jahrhundertwende den Zeitraum von 1870 bis 1920 (Zeman, 1989,2). Während etwa die Autoren Rolf-Peter Janz und Klaus Laermann die literarische Moderne in all ihren Stil-Ausprägungen (Naturalismus, Symbolismus, Impressionismus, Jugendstil) als radikale Abkehr von der Kultur der Gründerzeit interpretieren (Janz/Laermann, 1977), ergibt sich für Franz Norbert Mennemeier die literarische Moderne der Jahrhundertwende als logische Fortsetzung eines Prozesses, der bereits in der Frühromantik einsetzte (Mennemeier, Bd.1, 1985,12). Daß derartige Konzepte immer in Gefahr sind, ins Unbestimmte auszuufern, liegt auf der Hand. Faßlicher für die literaturwissenschaftliche Analyse erscheint dagegen die Datierung Gotthart Wunbergs. Im Titel seiner Anthologie über die Wiener Moderne werden die Jahre zwischen 1890 und 1910 genannt (Wunberg/Braakenburg, 1981). An anderer Stelle verweist Wunberg auf das Spezifische gerade der österreichischen Moderne um 1900, indem er Hermann Bahr, den unermüdlichen Anreger und Förderer der jungen Literatenszene Wiens, als Kronzeugen nennt. Hermann Bahr, so lautet die These Wunbergs, bestimmte ›die Moderne‹ als dynamischen Vorgang von Veränderung schlechthin, indem er schon im Jahre 1891 die »Überwindung des Naturalismus« als Überwindung der jeweiligen -Ismen forderte und damit »die von ihm propagierte Moderne zum Konstituens zeitgenössischer Reflexion macht« (Wunberg, 1987,91).

Zum Stand der aktuellen Diskussion

Es ist sicherlich kein Zufall, daß sich diese Definition der Wiener Moderne in einer Aufsatzsammlung aus dem Jahre 1987 findet. Wunbergs Bestimmung des ›Moderne‹-Begriffes ist Teil einer Diskussion, die in den achtziger Jahren eingesetzt hat und bis heute andauert. Auffällig ist in diesem Zusammenhang, daß mit Beginn der achtziger Jahre sich eine verstärkte Forschungstätigkeit zum Thema der Wiener Moderne bemerkbar macht. Die zahlreichen wissenschaftlichen Symposien, aber auch die populären Ausstellungen der achtziger Jahre in Wien und Paris zum Thema ›Wien um 1900‹ sind dafür Belege. Jacques le Rider setzt den Beginn dieser Aktivitäten in Westeuropa mit dem Jahre 1975 an, als eine Sondernummer der Zeitschrift *Critique* sich des Themas *Wien – Geburt eines Jahrhunderts* (Nr.339/340) annahm, und bezeichnet die im Jahre 1986 organisierte Ausstellung *Wien 1880-1938. Die fröhliche Apokalypse* im Pariser Centre Pompidou als ihren vorläufigen Höhepunkt (Le Rider, 1990,9).

Spätestens seit der – erst 1984 in deutscher Sprache erschienenen – Studie von Allan Janik und Stephen Toulmin über das Wien Wittgensteins (Janik/Toulmin, 1984) wird auch die hiesige Literaturwissenschaft nicht müde, zu betonen, daß die literarische Avantgarde Wiens vornehmlich im Zusammenhang mit anderen geistig-kulturellen Strömungen betrachtet werden muß. Schließlich arbeiteten und kommunizierten in den Jahren um 1900, neben Hugo von Hofmannsthal, Arthur Schnitzler, Peter Altenberg, Richard Beer-Hofmann und Karl Kraus, um nur die prominenten Namen zu nennen, der Kraus-Verehrer Gustav Mahler ebenso, wie der junge Arnold Schönberg. Hermann Bahr organisierte nicht nur den literarischen Kreis des ›Jungen Wien‹, sondern machte sich auch zum Fürsprecher der Secessionisten um Gustav Klimt. Karl Kraus betätigte sich nicht nur als publizistischer Förderer des Architekten Adolf Loos, sondern vermittelte ihm auch manche Auftragsarbeit. Jahre vorher (1885) hatte der Physiker Ernst Mach seine erkenntniskritischen Thesen zur *Analyse der Empfindungen* formuliert, die um die Jahrhundertwende ihre Entsprechung in der Behandlung des ›Identitätsproblems‹ u.a. bei Bahr und Hofmannsthal fanden. <u>Der Journalist und Schriftsteller Theodor Herzl publizierte im Jahre 1896 sein Buch *Der Judenstaat*, während der jüdische Schriftsteller Otto Weininger mit seinem antisemitischen und frauenfeindlichen Pamphlet *Geschlecht und Charakter* im Jahre 1903 Furore machte.</u> Die Kommunikation zwischen einzelnen Persönlichkeiten und den durch sie repräsentierten Positionen gestaltete sich derart intensiv, daß selbst in Fällen, wo zwei potentielle Gesprächspartner sich bewußt der Auseinandersetzung miteinander verweigerten, eine Kommunikation durch das jeweilige Werk stattfand, wie etwa im Verhältnis zwischen dem Arzt und Schriftsteller Arthur Schnitzler und dem Arzt Sigmund Freud zu beobachten ist (vgl. Kap. 3.2).

Die Erwähnung solcher Zusammenhänge macht zugleich deutlich, daß es unter anderem <u>die Herstellung von Bezügen zwischen literarischen und außerliterarischen Tendenzen im Wien um 1900</u> ist, wodurch sich die jüngere Forschung von jener der sechziger und siebziger Jahre unterscheidet. Bezeichnend für den Wandel in der Wahrnehmung der Wiener Moderne ist außerdem die Tatsache, daß noch in etlichen Arbeiten aus den siebziger Jahren die literarische Avantgarde Wiens vor allem als ein durch das gesamteuropäische ›Dekadenzbewußtsein‹ (J.M.Fischer, 1978,84) geprägtes ›Fin de siècle‹-Phänomen begriffen wird, das zwischen Endzeitstimmung und Aufbruchswillen oszilliert (Rasch, 1977,30-49). Der Wiener Moderne wird gewissermaßen ein bescheidener Platz zugewiesen im Universum der Dekadenz- und Ästhetizismus-Literatur, sie wird angesiedelt irgendwo zwischen Oscar Wilde und Gabriele d'Annunzio, dem frühen Thomas Mann und Frank Wedekind, Rainer Maria Rilke und Stefan George (vgl. Bauer, 1977, Kreuzer, 1975, J.M.Fischer, 1978, etc.). Die quantitativ überschaubaren Arbeiten dieser Jahre zum Thema der literarischen Moderne Wiens um die Jahrhundertwende lassen in einigen Fällen auch andere Ansätze erkennen. So zeigt William M. Johnston in seiner umfangreichen österreichischen Kultur- und Geistesgeschichte (1974), daß das Spezifikum der Wiener Moderne sich bestimmt im durchaus konfliktreichen Aufeinanderprallen moderner und gegenmoderner Strömungen in Kunst, Literatur, Politik und Gesellschaft. Es ist dieser, von Emil Brix als ›Ambivalenztheorie‹ bezeichnete Interpretationsansatz, der die aktuelle Diskussion um die Wiener Moderne in vielfachen Varianten prägt (vgl. Brix, 1990,139f). Wie man diesen Ansatz auch im einzelnen beurteilen mag: daß eine Beschreibung der Wiener Moderne nicht umhin kann, sich auf das <u>Geflecht von widersprüchlichen Tendenzen</u> einzulassen, die das Bild dieser Moderne geformt hat, liegt auf der Hand. Während sich im Wien der Jahrhundertwende erstmals moderne Massenparteien organisieren, kultiviert der junge Hofmannsthal zusammen mit seinen Freunden die extrem individualistische Haltung des Künstler-Dilettanten. Während Arthur Schnitzler in seinem *Leutnant Gustl* den modernen inneren Monolog gestaltet, veröffentlicht zur gleichen Zeit Peter Rosegger seine österreichischen Heimatromane – was ihm übrigens die gänzlich unironische Bewunderung des Modernisten Hermann Bahr einträgt (*Die Entdeckung der Provinz*, 1901, in: Wunberg/Braakenburg, 1981,206-224). Die akademiefeindlichen Wiener Secessionisten eröffnen im Jahre 1898 ihr neues Domizil, das, auf städtischem Baugrund errichtet, wegen seiner ungewohnten architektonischen Form von kulturkonservativen Kreisen heftig angefeindet wird. Gleichwohl ist bei der Eröffnung ausgerechnet Kaiser Franz Joseph zugegen, dessen Geschmack in Dingen der bildenden Kunst auf dem Niveau gemalter Bauernhaus-Idyllen rangiert (vgl. Hutter, 1985,35-40). Der antimoderne Modernist Karl Kraus, ein Bewunderer des feuilletonistischen Impressionisten Peter Altenberg, widmet seine gesamte publizistische Arbeit dem Kampf gegen das moderne Feuilleton. Schlägt da die Moderne zuweilen in Traditionalismus um, oder bezeichnen derartige Widersprüche gar »die Geburt der Antimoderne aus dem Geist der Suche nach dem Österreichischen«, wie K.H. Rossbacher meint? (Rossbacher, 1990,62). Die Aufzählung der Ambivalenzen – der Begriff wird in Anlehnung an die Psychoanalyse von Norbert Leser im Kontext der Wiener Moderne gebraucht (Leser, 1986,38f) – ließe sich jedenfalls beliebig fortsetzen. Immer wieder müssen wir feststellen, daß wir bei der Betrachtung des zeitlich-topographischen Phänomens ›Wien um 1900‹ keineswegs auf eine homogene Kulturlandschaft treffen, die sich mit einem Male einer bestimmten Richtung der Moderne verschrieben hätte. In den kulturellen Milieus jener Zeit fanden offenbar vielschichtige Überlagerungen statt von älteren, eher traditionalistisch orientierten Denk- und Kunstelementen mit jenen Gedanken und Konzeptionen, die wir heute rückblickend als avantgardistisch einordnen würden (Csáky, 1986,141f). Die Mehrzahl des Wiener Literatur- und Kunstpublikums war dem konventionellen Kulturbegriff der Gründerzeit verhaftet. Auch pflegten zur selben Zeit, da sich bereits eine literarische Avantgarde von gesamteuropäischer Bedeutung bemerkbar machte, Schriftsteller, wie Anzengruber, v.Saar, Ebner-Eschenbach, durchaus erfolgreich eine österreichische Provinzial-Literatur (Rossbacher, 1992, Zeman, 1989). Und, wie bereits erwähnt, sind explizit gegenmoderne Vorstellungen gerade auch im Lager der Modernen selbst auszumachen. So zeigt beispielsweise Josef Dvorak, daß die für das Menschenbild des 20. Jahrhundert so prägende Psychoanalyse von Freud selbst keineswegs als Demontage überkommener Identitätsvorstellungen, sondern vielmehr als Wiederherstellung einer abhanden gekommenen bürgerlichen Rationalität intendiert war (Dvorak, 1985,427-435).

Daß also – neben der Pluralität von Lebensstilen und Geistesströmungen im Wien um 1900 – die Wiener Moderne selbst weit davon entfernt war, eine in sich einheitliche Bewegung zu bilden, wird in der neueren Forschung immer wieder betont. Gerade auch in diesem Zusammenhang konzentriert man sich nun auf die Spezifika, welche die im Wiener Kontext entstandenen Strömungen von der Moderne andernorts unterscheiden. Rudolf Haller etwa spricht von einer »österreichischen Philosophie« (Haller, 1986). Carl E. Schorske stellt die freudianisch anmutende These auf, daß der Kultur der Wiener Moderne eine Surrogatfunktion zukomme. Sie sei entstanden aus dem Empfinden einer frustrierten Generation, der die politischen und gesellschaftlichen Handlungsmöglichkeiten genommen wurde (Schorske, 1982). Das Besondere der Wiener Moderne betont auch Allan Janik, der das Wort vom »critical modernism« geprägt hat (Janik, 1990, 156). Wien, so argumentiert Janik, sei keineswegs als Geburtsort der Moderne zu betrachten. Dieses Prädikat verdiene zweifellos Paris mit seinen kompromißlosen Avantgarde-Bewegungen in Kunst und Literatur. Was aber die spezielle Qualität der Wiener Moderne ausmache, sei die kritische Rezeption von Moderne. Die These Janiks von der Moderne, die sich im Wien um 1900 kritisch selbst reflektiere, erklärt zugleich die Verlagerung des Forschungs-Interesses von der Avantgarde der Pariser Jahrhundertwende zur Wiener Kritik der Avantgarde durch die Vertreter der Avantgarde selbst. Im Zeichen einer Kritik am Projekt der Moderne, die um 1980 einsetzte, fasziniert die Gleichzeitigkeit von Ungleichzeitigem, fasziniert das spannungsreiche Nebeneinander von Widersprüchen innerhalb des multikulturellen Bezugsrahmens der krisengeschüttelten Habsburgermonarchie, wie Emil Brix hellsichtig konstatiert (Brix, 1990,141). Es ist daher nur folgerichtig, daß Jacques le Rider in der Wiener Moderne die Vorwegnahme einiger postmoderner Themen erblickt. Seine These, wonach die Wiener Moderne im Versuch einer Bewältigung der im Wiener Kontext vorherrschenden Identitätskrise so antimodern sei, daß sie die Postmoderne bereits in sich entwickelt habe (le Rider, 1990), kann hier allerdings nicht weiter ausgeführt werden. Und auch andere Ansätze, wie etwa jener von Steven Beller, der den ›ethischen Monotheismus‹ und die Rolle des Wiener Judentums hervorhebt (Beller, 1993,175-180, Beller, 1993) sollen nur am Rande behandelt werden.

Surrogat → Ersatz   5

Wien und die Moderne

Die aktuelle Diskussion zur Theorie der Wiener Moderne berücksichtigend (vgl. dazu auch K.R.Fischer, 1993,110-127), erscheint es sinnvoll, sich zunächst einer grundlegenden Frage zuzuwenden. Worin eigentlich, bestand das Besondere, das Wien zu einem geographischen Ort der Moderne gemacht hat? Die enthusiastische Formel, wonach, den Herausgebern eines Sammelbandes zufolge, in Wien das 20. Jahrhundert erfunden wurde (Berner/Brix/Mantl, 1986,11), und die bereits erwähnte Kritik von Allan Janik an dieser These ändern nichts daran, daß im Wien der Jahrhundertwende ein kreatives Milieu existierte, welches die Entwicklung von neuen Ideen begünstigte. Letzteres ist in der Forschungsliteratur unbestritten. Allerdings befindet sich in diesem Punkte der Nach-Forschende späterer Jahrzehnte in einem bezeichnenden Gegensatz zur Einschätzung der damaligen Beteiligten selbst. Sigmund Freud etwa, klagte in seinen Briefen gegenüber Wilhelm Fließ wiederholt über die Geringschätzung, die neue, originelle Gedanken in der Wiener Öffentlichkeit erfuhren (vgl. Worbs, 1983,17ff). Die Autoren des ›Jungen Wien‹ wurden vom breiteren, kulturbeflissenen Publikum zunächst überhaupt nicht wahrgenommen. Ihre Werke, die meist in Leipziger oder Berliner Verlagen erschienen, waren weit davon entfernt, Bestseller zu sein. Dramen aus den neunziger Jahren von Schnitzler, Hofmannsthal und Felix Dörmann wurden, sofern man sie überhaupt an Wiener Theatern aufführte, von Kritik und Publikum zunächst eher ablehnend kommentiert (J.M.Fischer, 1978,37, Rieckmann, 1985,145ff, Castle, 1937, 2071f). Die Uraufführung der ersten beiden Streichquartette Arnold Schönbergs im Jahre 1908 provozierte lautstarke Tumulte im Publikum und der junge Hofmannsthal äußerte in einem 1909 verfaßten Brief an den Vater sein Unbehagen über »die neidige, nörgelige und stagnierende Atmosphäre von Wien«. (zit. Le Rider, 1990, 21). Doch das Verhältnis der Jung-Wiener Autoren zu ihrer Stadt war durchaus zwiespältig, wie folgende Äußerung Hermann Bahrs aus dem Jahre 1905 verdeutlicht:

»Ich sage mir oft, sage mir täglich: Nein, man kann in Wien nicht mehr leben, fort! Hier sind nicht zwölf Menschen, die halbwegs europäisch empfinden. Und hinter ihnen ist gleich nichts; das Chaos. Aber dann malt Klimt ein neues Bild. Dann macht Roller den Tristan oder den Fidelio neu, Mahler dirigiert, die Mildenburg singt. Und ich sage mir dann: Ich könnte doch nirgends leben als in Wien, wirklich leben, was mir Leben ist«. (zit.n. Johnston, 1974,137)

Die Vielfalt jener Faktoren, die das kreative Gesamtmilieu Wiens charakterisiert, läßt eine reduktionistische Betrachtungsweise, die etwa auf monokausalen Erklärungsmustern beruht, als unzulässige Perspektiven-Verkürzung erscheinen. Nichtsdestoweniger erfordert auch die Darstellung des scheinbar Disparaten ein Minimum an kausaler Kohärenz. Dem Dilemma ist allenfalls mit der Beschränkung auf ausschnitthafte Wiedergabe beizukommen. Das Schwergewicht dieser Darstellung liegt daher eindeutig im literarischen Bereich, wobei insbesondere jene Literatur berücksichtigt wird, die unter der Signatur ›Jung-Wien‹ firmiert. Es sollen Bezüge aufgezeigt werden zwischen einer bestimmten Art von Literatur, der entstehenden Psychoanalyse, der erkenntnistheoretischen Physik, bestimmten Geistes-Tendenzen und der Publizistik im Wien jener Epoche. Sichtbar werden diese Bezüge anhand konkreter Einzelbeispiele, die gleichsam als Mosaiksteine fungieren in einem Ganzen, das, weil es sich nie lückenlos erschließen wird, lediglich als hypothetisch gedacht werden kann.

Der vieldiskutierte Moderne-Begriff wird im Rahmen dieser Arbeit vorwiegend als Epochenbegriff verwendet, d.h. er ersetzt die in der älteren Forschung – und von den Zeitgenossen selbst – verwendeten Stil-Termini, wie »Neuromantik«, »Symbolismus«, »Impressionismus«, »Jugendstil« und umfaßt stattdessen die ›neuen‹ literarischen Erscheinungen der Jahre zwischen 1890 und 1910 in ihrer Gesamtheit, wie es Gotthart Wunberg und Jacques le Rider vorschlagen. Was aber seine inhaltliche Konturierung anbelangt, so bietet sich als Arbeitshypothese an, den Begriff von seiner Negativ-Bestimmung her einzugrenzen. Auf eine hilfreiche Profilierung des Begriffs verweist dabei Rudolf Borchardts »Rede über Hofmannsthal« aus dem Jahre 1902. Der ›konservative‹ Rudolf Borchardt wendet sich darin entschieden gegen den Begriff der Moderne, bringt diesen aber ironischerweise gerade in seiner Ablehnung auf den entscheidenden Punkt. Borchardt schreibt:

»Welcher Art immer die *Kunstübung* sein mag, an der er (der Begriff des Modernen – D.L.) entwickelt worden ist, zunächst und vor allem enthüllt er den chaotischen Zustand einer *Gesellschaft*, deren Kräfte sich von ausgenützten Polen endgültig fortgezogen haben, und sehr langsam erst nach neuen hin sich zu lagern beginnen, (...)« (Borchardt, in: Wunberg, 1971,141).

Borchardt benennt hier ein wichtiges Charakteristikum der Wiener Moderne: sie entsteht innerhalb einer Gesellschaft, die sich von ihren »Polen«, ihren geistigen Orientierungsmarken wegbewegt hat und sich »sehr langsam erst« neue Orientierungen sucht. Eine Verschiebung findet statt und der Zustand jener von Borchardt beschworenen »Kräfte«, die ihres Zentrums verlustig gegangen sind, ist durchaus labil. Einer derart zentrifugalen Dynamik begegnen wir in den Jahren vor der Jahrhundertwende, der Spätzeit des Vielvölkerreiches der österreichischen Habsburgermonarchie, in nahezu allen Bereichen des öffentlichen Lebens: auf politischer Ebene äußert sie sich als Krise des Liberalismus (vgl. Schorske, 1982, Worbs, 1983) und der österreichisch-habsburgischen Staatskonzeption, auf dem Gebiet der psychologischen Erkenntnistheorie erscheint sie als Ich-Krise, im Bereich der Literatur als Sprach- und Werte-Krise – kurz, es vollzieht sich allmählich die Ablösung eines tradierten sozio-geistkulturellen Rahmensystems, ein Vorgang, der gemeinhin mit dem Schlagwort »Paradigmenwechsel« bezeichnet wird (vgl. Neuber, 1989, Weibel, 1985).

Um diese Dynamik der Moderne in ihrer Bedeutung einschätzen zu können, empfiehlt sich zunächst eine kurze Skizzierung einiger politischer, bzw. sozio-kultureller Tendenzen, die sich gegen Ende des letzten Jahrhunderts in der Habsburgermetropole Wien bemerkbar machen: sie geben nicht nur den äußeren Rahmen vor, unter denen sich literarisches Leben entfaltet, sondern finden teilweise auch Eingang in die Sprechweise und Metaphorik einzelner, für die Moderne entscheidender Texte selbst. Es sei an dieser Stelle nur auf die ausgezeichnete Studie von Michael Worbs verwiesen, der von dem »kakanischen Entstehungszusammenhang« der Freudschen Psychoanalyse spricht und – neben Carl E. Schorske – zeigt, wie eng die Freudsche Darstellung psychischer Mechanismen verwoben ist mit Bildern und Analogien, die der politischen Theorie des Liberalismus entstammen und teilweise direkte Anspielungen auf die politisch-soziale Situation in der Endzeit der k.u.k.- Monarchie enthalten (Worbs, Kap.1, 1983, Schorske, 1982, vgl. auch Simon, 1957, 270-305).

Wien als gesellschaftlich-kulturelle Gesamtsituation um die Jahrhundertwende

Robert Musil, dessen Novelle *Die Verwirrungen des Zöglings Törleß* im Jahre 1906 erschien, sollte in seinem späteren Roman *Der Mann ohne Eigenschaften*, die politische Gesamtlage des Habsburgerreiches, von ihm als »Kakanien« bezeichnet, als Groteske beschreiben:

»Es nannte sich schriftlich Österreichisch-Ungarische Monarchie und ließ sich mündlich Österreich rufen; mit einem Namen also, den es mit feierlichem Staatsschwur abgelegt hatte, aber in allen Gefühlsangelegenheiten beibehielt, zum Zeichen, daß Gefühle ebenso wichtig sind wie Staatsrecht und Vorschriften nicht den wirklichen Lebensernst bedeuten. Es war seiner Verfassung nach liberal, aber es wurde klerikal regiert. Es wurde klerikal regiert, aber man lebte freisinnig. Vor dem Gesetz waren alle Bürger gleich, aber nicht alle waren eben Bürger. Man hatte ein Parlament, welches so gewaltigen Gebrauch von seiner Freiheit machte, daß man es gewöhnlich geschlossen hielt; aber man hatte auch einen Notstandsparagraphen, mit dessen Hilfe man ohne Parlament auskam, und jedesmal, wenn alles sich schon über den Absolutismus freute, ordnete die Krone an, daß nun doch wieder parlamentarisch regiert werden müsse. Solcher Geschehnisse gab es viele in diesem Staat, und zu ihnen gehörten auch jene nationalen Kämpfe (...). Sie waren so heftig, daß die Staatsmaschine mehrmals im Jahr stockte und stillstand, aber in den Zwischenzeiten und Staatspausen kam man ausgezeichnet miteinander aus und tat, als ob nichts geschehen wäre« (Musil, hg.v. A.Frisé, 1978,33).

So skurril die Schilderung sich ausnimmt: die von Musil genannten widersprechenden Tendenzen waren charakteristische Einzelzüge der Habsburgermonarchie im letzten Viertel des 19. Jahrhunderts. Seit dem Ausgleich mit Ungarn (1867) existierten faktisch zwei weitgehend selbständige Staaten – Österreich und Ungarn – innerhalb eines Reiches. Daneben gab es die mittelalterlich-feudal definierten Kronländer und es gab die Nationalitäten innerhalb der Reichsgrenzen, die Tschechen, Slowaken, Slowenen, Ruthenen in Österreich, die Serben und die Rumänen in Ungarn. Nicht weniger als 15 ethnische Gruppen, 12 Hauptsprachen, 5 Religionen und mindestens 5 eigenständige kulturelle Traditionen (Brix, 1990,136) umfaßte dieses Gebilde, an dessen Spitze ein habsburgischer Kaiser stand, der, gewissermaßen erstarrt in einem Netz archaischer Hofkonventionen, zusehends den Kontakt mit den gesellschaftlichen Realitäten seiner Zeit verlor.

Divergierende soziale, wirtschaftliche und kulturelle Entwicklungen sorgten für ein latentes Spannungsgefüge zwischen den einzelnen Nationalitäten und der Zentralmacht, die immer weniger in der Lage war, die jeweiligen nationalen Autonomiebestrebungen kontrollieren zu können (Rumpler, 1991).

Im Zusammenhang mit der Herausbildung der geistig-kulturellen Moderne ist insbesondere die Tatsache erwähnenswert, daß ihre herausragenden Persönlichkeiten einer Generation angehörten, die ihre entscheidenden Bildungseinflüsse in der Blütezeit des österreichischen Liberalismus erhielt. Ob der aus bescheidenen Sozialverhältnissen stammende Sigmund Freud (geb. 1856) oder Arthur Schnitzler (geb. 1862), Sohn des angesehenen Universitätsprofessors und Chefarztes der Wiener Poliklinik, Johann Schnitzler, ja selbst die Jüngeren, wie der Großbürgerssohn Hugo von Hofmannsthal (geb. 1874) oder der aus einer adligen Künstler- und Gelehrtenfamilie stammende Leopold Andrian (geb. 1875 als Leopold Reichsfreiherr von Andrian-Werburg) – sie alle waren geprägt von der politischen und wirtschaftlichen Aufschwungsperiode, die – wenngleich im Vergleich zum übrigen Europa verzögert – in den sechziger Jahren des 19. Jahrhunderts ein liberal orientiertes Bürgertum entstehen ließ. Der verlorene Krieg gegen Preußen (1866) provozierte eine Haltung außenpolitischer Zurückgezogenheit, eine Konzentration auf die eigene wirtschaftliche, mithin aber auch kulturelle Entwicklung. Daß letztere auch als kompensatorische Reaktion gegen das preußische Berlin verstanden werden kann, erläutert Carl Schorske (Schorske, 1982). Im Zuge der Niederlage gegen Preußen und des sich abzeichnenden wirtschaftlichen Aufschwungs gelangte die Deutsch-Liberale Verfassungspartei an die Regierung. Sie stellte zwischen 1867 und 1878 die Kabinette. Freilich beruhte ihre politische Macht nicht auf der eigenen Stärke, sondern auf der Schwäche der altadelig-klerikalen Kräfte. Die gesellschaftliche Grundlage des Industrie- und Handelsbürgertums blieb verhältnismäßig ungefestigt, beruhte sie doch in einem weitgehend agrarisch geprägten Großreich auf den deutsch-österreichisch-jüdischen Unternehmer- und Kaufmannsschichten, die lediglich in den städtischen Zentren des Habsburger Vielvölkerstaates an Bedeutung gewannen.

Im städtischen Zentrum des Habsburgerreiches par excellence, in Wien also, zeigte der wirtschaftliche Aufschwung indes die entsprechende Wirkung.

In augenfälliger Weise bildete sich etwa die Verschiebung des Sozialgefüges ab in der topographischen Struktur der alten Habsburgerhauptstadt Wien. Zu dem von barock-katholisierender Kultur geprägten altösterreichischen Hochadel und der kaiserlichen Verwaltungsbürokratie drängte sich bald eine Schicht von wirtschaftsstarken Emporkömmlingen, die sich den Ideen eines wissenschaftsgläubigen Liberalismus verpflichtet fühlten. Bereits ab 1857 hatte man mit dem Abriß der alten Festungswälle Wiens begonnen (Lichtenberger, 1970,17f). An ihrer Stelle entstand die spätere Ringstraße mit ihren repräsentativen Staatsbauten, hochherrschaftlichen Stadthäusern und historisierenden Fassaden, die als neugotische, neobarocke und renaissancehafte Stilnachahmungen dekoriert wurden. Carl E. Schorske hat darauf verwiesen, daß etwa der sogenannte Rathaus-Bezirk mit seinen vier öffentlichen Gebäuden das steingewordene Wertesystem des Liberalismus darstellte: die parlamentarische Regierung im Gebäude des Reichsrats, die städtische Selbstverwaltung im

Rathaus, die höhere Bildung in der Universität und die Schauspiel-kunst im Burgtheater (Schorske, 1982,35). Die Ringstraße galt schon den Söhnen der Gründergeneration als Synonym für die Repräsentatios-Welt der Väter (Janz/Laermann, 1977, Schorske, 1982, 24f). Und nicht von ungefähr wird die Epoche der Gründerzeit in der österreichischen Fachliteratur auch als ›Ringstraßenzeit‹ bezeichnet (Springer, 1979, Rossbacher, 1992), bietet doch die Wiener Ringstrasse in ihren einzelnen geographischen Teilabschnitten einen repräsentativen Querschnitt durch die bürgerlichen Aufsteiger-Schichten der Gründerzeit. Elisabeth Lichtenberger hat nachgewiesen, daß es, neben dem traditionellen Hochadel und dem in seiner Nachbarschaft ansässigen Luxus-Gewerbebetrieben, einer vom industriellen Zeitalter geprägten bürgerlichen Oberschicht vorbehalten war, herausragende Ringstraßen-Viertel zu besetzen. Es waren dies hohe Verwaltungsbe-amte, Universitätsangehörige, Bankiers, zahlreiche Angehörige freier Berufe, wie Kaufleute, Rechtsanwälte, Ärzte (Lichtenberger, 1970, 63).

Viele von ihnen, wie etwa auch die Eltern Arthur Schnitzlers, zählten zu den zahlreichen jüdischen Untertanen des k.u.k-Reiches, die einst in der Hoffnung auf gesellschaftlichen Aufstieg aus den wirtschaftlich unterentwickelten Gebieten, wie etwa Galizien oder Ungarn, nach Wien gekommen, und, sofern sie erfolgreich waren, die eigentlichen deutsch-österreichischen Kultureliten darstellten. Die Judenemanzipation des 19. Jahrhunderts hatte ihnen die staats-bürgerliche Gleichstellung versprochen. Und die Assimilation qua Aneignung deutsch-österreichischen Kulturerbes fügte dem wirt-schaftlichen Aufstieg noch die gesellschaftliche Reputation bei. Die zu Wohlstand gelangte Vätergeneration der späteren Jung-Wiener Modernen war eine mit liberalem Fortschritts- und Vernunftopti-mismus ausgestattete Bürgerschicht.  In seiner autobiographischen Rückschau spricht Stefan Zweig über das ausgeprägte Sicherheitsbe-dürfnis dieser Vätergeneration und bezeichnet damit indirekt auch die verdrängte Kehrseite der Ringstraßengesellschaft: ihre heimliche Angst vor dem in ihre Welt einbrechenden Unberechenbaren (vgl. Zweig, Ausg.1980,14f). Diese Ambivalenz ist selbst unter der Ober-fläche der offiziösen Kultur jener Epoche aufzuspüren, die vor allem eine Kultur der Selbst-Repräsentation war. In ihrem Bemühen, sich an die alten Adels-Oberschichten anzugleichen, orientierte sich die neue, bürgerliche Oberschicht am Lebensstil des Adels, d.h.: als Sta-tussymbole boten sich vor allem die »musikalischen und schaukultu-rellen Geschmackstraditionen des alten Adels« an, wie Karlheinz Rossbacher in seiner Untersuchung über Literatur und Liberalismus (Rossbacher, 1992,17f) betont. Es waren vor allem Oper und Ope-

11

rette, sowie die Malerei, die, zusammen mit der epigonalen Spielart einer Sprechtheater-Klassik am Burgtheater, dominierten. In der Operette ebenso wie im sogenannten Wolter-Drama, das nach dem weiblichen Schauspieler-Star der Epoche, Charlotte Wolter, benannt ist, tauchten indes die problematischen Aspekte der Epoche ins Heitere oder Zeitlos-Tragische gewendet, wieder auf. Es ist bezeichnend, daß nach der wirtschaftlichen Schwächeperiode ab 1873, die· auf die erste Gründerzeit folgte, die Operette ihre Triumphe feierte. Karlheinz Rossbacher verweist auf ihren Illusionscharakter, der dem Zuschauer eine gewissermaßen traumhafte Distanz zur äußeren Realität ermögliche (Rossbacher, 1992,148). Eine Operette, wie etwa *Die Fledermaus*, thematisiert die Gratwanderung bürgerlicher Emporkömmlinge zwischen Geschäft, Lustort und Gefängnis (ebd.) und bezeichnet gleichzeitig jene Verdrängungsmechanismen (»glücklich ist, wer vergißt, was doch nicht zu ändern ist...«), die, eine Generation später, Sigmund Freud zu einem Kernelement seiner Psychoanalyse machen sollte. Und das sogenannte Wolter-Drama des gründerzeitlichen Dramatikers Adolf Wilbrandt (1837-1911) präsentierte in antiker Verkleidung jene erotischen Projektionen, die das Ringstraßenpublikum von einer voyeuristischen Warte sicherer Distanz herab, goutieren konnte. Dem realitätsabgewandten Schau- und Repräsentationsbedürfnis dieses Publikums entsprachen weiterhin die monumentalen Historien-Gemälde und opulenten Festinszenierungen des Malerfürsten Hans Makart (1840-1884), der sich überdies auch als Ausstatter zahlreicher Wolter-Dramen betätigte. Zweifellos dienten bildende Kunst und Theater dem gründerzeitlichen Bürger vor allem zur Verschönerung seines Feierabends. Ebenso zweifellos aber, kam dem Theater innerhalb des öffentlichen Lebens eine Bedeutung zu, die andere Bereiche des gesellschaftlichen Lebens als geradezu nebensächlich erscheinen ließ. In seinen Memoiren schildert Stefan Zweig anschaulich, daß die Zeitungslektüre in seinem großbürgerlichen Elternhaus vorwiegend die Lektüre des Feuilletons mit seinen Premierenkritiken bedeutete, daß man hingegen den politischen Nachrichtenteil einfach überblätterte. Der geradezu sprichwörtliche Theaterkult des großbürgerlichen Wiener Publikums mochte seine historischen Ursachen in der barock-aristokratischen Theatertradition haben, doch offenbarte diese Haltung vor allem das Verhältnis der Zeitgenossen zur Wirklichkeit. »Alles drängt den Wiener von der Wirklichkeit ab«, schrieb Hermann Bahr in seinem 1906 erschienenen Buch über Wien (Bahr, in: JW, 1987,20). Und er fuhr fort: »Der Wiener braucht immer ein Beispiel. Dazu geht er ins Theater. Es ist kein Abbild des Lebens. Das Leben ist sein Nachbild« (ebd.).

Die Äußerung Bahrs bezeichnet die Nahtstelle, an der sich die Kunst-Manie der gründerzeitlichen Väter mit dem späteren Ästhetizismus ihrer Söhne berührte. Das Leben als Kunst sollte in der Tat zu einem herausragenden Thema der Jung-Wiener Literatur werden. Freilich werden die folgenden Kapitel zeigen, daß solche Ästhetizismus-Konzeptionen von einigen Jung-Wienern selbst durchaus als problematisch reflektiert werden. Dennoch zeigt das Beispiel der bildenden Kunst, daß etwa der ›moderne‹ Wiener Jugendstil von der zeitgenössischen Kunstkritik um 1900 in eine Traditionslinie mit der Dekorkunst eines Hans Makart gestellt wurde. So schrieb Ludwig Hevesi, jener Kunstkritiker, der die berühmte Inschrift (»Der Zeit ihre Kunst, der Kunst ihre Freiheit«) für das von Joseph Maria Olbrich erbaute Secessionsgebäude formuliert hatte, in seinem Aufsatz »Hans Makart und die Sezession« vom Juni 1900:

»Es ist eine wesentliche Fähigkeit der Modernen von heute und morgen, daß sie die Natur wieder ornamental sehen können. Sie sagen heute »ornamental«, früher sagte man »dekorativ«. Das Ornamentale lebt mehr in der Linie, das Dekorative mehr in der Farbe. Die Modernen ergehen sich in Gefühlslinien, Hans Makart erging sich in Gefühlsfarben. Seine Kunst war nicht Gedanke, sondern Gefühl; reine Ausströmung, wie Musik ohne Text. Das ist eigentlich ungemein modern« (Hevesi, in: JW, 1987,49).

Deutlich wird hier die Art des Ablösungsprozesses der Jugendstilkünstler von der historisierenden Kunst der Ringstraßenwelt. Die Kritik der ›Modernen‹ an der als falsch und inauthentisch empfundenen ›Verkleidungsarchitektur‹ der großbürgerlichen Palais, wie sie etwa Hermann Bahr in seinem Aufsatz »Secession« von 1900 formulierte, mochte zwar zunächst den Anschein eines radikalen Bruchs mit der anerkannten Kunstauffassung haben, doch zeigten die neuen Konzeptionen, wie die eines Otto Wagner, durchaus Ähnlichkeiten mit denen ihrer Vorgänger. Ästhetisierte der Historismus die Geschichte, beabsichtigte der Jugendstil die Ästhetisierung des Lebens, auch des alltäglichen Lebens, wie die Gründung der »Wiener Werkstätte« (1903) zeigte (vgl. Haiko, 1986,303).
    Vor diesem Hintergrund betrachtet, gewinnt auch die spätere Position des Architekten und einstigen Secessionisten Adolf Loos an zusätzlicher Dimension. Adolf Loos übte bekanntlich in seinem 1908 publizierten Buch *Ornament und Verbrechen* vehemente Kritik an jeder dekorativen Architektur und zielte damit nicht nur auf die schwülstigen Historismus-Fassaden der Ringstraßengebäude, sondern auch auf die ornamentale Linie seiner ehemaligen Secessions-Kollegen und Jugendstilkünstler um Klimt (vgl. Czech, 1986, 357-359). Hinter dieser ›Ornament‹-Kritik allerdings, verbarg sich

das, was Czech einmal im Hinblick auf Loos das »Entwurfsethos« genannt hat – die Kritik an der in Wien allgemein geübten Verschönerungsornamentik und Maskierung von Realität überhaupt. Unter den Vorzeichen von Sprach- und Kulturkritik werden wir solcher Ornament- und Ästhetisierungskritik im vehementen Sprachpurismus des Loos-Förderers Karl Kraus ebenso wiederbegegnen, wie im fanatischen Rassen- und Geschlechter-Rigorismus eines Otto Weininger (vgl. Kap. 4, sowie: Pfabigan, 1985).

Gesellschaftliche Krisensituation: Politik als Kunst

Derartige Kunst- und Literatur-Diskussionen in der Folge der Ablösung einer neuen Generation von der Gründerzeit ihrer Väter fanden statt vor dem Hintergrund einer fortschreitenden gesellschaftlichen Verunsicherung.

Erste Risse in der geschönten Fassade der Ringstraßenzeit machten sich seit dem sogenannten Schwarzen Freitag vom 9. Mai 1873 bemerkbar. Mit dem großen Börsenkrach verloren, neben vielen anderen, auch die Väter von Sigmund Freud und Arthur Schnitzler ihr Vermögen und selbst die arrivierte Familie Hugo von Hofmannsthals erlitt beachtliche finanzielle Verluste (Worbs, 1983,188). Es folgte eine Zeit wirtschaftlicher Depression, die, wenngleich wiederum abgelöst durch einen gemäßigten Aufschwung, eine Existenzkrise des ökonomischen und politischen Liberalismus einleitete (Matis, 1991,121).

Die Jahre nach 1873 zeitigten massive Verschiebungen im sozialpolitischen Gefüge der Reichshaupt- und Residenzstadt Wien. Zwischen 1880 und 1910 verdreifachte sich die Bevölkerung der Stadt auf rund zwei Millionen Einwohner: ein Zuwachs, der teils auf die Eingemeindung der Vorstadtbezirke, teils auf die Zuwandererströme aus dem Osten des Habsburgerreiches zurückzuführen ist. Stammten die Zuwanderer noch zu Beginn des 19. Jahrhunderts vor allem aus Niederösterreich, Böhmen und Süddeutschland, so kamen in der zweiten Hälfte des Jahrhunderts die Zuwanderer aus Böhmen, Mähren, und der Slowakei, aber auch aus den jüdischen Siedlungen Galiziens oder der Bukowina (Bodzenta, 1986,197f). Die zuletzt Zugewanderten indes, die sich vorwiegend im zweiten Gemeindebezirk, der Leopoldstadt, ansiedelten, waren durch soziale und sprachliche Welten getrennt von ihren bereits kulturell und wirtschaftlich assimilierten Glaubensgenossen der Ringstraße. Peter Pulzer weist darauf hin, daß die Wiener Kultur um und nach 1900 nicht denkbar gewesen sei ohne die Juden, daß aber die jüdische Bevölkerung Wiens in wirtschaftlicher, kultureller und sozialer Hinsicht durchaus heterogen gewesen sei und zwischen Integration und Absonderung schwebte (Pulzer, 1986,36ff). Doch es waren nicht nur die jüdischen Zuwanderer, welche die Vorstädte und die engen, überfüllten arme-Leute-Quartiere an der Peripherie des Ringstraßen-Wiens bevölkerten. Neue soziale Bevölkerungsgruppen, wie die – meist ebenfalls zugewanderten – Industriearbeiter entstanden mit der Expansion von Industrie, Handels- und Verkehrswesen und stellten bald 52% der Bevölkerung, die sich aus 55% Zugezogenen und 45% Einheimischen zusammensetzte (Martino, 1989,95). Die Vorstadt, ursprünglich an der Peripherie der Habsburgermetropole gelegen und von Arthur Schnitzler in seinen Dramen zitiert als sozio-geographisches Gegenbild zur Ringstraße (vgl. Janz/Laermann, 1977), rückte um 1900 näher ins Zentrum – was durchaus wörtlich zu nehmen ist, denn im Jahre 1890 erfolgte die Eingemeindung früherer Außenbezirke. Und daß dieses ›Zusammenrücken‹ von den etablierten Bürgern Wiens auch als potentielle Bedrohung empfunden wurde, beweisen beispielsweise die hysterischen Ängste, welche die Ankündigung der ersten Demonstration der Arbeiterbewegung zum 1.Mai 1890 auslöste. Die Demonstration verlief völlig friedlich. Dennoch notierte der sechzehnjährige Hofmannsthal in seinen mit »Wien I. Mai 1890, Prater gegen 5 Uhr nachmitt.« überschriebenen Versen eine fast schon apokalyptische Vision:

> »Tobt der Pöbel in den Gassen, ei, mein Kind, so lass ihn schrei'n.
> Denn sein Lieben und sein Hassen ist verächtlich und gemein!
> Während sie uns Zeit noch lassen, wollen wir uns Schönerm weih'n.
> Will die kalte Angst dich fassen, spül sie fort in heissem Wein!
> Lass den Pöbel in den Gassen: Phrasen, Taumel, Lügen, Schein,
> Sie verschwinden, sie verblassen – Schöne Wahrheit ›lebt‹ allein«
> (zit. JW, 1987,87).

Die Vielfalt und Vielzahl von kulturellen Milieus, Sprachengemeinschaften und Volksgruppen auf verhältnismäßig begrenztem Raum war sicherlich beteiligt am Entstehen des von Allan Janik genannten kreativen Milieus im Wien um 1900 (Janik, 1986,45-55). Und Emil Brix betont zu Recht, »daß Wien als Hauptstadt des Vielvölkerreiches Österreich-Ungarns auf Grund seiner ökonomischen Rückständigkeit und seiner vielfältigen kulturellen und nationalen Identitäten im weltweiten Prozeß der Modernisierung in ein Spannungsverhältnis geriet, das ein Klima kreativer kultureller Möglichkeiten schuf. Das ›Moderne‹ am Wien der Jahrhundertwende war also die permanente Notwendigkeit, mit Gegensätzen umgehen zu lernen« (Brix, 1990,136). Was Brix hier positiv formuliert, zeigte aber auch alle Anzeichen einer grundsätzlichen Bedrohung des rational-gemäßigten Denk- und Handlungskonsenses, auf dem das bürgerlich-liberale Selbstverständnis ruhte. Die Tendenzen des Austausches und der topographischen Annäherung gingen einher mit Gegentendenzen, die massiv auf die politische Struktur einwirkten und zur Verunsicherung der bürgerlichen Identität insgesamt beitrugen.

In den achtziger Jahren, jener Zeit, die Hermann Broch im Hinblick auf die krisenverdrängende Unterhaltungs- und Dekorationskultur des Bürgertums als »fröhliche Apokalypse Wiens« bezeichnete (Broch, 1974,40), kam es zur Bildung von modernen Massenparteien. Sie formierten sich als Gegenbewegungen zur tradierten Honoratiorenpartei bürgerlich-liberalen Zuschnitts und rekrutierten ihre Klientel aus jenen Bevölkerungsschichten, die nicht nur vom jungen Hofmannsthal in den zitierten Versen mit einem Male schockartig wahrgenommen wurden.

Neben der neuen, von Viktor Adler auf dem Hainfelder Parteitag (1888/89) geeinten Sozialdemokratie, organisierte sich vor allem ein populärer Antisemitismus: die deutsch-nationalen Alldeutschen des Ritters von Schönerer etwa, wenngleich keine Massenpartei, zählten zu den Vorläufern der Nationalsozialisten. Den ebenfalls antisemitischen Christlich-Sozialen sollte es schließlich gelingen, die Vorherrschaft der Liberalen zu untergraben. Im Jahre 1895 wurde der antisemitisch-katholische Kandidat Karl Lueger zum Bürgermeister Wiens gewählt – gegen den anfänglichen Widerstand von Kaiser Franz Joseph, der den antisemitischen Popularismus mißbilligte. Der wachsende Antisemitismus im Wien der Lueger-Ära, und, als Antwort darauf, der Versuch Theodor Herzls, eine zionistische Gegenbewegung zu etablieren, verlangt eine gesonderte Analyse, die in dieser Untersuchung nicht geleistet werden kann. Steven Beller verweist in diesem Zusammenhang auf die durch den Antisemitismus ausgelöste jüdische Identitätskrise, die den Charakter der Wiener Moderne entscheidend geprägt habe (Beller, 1993, vgl. Kap. 3.1). Als Teil dieser Krise mag auch das Phänomen des ›jüdischen Selbsthasses‹ u.a. bei dem von Kraus geschätzten Weininger gewertet werden (vgl. Kap.4). Was aber den Charakter der neuen politischen Strömungen anbelangt, so scheint die These Carl E. Schorskes erwähnenswert, wonach sowohl die antisemitischen Tendenzen, als auch die zionistischen Gegen-Tendenzen im Wien der Jahrhundertwende als Vorläufer einer neuen Gefühls-Kultur zu betrachten sind, die sich gegen den rational argumentierenden Liberalismus richtete und den problematischen Typus des Künstler-Politikers hervorbrachte.

Schorske analysiert das biographisch-politische Profil der drei führenden Persönlichkeiten der neuen politischen Bewegungen und kommt zu dem Schluß, daß es sich bei ihnen – ungeachtet aller grundsätzlichen Unterschiede – um einen neuen Typus des ›politischen Virtuosen‹ handelte, der den Bruch mit der Vätergeneration, repräsentiert durch den österreichischen Liberalismus, auf radikale Weise vollzog. Da war etwa der Industriellensohn und eifernde Antisemit Georg von Schönerer (1842-1921), der mit seiner deutschnationalen Anhängerschaft gegen das vermeintlich ›jüdische Großkapital‹ agierte und mit provozierten Schlägereien in der Öffentlichkeit einen bis dahin nicht üblichen aggressiven Stil in die politische Auseinandersetzung einführte. Da war Karl Lueger (1844-1910), der populäre Aufsteiger aus dem Kleinbürgertum, der den Antisemitismus taktisch bewußt zur Lenkung des Wahlvolkes von Kleingewerbetreibenden einsetzte und gleichzeitig gute Beziehungen zu einflußreichen Angehörigen des jüdischen Großbürgertums pflegte. Und da war schließlich der liberale Journalist und Schriftsteller Theodor Herzl (1860-1904), der, aus assimilierter jüdischer Familie stammend, das Ostjudentum ursprünglich verachtete, sich vom Künstler zum Politiker wandelte, und den Zionismus als liberale Utopie entwickelte (Schorske, 1982,113ff). Sie alle, so Schorske, begannen ihre Laufbahn als politische Liberale und wurden dann abtrünnig, um die vom Liberalismus vernachlässigten Massen zu organisieren. Sie alle antworteten – ähnlich wie die Jung-Wiener Literaten – auf je unterschiedliche Weise auf das von Hermann Broch konstatierte »Wert-Vakuum« der Epoche, das ihre liberalen Väter durch dekoratives Beiwerk zu übertünchen versuchten. In das Wert-Vakuum hinein stießen die neuen Ideen, von denen sie sich beeinflußt zeigten: Nietzsche, Wagner, Darwin, Marx. So unterschiedlich die neuen Politiker in ihren Zielsetzungen auch sein mochten – sie alle entwickelten ihre politische Programmatik aus ideologischen Bruchstücken der Moderne, aus einer in die Zukunft projizierten Erlösungserwartung und aus wiedererweckten Überresten einer halbvergessenen Vergangenheit. Gemeinsam war diesem Politiker-Typus der Wiener Moderne auch sein Hang zu Aristokratismus, der sich mit jenem Gestus des Volksnahen verbindet, den Broch in der Tat als Charakteristikum des österreichischen Adels hervorhob (Broch, 1974,61f). Schönerer fabulierte von einem mittelalterlich anmutenden Rittertum, Lueger suchte die Anerkennung des Adels, Herzl schließlich, kultivierte Duellphantasien, um die »Ehre des jüdischen Volkes zu retten« (Schorske, 1982,151). Man vergegenwärtige sich in diesem Zusammenhang nur die Bedeutung des ›ehrenhaften‹ Duells etwa bei Schnitzler! Daneben kennzeichnete den neuen Politiker-Typus ein – zumindest im Falle Luegers und Herzls belegtes – Dandytum des öffentlichen Auftretens, das wiederum auf die Selbststilisierung des Künstlervirtuosen in der Literatur des fin de siècle verweist. Unter diesem Aspekt betrachtet, gewinnt folgender Ausspruch Hugo von Hofmannsthals seinen Sinn:

»Politik ist Magie. Wer die Mächte aufzurufen weiß, dem gehorchen sie« (*Buch der Freunde*, GW,10, 1979/80,280).

Der Hofmannsthalschen Charakterisierung von Politik als Kunstgriff würde demnach auch der von Wolfgang Maderthaner beobachtete Entwurf einer poetischen Politik, bzw. die Ästhetisierung der Politik bei Viktor Adler entsprechen (Maderthaner, 1993,759-776). Und daß politische Auseinandersetzungen in den letzten Jahren vor der Jahrhundertwende häufig den Charakter von Kulturkämpfen annahmen, belegt der als Sprachenstreit geführte Nationalitätenstreit des Jahres 1897/98.

Als das Kabinett des Grafen Badeni eine Sprachenverordnung erließ, die auf die Gleichberechtigung der deutschen und tschechischen Sprache für Böhmen und Mähren zielte, protestierte der deutsche Bevölkerungsteil so militant, daß es zu bürgerkriegsähnlichen Unruhen kam. Tumultuarische Szenen spielten sich auch im Wiener Parlament ab. Die Sprachenverordnung wurde rückgängig gemacht, Graf Badeni mußte demissionieren (vgl. Waissenberger, 1984). Die Sensibilisierung für das Problem des Sich-verständlichmachens durch Sprache, das bei Hofmannsthal, Kraus und, später noch, bei Wittgenstein zum Thema wurde, ist sicherlich auch vor dem Hintergrund derartiger Sprachenkämpfe zu betrachten.

Bezeichnend für die Krisenhaftigkeit der Gesamtsituation im Wien jener Jahre war nicht zuletzt die Tatsache, daß selbst die scheinbar unverrückbare patriarchal-monarchische Welt des Habsburgerhofes durch zwei Ereignisse in diesen Jahren existenziell getroffen wurde. Als ein symbolhaftes Ereignis für die Unfähigkeit der Habsburgerherrschaft, sich in einer sich wandelnden Gesellschaft selbst zu erneuern, erscheint rückblickend der unter mysteriösen Umständen erfolgte Selbstmord des liberalen Kronprinzen Rudolf im Jahre 1889. Rudolf, der enge Beziehungen zu Moritz Szeps, dem Herausgeber und Chefredakteur des liberalen *Neuen Wiener Tagblattes* unterhielt und anonyme Artikel für das Blatt verfaßte, hatte sich aus der rückwärtsgewandten hermetischen Welt des Kaiserhofes gewissermaßen in die öffentlich-politische Gegenwart begeben und verkörperte für viele Liberale die Hoffnung auf eine Überwindung der erzwungenen politischen Machtlosigkeit (Johnston, 1974,48f). Das zweite Ereignis, das die Öffentlichkeit schockierte, war die Ermordung der Kaiserin Elisabeth durch einen italienischen Anarchisten im Jahre 1898. Auch sie, deren rastloser Lebensstil aus weiblicher Frustration resultierte (vgl. Hamann, 1990), verkörperte in gewisser Hinsicht die Symptomatik einer Moderne, die durch die weiblichen Emanzipationsbestrebungen einer aufgeklärt-liberalen Schriftstellerin und Frauenrechtlerin, wie Rosa Mayreder ebenso gekennzeichnet war, wie durch die psychoanalytische Diagnostik eines Sigmund Freud und die Dämonisierung weiblicher Sexualität bei Otto Weininger.

»Theorien der Relativität«

Die ritualisierte, katholisch-barocke Welt der altösterreichischen Habsburgermonarchie gegen Ende des vergangenen Jahrhunderts hatte also ihre Brüchigkeit ebenso erwiesen, wie die Welt der liberalen, fortschrittsorientierten Ringstraßen-Gründer. Um 1900 allerdings, existierten beide Welten noch. Und auf die Krisenhaftigkeit der Situation reagierten die jungen Intellektuellen Wiens recht unterschiedlich: mit der Hinwendung zu politisch-gesellschaftlichem Engagement neuen Typs, wie Theodor Herzl oder Viktor Adler, oder, im Gegenteil, mit einer Wendung nach innen, in den von Schorske als Handlungssurrogat interpretierten Ästhetizismus des jungen Hofmannsthal oder eines Leopold Andrian. William Johnston hat diese ›Bewegung nach innen‹ als »therapeutischen Nihilismus« bezeichnet, in Anlehnung an einen Terminus, der seinen Ursprung hat in der Wiener medizinischen Schule des 19. Jahrhunderts, die, nach Johnston, geprägt war von einer allgemeinen Vernachlässigung der Therapie zugunsten einer sorgfältig erstellten Diagnose (Johnston, 1974,230). Daß beide Strömungen sich bisweilen überschneiden, zeigt das Beispiel des Hermann Bahr. Als Mitbegründer u.a. der Zeitung *Die Zeit*, die der 1891 gegründeten sozialreformerischen Wiener Fabier-Gesellschaft nahestand, plädierte er öffentlich für gewisse politisch-gesellschaftliche Entwürfe (Bismarck, später Marx und Adler). Er vertrat aber auch die jeder Tagespolitik abholde Kunstästhetik ›seiner‹ Freunde vom Kreise der Jung-Wiener. Letztere wiederum, entwickelten ihre Ästhetik unter dem Einfluß der neuen wissenschaftstheoretischen Tendenzen, die im Wien der Jahrhundertwende erstmals formuliert wurden.

Geboren aus dem Geiste des politisch machtlos gewordenen Liberalismus, überwogen hier die antimetaphysischen, skeptizistischen Elemente, die, wie, Peter Weibel hervorhebt, »Theorien der Relativität« darstellten (Weibel, 1986,418). Summarisch seien hier, neben dem Physiker Ernst Mach (von dem noch zu sprechen sein wird), genannt: Ludwig Boltzmann (1844-1906), Nachfolger von Ernst Mach auf dessen Lehrstuhl für Physik an der Wiener Universität, der, neben seinen naturwissenschaftlich-theoretischen Leistungen, die intersubjektive Rolle der Sprache als Erkenntnisträger untersuchte und eine Sprachphilosophie grundlegender Aussagesätze vorbereiten half, wie sie Carnap Jahrzehnte später entwickeln sollte. Zu nennen wäre weiterhin Adolf Stöhr (1855-1921), der, wiederum als Nachfolger von Boltzmann, Kritik an der traditionellen Erkenntnisphilosophie per Sprachkritik übte. In diesen Zusammenhang einer Kritik an der Tradition von Wahrnehmung und Erkenntnis läßt sich auch der polemische Schriftsteller-Philosoph Fritz Mauthner (1849-1923) einordnen, der in seinen sprachkritischen Werken die Erkenntnisfunktion von Sprache überhaupt negierte und damit auf den frühen Wittgenstein vorauswies. Antimetaphysische Tendenzen repräsentierte der materialistische Empiriker Friedrich Jodl (1849-1914), der an der Wiener Universität Philosophie lehrte. Auf eine Tendenz zu dem, was man generalisierend ›Psychologismus‹ nennen könnte, verweisen Theoretiker, wie der Nationalökonom und liberale Erzieher des Kronprinzen Rudolf, Carl Menger (1840-1921). Letzterer entwickelte eine psychologische Theorie der ökonomischen Bedürfnisse. Und schließlich waren es Persönlichkeiten, wie der mit Mach befreundete Kesselingenieur (!) Josef Popper (1838-1921), die das Interesse der jungen Schriftsteller-, Künstler- und Gelehrtengeneration an Phänomenen des ›Unterbewußten‹ immer wieder aktualisierten. So veröffentlichte Josef Popper im Jahre 1899 (vgl. Johnston, 1974,312) unter dem Pseudonym ›Lynkeus‹ ein Buch mit dem Titel *Phantasien eines Realisten*, das einige Gedanken von Sigmund Freuds späterer Schrift: *Die Traumdeutung* (1899/1900) vorwegnimmt. In einem Brief an Popper aus dem Jahre 1916 gestand Freud rückblickend, »wie überrascht ich seinerzeit war, als ich bei Ihnen als dem einzigen die Erkenntnis fand, daß die Traumentstellung die Folge einer Zensur sei« (JW, 1987,369). Das Buch Poppers wurde später wegen einiger als anstößig empfundener Sexual-Schilderungen vom Staatsanwalt beschlagnahmt, brachte es aber allein bis 1918 auf zwölf Auflagen (ebd.). Anregungen lieferte auch Siegfried Lipiner (1856-1911) mit seinem Versepos *Der entfesselte Prometheus* (1876), »eine gedanklich stark befrachtete, antiken Mythos mit christlichen Leidens- und Erlösungsvorstellungen verbindende symbolische Dichtung von eigenwilliger Sprachkraft« (Greve/Volke in: JW, 1987,72). Nietzsche zeigte sich von diesem Werk begeistert (ebd.). Zum Freundeskreis um Lipiner zählten der Schriftsteller und Essayist Richard von Kralik, der junge Gustav Mahler, Viktor Adler und Engelbert Pernerstorfer.

Zentren geistigen Austausches, Orte der Wiener Kreise: Salon und Kaffeehaus

Die Beispiele Popper-Lynkeus und Lipiner beleuchten die Funktionsweise der schöpferischen Kommunikation zwischen Anregern, Förderern und den kreativ Tätigen der Wiener Moderne. Es waren meist mehr oder weniger lockere Zusammenschlüsse jüngerer engagierter Männer und – in wenigen Ausnahmefällen – auch Frauen, die sich in Gruppen oder Kreisen zusammenfanden. Edward Timms charakterisiert diese Kreisstruktur als typisch für die spezifische Art der Interaktion innerhalb der Avantgarde Wiens (vgl. Timms, 1993,128-143). Jede Schlüsselfigur der Wiener Moderne, so Timms, sammelte um sich eine Gruppe von begabten Anhängern und Diskussionspartnern. Otto Wagner begründete seine Schule junger Architekten, Theodor Herzl wurde zum Oberhaupt der Zionisten-Bewegung, Josef Hoffmann vereinigte die Künstler und Designer der »Wiener Werkstätte«, Sigmund Freud lud die Mitglieder der Psychoanalytischen Vereinigung regelmäßig zu seiner berühmten Mittwoch-Gesellschaft, Förderer-Persönlichkeiten, wie beispielsweise der Buchhändler und Verleger Hugo Heller, der selbst Mitglied der Mittwoch-Gesellschaft war und u.a. die psychoanalytische Zeitschrift *Imago* herausgab, fungierten als Kontaktpersonen zwischen den einzelnen künstlerisch-wissenschaftlichen Kreisen. So veranstaltete Heller häufig interne Salon-Abende mit Dichterlesungen, musikalischen Vorführungen und wissenschaftlichen Vorträgen, die zum Teil interdisziplinär angelegt waren. Freud hielt hier beispielsweise am 6.12.1907 einen Vortrag mit dem Titel »Der Dichter und das Phantasieren« (Worbs, 1983,143ff). Andere Persönlichkeiten, wie etwa David Josef Bach, gehörten gleich mehreren Kreisen an und spielten eine wichtige Vermittlerrolle. Bach war Musikologe und Freund Arnold Schönbergs. Er war Mitglied der Psychoanalytischen Vereinigung und schrieb regelmäßig für die sozialdemokratische Arbeiter-Zeitung. Er war es, der schon vor dem ersten Weltkrieg eine Verbindung herstellte zwischen den sozialdemokratischen Arbeiter-Symphonie-Konzerten und Schönbergs Musik. Zwischen den Debatten der Psychoanalytischen Vereinigung und den literarischen

Interessen Arthur Schnitzlers vermittelte Theodor Reik (Timms, 1993,133). Neben den weitgehend festgefügten Vereinigungen, die sich zu festen Terminen trafen, sind die eher locker gefügten Gesellschaften zu nennen, die sich um Persönlichkeiten, wie Hermann Bahr und Arthur Schnitzler, Karl Kraus und Adolf Loos gruppierten. Fruchtbare Vermittlung fand auch hier statt. So war der Schönberg-Schüler Alban Berg gleichzeitig ein Bewunderer von Karl Kraus.

Weit mehr als nur anekdotische Bedeutung kommt auch den öffentlichen und halböffentlichen Räumen zu, in deren Rahmen derartige Debatten und Kreis-Treffen stattfanden. Seit dem 18. Jahrhundert war es der Salon, der, von gebildeten Gastgeberinnen meist jüdischer Herkunft beherrscht, ein Klima des intellektuellen Austausches auf distinguiertem Niveau entstehen ließ. Im Wien des ausgehenden 19. Jahrhunderts dominierte der liberale Salon, den Josephine von Wertheimstein in ihrer Döblinger Villa führte. Es verkehrten dort unter anderen die Schriftsteller Eduard von Bauernfeld und Ferdinand von Saar, die Gelehrten Theodor Gomperz und Alfred von Berger, dessen Vorlesungen an der Universität von Hofmannsthal besucht wurden. Für die Gründung der »Secession« war hingegen der Salon von Bertha Zuckerkandl von gewisser Bedeutung. Die engagierte Journalistin Bertha Zuckerkandl war die Tochter von Moritz Szeps und vertrat, wie ihr Vater, liberale Ideen. In ihrem Salon, wo u.a. auch Arthur Schnitzler, Hermann Bahr und der Physiker Ernst Mach verkehrten, begegnete Gustav Mahler seiner späteren Frau Alma Schindler, die als bewunderte und bewunderungserheischende ›Künstler-Muse‹ ein bestimmtes weibliches Rollenmuster der Wiener Moderne verkörpern sollte. Während der Salon Zuckerkandl eher Jugendstil-Tendenzen förderte, trafen sich im Salon von Eugenia Schwarzwald die ›Ornamentkritiker‹ Schönberg, Loos, Kokoschka und andere (vgl. Beller, 1993). Dennoch war die hohe Zeit des Salons um die Jahrhundertwende bereits weitgehend vorbei (J.M.Fischer, 1978, Beller, 1993). Die literarische Moderne traf sich meist andernorts und bezeichnenderweise zählte allein der junge Hofmannsthal zu den Besuchern des exklusiven Wertheimschen Salons. Eine moderne Bohème-Gestalt, wie etwa Peter Altenberg, hätte hier wohl kaum Zutritt gefunden. Seine Sphäre war der Ort, wo Öffentlichkeit ebenso gewährleistet ist, wie die Möglichkeit zum persönlichen Rückzug: das Kaffeehaus. Im Gegensatz zum Salon, ist der Treffpunkt ›Kaffeehaus‹ gekennzeichnet durch ein Ambiente des Zufälligen und Unvorhergesehenen. Das Kaffeehaus stellt »eine Art Organisation der Desorganisierten« dar, wie Alfred Polgar schreibt (Polgar, 1926,87).

Die Inkonstanz seiner Besucher, die heterogene Zusammensetzung der Künstler- und Intellektuellengruppen, die sich an bestimmten Tischen zusammenfinden, die Unregelmäßigkeit ihres Zusammentreffens (die aber feste Verabredungen keineswegs ausschließt) und nicht zuletzt der Verzicht auf formale Festlegungen, wie Vereinssatzungen, etc., läßt eine Atmosphäre spontaner Gesprächsbereitschaft entstehen.

Helmut Kreuzer führt in seiner Untersuchung über die Bohème aus, daß das Café die Bühne abgebe für die ritualisierten Rollen, die der moderne Bohémien vor seinesgleichen und dem bürgerlichen Publikum spiele (Kreuzer, 1968,203ff). Daneben aber kommt den Wiener Kaffeehäusern noch eine durchaus praktische Funktion zu. Auch der mit bescheidenen Geldmitteln ausgestattete Gast erhält hier die Möglichkeit, gegen verhältnismäßig geringen Konsum mit Gleichgesinnten, potentiellen Förderern oder auch geistigen Gegnern in Kontakt zu treten und sich außerdem über den neuesten Stand kultureller Debatten zu informieren. In den Wiener Kaffeehäusern um die Jahrhundertwende waren nämlich sämtliche Tageszeitungen verfügbar, die man sonst entweder im kostspieligen Abonnement erwerben, oder aber an weitverstreuten Kiosken hätte zusammenkaufen müssen. Der Verkauf von Zeitungen war noch bis zum Jahre 1903 an eine Lizenz gebunden, die nur wenige Kioske erwerben konnten. Auch war ihr Vertrieb durch Kolporteure vor 1922 nicht erlaubt (Johnston, 1974,64). Neben der Tageszeitung konnte sich der Kaffeehausbesucher manchmal sogar enzyklopädischer Nachschlagewerke bedienen. Solche Konstellationen bringen notwendigerweise einen bestimmten Typus des Kreativen hervor: den Intellektuellen, der sein tägliches Lektürepensum, statt im Studierzimmer, nun im Kaffeehaus absolviert, den Künstler, der, statt in der hermetischen Kunst-Atmosphäre eines Salons Konversation zu pflegen, nun seine Debatten vor aller Ohren in einem öffentlichen Lokal ausficht. Beide praktizieren andere als die tradierten Methoden der Aneignung und Hervorbringung von Ideen. Aufschlußreiches über diese neue Art, Eindrücke zu verarbeiten, vermittelt uns der Zeitgenosse Edmund Wengraf in seiner Polemik »Kaffeehaus und Literatur« aus dem Jahre 1891:

»Ernst und Gründlichkeit gedeihen nicht in der Atmosphäre des Kaffeehauses. Diese rauchgeschwängerte, durch Gasflammen verdorbene, durch das Beisammensitzen vieler Menschen verpestete Luft, dieses Durcheinanderschwirren von Kommenden und Gehenden, gesprächigen Gästen und geschäftigen Kellnern, dieses Gewirr schattenhafter Erscheinungen und unbestimmbarer Geräusche macht jedes ruhige Nachdenken, jede gesammelte Betrachtung unmöglich. Die Nerven werden überreizt, Gedächtniskraft, Aufmerksamkeit und Fassungsvermögen werden geschwächt. Der Kaffeehausleser gelangt dahin, jeden Artikel, jedes Feuilleton, alles, was mehr als hundert Zeilen lang ist, ungenießbar zu finden. Er hört überhaupt auf zu lesen, er ›blättert‹ nur mehr« (in: Wunberg/Braakenburg, 1981,640).

Die harsche Kritik des Autors erstreckt sich im weiteren Verlaufe seines Artikels auch auf das Wiener Theaterpublikum: auch letzteres, so der Autor, zeige im Theater eine ähnliche Haltung, wie im Kaffeehause. Im Kaffeehaus wolle man nur »blättern«, im Theater wolle man nicht nachdenken, sondern nur »amüsiert sein«, bevorzuge daher nur leichte, rasch verdauliche Unterhaltung. ›Das Kaffeehaus‹ existiert in den Augen seines Kritikers nicht nur als eine beliebige Lokalität, sondern repräsentiert geradezu das Synonym einer spezifischen Art der Rezeption von Literatur. Letztere macht Wengraf verantwortlich für den, wie er meint, beklagenswerten Zustand des kulturellen Lebens überhaupt. Wengraf war übrigens selbst integriert in den von ihm geschmähten modernen Kulturbetrieb. Als Theaterreferent und sozialpolitischer Mitarbeiter der *Wiener Allgemeinen Zeitung*, als Mitbegründer der Zeitung *Neue Revue*, als Gründer der Zeitschrift *Die Wage* und Redakteur der sozial engagierten Zeitung *Die Zeit*, an der bekanntlich auch der literarische Kaffeehaus-Mentor Hermann Bahr mitarbeitete, nahm er teil auch am literarischen Diskurs, was sich auch in seiner Vorstandstätigkeit für den 1891 begründeten Verein »Freie Bühne« ausdrückte (vgl. auch Kap. 3.1). Sieht man aber einmal von dem polemischen Ton seiner Kritik ab, so ist aus seinen Äußerungen zu entnehmen, wie sehr das von ihm beschriebene Milieu charakteristische Wahrnehmungsweisen innerhalb der Wiener Moderne widerspiegelt. Die von Wengraf erwähnten »überreizten Nerven« zählten zu den Themen und Mode-Begriffen der jungen Schriftsteller um Hofmannsthal, Andrian und Dörmann. Das »Gewirr schattenhafter Erscheinungen« korrespondiert mit der impressionistischen, skizzenhaften literarischen Wahrnehmung eines Peter Altenberg, der als seine Postadresse das Café Central anzugeben pflegte. Das flüchtige »Blättern« in Zeitungen und Anschauungen anderer Gesprächspartner signalisiert zugleich eine Haltung des Erprobens von Sprechweisen, Macharten und Denk-Möglichkeiten (Vgl. Schmidt-Dengler, 1984, 243-264). Eine solche Haltung setzt eine Distanz zur äußeren Alltags-Wirklichkeit voraus. In seiner »Theorie des Café Central« vergleicht Alfred Polgar die Aktivitäten der Kaffeehaus-Besucher mit der ziellosen Kreisbewegung der Fische in der künstlichen Meereswelt eines Aquariums – ein Vergleich, der an die von der Realität abstrahierten Bedingungen eines Laborexperiments ebenso denken läßt, wie an die Baudelaireschen »Paradis artificiels«. Polgar betont das Flüchtige, Unklare, Zerstreuende als Bestandteile einer »Weltanschauung (...), deren innerster Inhalt es ist, die Welt nicht anzuschauen« (Polgar, 1926,85). Die Kaffeehaus-Atmosphäre ist für ihn zudem Ausdruck einer als bedrohlich empfundenen Unsicherheit des modernen Großstadtmenschen. Er, der sich in keinem umfassenden Sinnentwurf mehr geborgen weiß, nimmt die Welt nur fragmentarisch wahr und sucht sich allenfalls Totalitäts-Surrogate. Polgar über die Besucher des Café Central:

»Es sind unklare Naturen, ziemlich verloren ohne die Sicherheiten, die das Gefühl gibt, Teilchen eines Ganzen (dessen Ton und Farbe sie mitbestimmen) zu sein. Der Centralist ist ein Mensch, dem Familie, Beruf, Partei solches Gefühl *nicht* geben: hilfreich springt da das Caféhaus als Ersatztotalität ein, lädt zum Untertauchen und Zerfließen« (Polgar, 1926,86).

Das »Kaffeehaus als Hauptstapel- und Umschlagplatz von Zeitideen« (Zohner, 1937,1715) bedeutete also weitaus mehr, als ein zufälliger Ort des Zusammentreffens von Künstlern und Literaten. Geradezu als Synonym-Begriff für die literarischen Bestrebungen der jungen Schriftstellerrunde um Hermann Bahr avancierte das am Michaelerplatz gelegene Café Griensteidl. 1847 eröffnet, wurde es bald zum Treffpunkt von Schauspielern und Literaten. Im Zuge der revolutionären Unruhen von 1848 wurde das Café von Politikern frequentiert und auch zur Zeit seiner ironischen Charakterisierung als »Café Größenwahn« in den neunziger Jahren gab es noch einen Stammtisch um die sozialistischen Politiker und Redakteure der Arbeiter-Zeitung Viktor Adler, Engelbert Pernerstorfer, Friedrich Austerlitz und Karl Leuthner.

Es trafen sich dort ältere, etablierte Schriftsteller, wie der heute völlig vergessene Fritz Lemmermeyer und sein Kreis, die sich dem Gespräch mit den Jüngeren um Hermann Bahr verweigerten (Zohner, 1937,1716), und es trafen sich dort die bereits arrivierten Schriftsteller und Journalisten, wie Karl Ferdinand von Torresani (1846-1907), Friedrich-Michael Fels (1864-?), Leo Ebermann (1863-1914), etc., die eine Art von Mittlerfunktion wahrnahmen zwischen den Stammtischen der Etablierten und jenen der ›Modernen‹. Den Recherchen von Alfred Zohner zufolge, zählten zu der engeren Tischgemeinschaft Hermann Bahrs: Arthur Schnitzler, der knabenhafte Hugo von Hofmannsthal, Leopold Andrian, Richard Beer-Hofmann, Ferdinand von Baumgartner (1875-?), Felix Salten, Richard Specht (1870-1932), Leo Feld (1869-1924), Felix Dörmann, Ferry Bératon (1859-1900) und Karl Kraus, später Peter Altenberg. Als »ständige Besucher« nennt Zohner, neben den

Politikern Adler und Pernerstorfer, Austerlitz und Leuthner, noch die Brüder Robert und Georg Fischer, Julius Bauer, Wilhelm Stekel, Otto Sachs und Leo Van-Jung (Zohner, 1937,1716).

Als das Café Griensteidl am 21. Januar 1897 aus Anlaß der Umgestaltung des Michaelerplatzes geschlossen wurde, bedeutete dies auch eine Zersplitterung der Jung-Wiener Literatengesellschaft. Karl Kraus war schon vorher in das Nachfolge-Café der Jung-Wiener, das Café Central, abgewandert und verabschiedete sich von seinen ehemaligen Griensteidl-Tischgenossen mit seiner berühmten satirischen Attacke »Die demolirte Literatur« (erstmals 1896), in der er den Abbruch des Griensteidl-Cafés in Beziehung setzte zu seiner vernichtenden Kritik an fast sämtlichen Mitgliedern des Kreises um Hermann Bahr (vgl. Kap. 4.1). Die Griensteidl-Attacke von Karl Kraus zielt indessen nicht ausschließlich auf die einzelnen Schriftsteller-Persönlichkeiten. Sie betrifft auch den modernen Kulturbetrieb per se und ist darin der Wengrafschen Polemik nicht unähnlich. Wenn Kraus, in Anspielung auf die Nietzsche-Rezeption der Modernen, von den Griensteidl-Kellnern als den »Zuträgern« spricht, die einst einer »veralteten Literatur« dienten, nun aber »als Zahlmarqueure einer modernen Bewegung mit der Umwerthung aller Werthe beschäftigt« seien (Kraus, in: Braakenburg II, 1979,278), meint er damit auch die geistigen »Zuträger«, welche die Dynamik der Moderne durch die ständige Umwertung aller Werte in Gang halten und den Umschlag der Ideen als professionelles Geschäft betreiben – die Journalisten des Feuilletons.

Das moderne Feuilleton und der Wiener Pressebetrieb

Es waren vor allem die führenden Zeitungsblätter Wiens, die neuen Tendenzen eine größere Publizität sichern konnten. Es ist daher nicht verwunderlich, daß aus den Kreisen der Wiener Moderne immer wieder Zeitungs- und Zeitschriftengründungen vorangetrieben wurden, worauf noch näher einzugehen sein wird (vgl. Kap. 3.1).

Neben solchen Neugründungen und einer, in den Jahrzehnten vor 1900 sich etablierenden Parteien-Presse, gab es die einflußreichen Tageszeitungen Wiens. Unbestrittenes Ansehen genoß die Neue Freie Presse. 1864 von Michael Etienne und Max Friedländer gegründet, war sie das liberale Hauptstadtblatt par excellence. Chefredakteur Moriz Benedikt, der die Neue Freie Presse seit 1881 als Mitherausgeber und ab 1908 als Alleininhaber leitete, verfügte über einen Mitarbeiterstab renommierter Autoren, die vor dem Wiener

Publikum als Theaterkritiker und Feuilletonisten brillierten. Genannt seien hier beispielsweise Theaterkritiker, wie Hugo Wittmann, der sich auch als Verfasser von Opernlibretti einen Namen machte, oder auch der Musikkritiker und scharfe Kritiker Richard Wagners, Eduard Hanslick. Als Feuilletonisten schrieben Ludwig Speidel und – seit Dezember 1873 – Daniel Spitzer für die *Neue Freie Presse*, wobei dessen berühmte Kolumne »Wiener Spaziergänge« das Wiener Feuilleton entscheidend prägte. Die Nachfolge von Daniel Spitzer als leitender Feuilletonredakteur sollte eigentlich Karl Kraus antreten. Dieser aber lehnte den begehrten Posten ab und zog es vor, seit 1899 seine eigene Zeitschrift, *Die Fackel*, herauszugeben – als Gegenblatt zur *Neuen Freie Presse*, die von Kraus immer wieder als Negativ-Beispiel einer korrumpierten, sprachverludernden Presse attackiert wurde. Theodor Herzl, der seit 1891 Pariser Korrespondent des Blattes war, hatte dort die Nachfolge Daniel Spitzers angetreten.

Das Konkurrenzblatt der *Neuen Freien Presse* war die *Wiener Zeitung*, ein eher amtliches Organ, das von Chefredakteur Friedrich Uhl geleitet wurde. Daneben existierte noch das liberale *Neue Wiener Tagblatt* des bereits erwähnten Moritz Szeps. Der wirtschaftlich überaus erfolgreiche Moritz Szeps mag ein Beispiel abgeben für die Situation der liberalen Wiener Presse unter den Bedingungen von regierungsamtlicher Zensur, prekärer antisemitischer Stimmung und Kommerzialisierung des Pressebetriebs. Moritz Szeps war wiederholt den Attacken des antisemitischen Ritters von Schönerer ausgesetzt, dessen Anhänger sogar einmal die Redaktionsräume seiner Zeitung verwüsteten. 1885 verbrachte er einen Monat im Gefängnis als Folge eines von Schönerer gegen ihn inszenierten Verleumdungsprozesses (Schorske, 1982,125 Anm.). Im Januar 1883 versuchten regierungsamtliche Stellen – auf Drängen Bismarcks, wie Johnston berichtet, – das ihnen außenpolitisch mißliebige *Neue Wiener Tagblatt* in den wirtschaftlichen Ruin zu treiben, indem sie seinen Verkauf an Kiosken verboten. Szeps mietete daraufhin leerstehende Lokalitäten, vor denen auf Plakaten der Verkauf der Zeitung angekündigt wurde. Als Szeps die Verfolgung ausgestanden hatte, gründete er 1886 das *Wiener Tagblatt*. Hier plädierte er erneut für seine außenpolitische Forderung nach einer gegen das Deutsche Reich gerichteten Annäherung zwischen Österreich und Frankreich (Johnston, 1974,64).

In anderen Fällen funktionierte die Pressezensur auf dem Verordnungswege. Die Beschlagnahme einer ihrer Ausgaben (Heft vom 15. Oktober 1891) und eine staatsanwaltschaftliche Anklage »wegen Gefährdung der öffentlichen Sicherheit und Sittlichkeit« blieb selbst

der *Modernen Rundschau,* dem Organ der Jung-Wiener Schriftsteller, nicht erspart (Zohner, 1937,1704). Dem Zensor wurden täglich
die Vorausexemplare der Tageszeitungen vorgelegt. Mißbilligte er einen Artikel, so erschien stattdessen auf der betreffenden Seite eine
leere Fläche mit dem Zensur-Vermerk. Doch geschah es auch häufig, daß der Zensor in der gebotenen Eile einen Artikel monierte,
denselben Artikel aber in einer anderen Zeitung übersah. In diesem
Falle war dann der Nachdruck des übersehenen Artikels unter Anga-
be der Quelle erlaubt (Johnston, 1974,64). Eine andere Methode
der Einflußnahme bildete die gezielte Desinformation durch bestimmte obrigkeitsstaatliche Institutionen, sowie die krude Beste-
chung. August Zang, Chef der 1848 gegründeten *Presse, die* als
Vorläuferin der *Neuen Freien Presse* betrachtet werden kann, galt als
extremer Befürworter der Methode, sich jede Druckzeile bezahlen
zu lassen (Rossbacher, 1992,88).

Selbstredend entfaltete solche Kommerzialisierung ihre Wirkung
auch im Kulturressort. Am Beispiel der Schriftstellerin und Lohn-
schreiberin Ada Christen – wie einige andere Frauen ihrer Generation auch, fand sie ihr Auskommen in dem durch die schnellebigen
Presseerzeugnisse diktierten Unterhaltungs-Literaturbetrieb – doku-
mentiert Karlheinz Rossbacher die Methoden der Lancierung von
Büchern in der Presse. Bestellte Leserbriefe und Gefälligkeits-Rezen-
sionen waren durchaus übliche Bestandteile des Presse- und Rezen-
sionswesens (ebd.).

Ein weiterer Aspekt des florierenden Literatur-Betriebs war die
Kommerzialisierung des Schreibens selbst. Für den Schriftsteller, der
im Dienste der Presse stand, ergab sich die Notwendigkeit, in einer
Situation, die durch Konkurrenzdruck und die Bedürfnisse eines ex-
pandierenden Pressemarktes charakterisiert war, schnell und viel
produzieren zu müssen. Daß eine solche Situation die Verwendung
des inhaltsleeren Füllworts, den Gebrauch der Phrase begünstigte,
verwundert kaum. Karl Kraus, der in seiner Zeitschrift unermüdlich
dieses »literarische Manchesterthum« (Kraus, Fackel I, 1899,15) geißelte (vgl. Kap. 4.1), war indes nicht der erste Kritiker, der die Phrase
als Ausdruck von Bildungsverfall und moralischem Niedergang verur-
teilte. Schon eine Generation vorher, hatte etwa Friedrich Kürnberger
(1821-1879) ähnlich argumentiert (Rossbacher, 1992,83).

Das marktorientierte Schreiben hatte aber auch die Gattung des
Feuilletons hervorgebracht. Der Begriff ›Feuilleton‹ war um 1800 in
Paris entstanden (Johnston, 1974,132). Er bezeichnete zunächst einmal den abtrennbaren unteren Teil der Titelseite einer Zeitung, den
namentlich gekennzeichneten Raum ›unter dem Strich‹. Hier fand
eine Textgattung ihren Platz, die durch Subjektivierung in der An-

näherung an einen beliebigen Gegenstand gekennzeichnet ist (Rossbacher, 1992,82). Rossbacher beschreibt den für die Gattung Feuilleton charakteristischen Stil als »sprachliches Abflanieren« möglicher thematischer und motivischer Züge eines Themas. Der Feuilletonist nahm in der Nachfolge Daniel Spitzers die Haltung des Spaziergängers an, der, wie es bereits der Großstadt-Flaneur Baudelaire vorexerziert hatte, Wirklichkeits-Splitter aufsammelte und diese gleichsam im Brennglas seiner subjektiven Wahrnehmungsperspektive zu Kunst-Gebilden verschmolz. Nicht der Gegenstand als Sache, sondern die spielerische, improvisierende Beherrschung der Sprache im brillanten Stil interessierte. Karl Kraus hat dem Feuilleton vorgeworfen, es löse die Sache in Stimmung auf und leiste auf diese Weise dem Wirklichkeitsverlust des Lesers Vorschub (vgl. Kap. 4.). Seine Negativ-Formulierung benennt das vorherrschende Element feuilletonistischer Wahrnehmung. Dem Feuilletonisten erscheint die Welt nicht mehr als Schauplatz von Handlungen, sondern als zufällige Folge von Sinnesreizen. Der Eigenton des Gefühls, die persönliche Färbung, lassen die Umrisse des gewählten Gegenstandes nur undeutlich hervortreten. Der Feuilletonist, ein Kleinkünstler, der, laut Carl E. Schorske, mit Zierformen und Details ebenso arbeitet, wie mit qualifizierenden Adjektiven, die das Sachwort überwuchern, neigt zum Narzißmus. Sein Psychogramm entspricht dem des Künstler-Ästheten der europäischen décadence: eine nach innen gerichtete Selbstbespiegelung, passive Empfänglichkeit für die Reize der Außenwelt, Empfindungsvermögen für seelische Zustände. Die Form des Monologs, die Kunst der nuancierten Schilderung, die Technik der Aussparung sind weitere adäquate Stilmittel. Schorske definiert das Wiener Feuilleton als Ausdruck der ästhetischen Kultur, die der gründerzeitliche Bürger zur Kultivierung seines Selbst gebrauche. Das Feuilleton, so Schorske, bilde das Bindeglied zwischen der Hingabe an die Kunst und die Beschäftigung mit der eigenen Seele (Schorske, 1982,9). Auch Rossbacher betont den Bezug feuilletonistischen Schreibens zum Kult des Individuellen, der wiederum zurückzuführen sei auf das überhöhte liberale Ideal von der »freien Persönlichkeit« (Rossbacher, 1992, 83). Nichtsdestoweniger, so Rossbacher, sei die Gattung Feuilleton auch Ausdruck einer Krise der bürgerlichen Öffentlichkeit. In dem Maße, da das »Konsumistische« in Gestalt der witzigen Anekdote oder des Sprachspiels in den Vordergrund trete, werde das sachbezogene, aufklärerische Räsonnement zur Nebensächlichkeit degradiert. Das Feuilleton werde somit zum Genre, das den Kompetenzverlust des literarischen Räsonnements anzeige (ebd).

Die feuilletonistische Schreib- und Wahrnehmungsweise weist enge Parallelen auf zu den Macharten und Wahrnehmungsperspektiven, die in der Wiener Moderne zwischen 1890 und 1910 vorherrschten. Johnston spricht vom Feuilleton als dem »natürlichen Medium des Wiener Impressionismus« und verweist auf Arthur Schnitzlers Monolognovelle (Perlmann, 1987,142) *Leutnant Gustl*, deren innere Monologe als »gesprochene Feuilletons« zu lesen seien (Johnston, 1974,133). Beide Formen, das Feuilleton wie der innere Monolog, setzen außerdem einen Prozeß des Erinnerns in freier Assoziation voraus und korrespondieren mit der Skizzenhaftigkeit Altenbergscher Prosa ebenso, wie mit der Machschen Konzeption von Wirklichkeit (vgl. Kap. 3. und 4.). Feuilletonistisches Schreiben, der kommunikative Diskurs im Kaffeehaus oder die Virtuosen-Taktik des Künstler-Politikers – all diese Elemente gehören zur Signatur der Wiener Moderne. Die literarische Moderne insbesondere, wurde dabei aus ähnlichen Antriebskräften gespeist, die auch in der Verschiebungs-Dynamik der beschriebenen außerliterarischen Tendenzen wirksam geworden sind. Was Friedrich Nietzsche schon im Jahre 1888 als Charakteristikum einer ›literarischen Décadence‹ formuliert hatte, wird sich in den folgenden Kapiteln als übergreifendes Thema einer Literatur der Moderne herauskristallisieren:

»Womit kennzeichnet sich die litterarische décadence? Damit, daß das Leben nicht mehr im Ganzen wohnt. Das Wort wird Souverain und springt aus dem Satz hinaus, der Satz greift über und verdunkelt den Sinn der Seite, die Seite gewinnt Leben auf Unkosten des Ganzen – das Ganze ist kein Ganzes mehr« (»Der Fall Wagner«, Sämtl.Werke, 1980, 6,27).

2. Realismus, Naturalismus
und der ›literarische Generationenwechsel‹

So sehr Wien als Ort verschiedenartiger geisteskultureller Strömungen die Herausbildung eines kreativen Milieus begünstigte, so wenig schien die literarische Szene Wiens noch in den achtziger Jahren des 19. Jahrhunderts geneigt, einen, wie Rieckmann bereits im Titel seiner Studie schreibt, »Aufbruch in die Moderne« zu vollziehen (Rieckmann, 1985). Während zu dieser Zeit in den Zentren Berlin und München bereits eine neue literarische Bewegung unter den Schlagworten ›Naturalismus‹, bzw. ›Jüngstes Deutschland‹ in die Öffentlichkeit drängte, – Michael Georg Conrad, einer der führen- um den Köpfe des deutschen Frühnaturalismus, hatte seine programma- 1880 tische Zeitschrift *Die neue Gesellschaft* im Jahre 1885 gegründet, – beherrschten in Wien die Vertreter der sogenannten ›Wiener Realistenschule‹ das Feld. Eine Erzählerin wie Marie von Ebner-Eschenbach (1830-1916) zählte ebenso dazu, wie Ferdinand von Saar (1833-1906), oder auch – als Vorläufer – Ludwig Anzengruber (1839-1889). Und erst gegen Ende der achtziger Jahre begann die Generation der zwischen 1860 und 1875 geborenen ›Jung-Wiener‹ neue literarische Konzeptionen zu entwickeln. Es ist in diesem Zusammenhang bemerkenswert, daß die unter dem Vorzeichen des politischen Liberalismus angetretene ›realistische Literatur‹ ebenfalls erst mit zeitlicher Verzögerung reüssierte (vgl. Zeman, 1989,11, Rossbacher, 1992,16ff). Die Ebner-Eschenbach konnte wirkliche Erfolge auf dem Literaturmarkt erst als reife Schriftstellerin mit ihrem 1876 publizierten Roman *Božena* verbuchen. Und erst 1887 erschien ihr Roman *Das Gemeindekind*, der ihr den endgültigen Durchbruch bescherte. Und es mag als literaturgeschichtliche Ironie verbucht werden, daß Marie von Ebner-Eschenbach ihre offiziöse Anerkennung im Jahre 1900 erfuhr, als ihr von der philosophischen Fakultät der Stadt Wien die Doktorwürde verliehen wurde – wohlgemerkt im selben Jahr, da die neue Generation der Wiener Schriftsteller ihre ersten bahnbrechenden Werke längst vorgelegt hatte und die Ehrung einer realistischen Erzählhaltung à la Ebner-Eschenbach rückblickend eigentlich nur noch als Rückzugsgefecht einer rückwärtsgewandten Literaturästhetik gegen die jüngere Generation der Modernen zu verstehen ist.

Die den genannten Autoren gemeinsame ›realistische‹ Gestaltungsweise läßt sich, der Definition von Helmut Kreuzer und Karlheinz Rossbacher folgend, als »Wahrscheinlichkeitsrealismus« (Rossbacher, 1992,20) begreifen, wobei nicht zuletzt der »Grad des Wiedererkennens der literarisch vermittelten Wirklichkeit« (Kreuzer, 1975,48) beim Lesepublikum die Gestaltungsabsichten der Autoren leitete und ein wichtiges Kriterium ihres späteren Erfolgs darstellte. Die »weitgehende Annäherung an erfahrbares Leben« (Rossbacher, 1992,21) bedingte gleichzeitig eine Illusionierung, die Herstellung von Wahrscheinlichkeit bezweckt. Der Verzicht auf reflexionsorientierte, essayistische und innovativ-verfremdende, mithin ›moderne‹ Schreibweisen ergab sich hieraus von selbst. Innerhalb dieses Definitionsrahmens freilich, sind durchaus unterschiedliche Erzähl-Positionen auszumachen. Da ist etwa die Affinität zu Schopenhauers Daseinspessimismus in den Romanen und Erzählungen von Ferdinand von Saar (Beispiele: *Wiener Elegien*, 1893, *Novellen aus Österreich*, 1877, erweitert 1897), die das elende Schicksal der kleinen Leute auf dem Lande und in der Großstadt Wien zum Thema haben. Da ist aber auch die von einer stark religiös-katholischen Grundhaltung bestimmte Gesellschaftsschilderung bei Marie von Ebner-Eschenbach, welche zwar soziale Probleme berührt, diese aber stets einbettet in ein ethisch-sittliches Programm. Die Romane der Ebner-Eschenbach sind »Bekenntnisse zum Guten im Menschen, das sich selbst sittlich bestimmen kann« (Zeman, 1989,13). Ein Roman, wie etwa *Das Gemeindekind*, fungierte im Rahmen der zeitgenössischen Diskussion zudem als bewußte Gegenliteratur zu einer auf Milieutheorie und deterministischer Vererbungslehre basierenden naturalistischen Konzeption, wie sie Autoren, wie Gerhart Hauptmann, zu dieser Zeit in Berlin vertraten (Zeman, 1989,12). Es war vor allem die krude Schilderung einer »häßlichen Wirklichkeit« ohne alle kompensatorisch-telosgerichtete Perspektive, die Marie von Ebner-Eschenbach ablehnte. In dieser Ablehnung wußte sie sich in Übereinstimmung mit ihrem Schriftstellerkollegen Ferdinand von Saar, aber auch mit den Kategorien der tonangebenden Literaturkritik. Die Vehemenz, mit der solche Kategorien in der Öffentlichkeit gegen die »neue Richtung« naturalistischer Wahrnehmung gewendet wurden, zeigt das Beispiel der Schriftenreihe *Gegen den Strom*, deren Einzelhefte als Flugschriften zwischen 1884 und 1894 erschienen. Die Broschürenreihe war aus einem literarisch-künstlerischen Kreis um den Kunstreferenten der *Presse*, Albert Ilg (1847-1896), hervorgegangen, der sich »Montagsgesellschaft« oder: »die letzten Christen« nannte. Die in den einzelnen Flugschriften formulierte Polemik richtete sich als eine Art von wertkonservativer Kritik gegen »die heutigen Zustände« im »Künstlerwesen«, wie Ilg in einer Schrift aus dem Jahre 1888 schrieb (JW, 1987,80), also gegen den modernen Kulturbetrieb. Im Heft *Unsere Künstler und die Gesellschaft* (1886) lehnte Albert Ilg sowohl die »Genremalerei der falschen Sentimentalität«, als auch die »Tendenzmalerei« des Naturalismus ab:

»Vielleicht sind wir von der Darstellung verzauberter Prinzessinnen, Gnomen und Feen ein bischen (sic!) übersättigt, darum braucht die Kunst aber nicht sofort aus der Kinderstube in den medicinischen Hörsaal zu springen und von dort her die Ansichten über Vivisection zu verkünden« (Rossbacher, 1992,22).

Der Vorwurf, ›naturalistisch‹ zu schreiben, traf dabei selbst jene Autoren, deren Werke sich noch durchaus innerhalb der Darstellungsformen der ›Wiener Realistenschule‹ bewegten – und er wurde nicht nur von Ilg erhoben, wie Rieckmann am Beispiel der im Jahre 1889 erhobenen Kritik des Germanisten Moritz Necker an der Schriftstellerin Emilie Mataja zeigt (Rieckmann, 1985,14f). Emilie Mataja (1855-1938), die ihre Werke (etwa die Romane *Egon Talmor*, 1880, *Familie Hartenberg*, 1882) unter dem Pseudonym Emil Marriot verfaßte, unterschied sich etwa von der Ebner-Eschenbach durch die ins Desillusionierende gewendete Behandlung ihrer Stoffe – was wiederum auf die doch beträchtlichen Unterschiede innerhalb der kunstästhetischen Auffassungen der Wiener ›Vormoderne‹ verweist. Der Materialismus Marxscher Prägung, der Biologismus und der soziale Determinismus von Darwin, Comte und Taine, sowie die ästhetischen Konzepte eines Nietzsche beeinflußten durchaus die Fragestellungen gewisser ›realistischer‹ Autoren, zu denen auch Marie Eugenie delle Grazie (1864-1931) zählte, die sich als Verfasserin der sozialen Tragödie *Schlagende Wetter* (1899) einen Namen machte (Zeman, 1989,7). Schriftstellerinnen wie die Mataja oder die delle Grazie waren, wiederum im Gegensatz zu Ebner-Eschenbach oder v.Saar, zudem enger in einen literarischen Betrieb eingebunden, der ihnen als schreibende Frauen eine, wenn auch meist ungesicherte Existenz innerhalb des kommerzialisierten Verwertungsbetriebs der Presse bot (Rossbacher, 1992,109ff). Auch die Lyrikerin, Erzählerin und Zeitungs-Autorin Ada Christen (= Christiane von Breden 1844-1901) verkörperte den neuen Typus der sich durch honoriertes Schreiben ›emanzipierenden‹ Frau. Ihre in der Manier Heinrich Heines verfaßte bekenntnishafte Lyrik (*Lieder einer Verlorenen*, 1868, *Aus der Tiefe*, 1878) schockierte ihre Leser vor allem durch die tabuverletzende Offenheit, mit der beispielsweise die weibliche Sehnsucht nach erotischer Befreiung benannt wurde. Ada Christen, die im Ruf einer skandalumwitterten Bohémienne und »schreibenden Sünderin« stand, sorgte zweifellos für eine »Ausweitung des literarischen Diskurses in Wien« (Rossbacher, 1992,355). Mit den herrschenden Frauenbildern ihrer Epoche hingegen, befaßte sich kritisch die Schriftstellerin Rosa Mayreder (1858-1938) in ihren Romanen und Essays (Roman *Idole*, 1899, *Zur Kritik der Weiblichkeit*, 1905). Rosa Mayreder, die übrigens das Libretto zu Hugo Wolfs einziger Oper *Der Corregidor* (1896) verfaßte, engagierte sich seit 1893 aktiv in der österreichischen Frauenbewegung. Sie beteiligte sich offensiv am öffentlichen Diskurs über die kulturell vermittelten Frauenbilder, die in unterschiedlichen Ausprägungen gerade auch innerhalb der Wiener Moderne wirksam werden sollten (vgl. Kap. 3.3).

Unter der Oberfläche des von Rieckmann konstatierten »Dornröschenschlafes« der Wiener Literaturszene in den achtziger Jahren (Rieckmann, 1985,16) zeichnete sich also durchaus eine Tendenz ab, die sich von der durch den deutschen Idealismus geprägten Literaturkonvention entfernte (Zeman, 1989,9ff). Die vornaturalistische Literatur im Wien der letzten Jahrzehnte des 19. Jahrhunderts ist, nach Zeman, dadurch gekennzeichnet, daß »die objektive Balance ganzheitlicher Menschengestaltung im alten Sinn verlorengegangen« sei, eine »Menschenzeichnung im Sinne neuer rigoroser Wirklichkeitsdarstellung« aber noch nicht erreicht wurde (Zeman, 1989,12).

Dieses Neue machte sich allenfalls als Einzelereignis bemerkbar. Bereits im Jahre 1876 hatte der damalige Direktor des Wiener Burgtheaters, Franz von Dingelstedt, den Versuch unternommen, Ibsen mit einer Aufführung des Dramas *Die Nordische Heerfahrt* in Wien einzuführen. Im Jahre 1878 folgte die Aufführung von *Stützen der Gesellschaft* am Wiener Stadttheater und 1881 wagte man dort gar, dem Wiener Publikum Ibsens *Nora* zu präsentieren. All diesen Versuchen war kein Erfolg beschieden. Die tonangebenden Feuilletons der *Neuen Freien Presse* und des *Neuen Wiener Tagblatts* äußerten völliges Unverständnis, das Publikum machte seiner Empörung lautstark in den einzelnen Aufführungen Luft und erst neun Jahre später sollte Ibsen wieder an Wiener Bühnen gespielt werden (Castle, 1937,2049f).

Die entschiedene Ablehnung Ibsens in der Öffentlichkeit, sowie die Tatsache, daß sich im benachbarten Deutschland die neue Literatur unter naturalistischem Vorzeichen auch als eine von Ibsen beeinflußte formierte, macht es plausibel, daß ausgerechnet Ibsen für die junge Generation der Wiener Moderne eine Art von symbolischer Leitfigur darstellte. Von einem bewußt provozierenden Gestus der Rebellion gegen die etablierte Generation des Wiener Realismus, einer »Kategorie künstlerischer Provokation« (Rasch, 1981,26) konnte allerdings – im Gegensatz zu Berlin – nicht die Rede sein (Paetzke,

1992,8f, Bahr, 1894,73-96). Dies belegen beispielsweise die Hefte der im Jahre 1890 als Sprachrohr der Jungen begründeten Zeitschrift *Moderne Dichtung*, wo sich im ersten Jahrgang, neben namhaften Vertretern des Berliner Naturalismus, wie selbstverständlich auch Texte der Wiener ›Realisten‹ Ferdinand von Saar und Marie Eugenie delle Grazie finden. Und auch der junge Hofmannsthal schickte noch im Jahre 1892 artig ein Widmungsexemplar seines ersten lyrischen Dramas *Gestern* an den etablierten Erzähler Ferdinand von Saar. Der Antwortbrief vom 5.2.1892 des zu dieser Zeit Neunundfünfzigjährigen signalisierte indes Unverständis. Er bekenne offen, schrieb Saar, »daß ich sehr vielen Schöpfungen der ›neuesten‹ Literatur (...) rathlos (sic!) gegenüber stehe« (JW, 1987,105). Es zeigte sich, daß der »Abgrund des Mißverständnisses oder wenigstens des Mißverstehens« zwischen den Generationen der »Väter« und der »Söhne« (W.E.Yates, 1988,154) inzwischen doch grundsätzlicher Art war. Die nur ein Jahr nach der Ausrufung des Wiener Naturalismus (1890) von Hermann Bahr proklamierte »Überwindung« desselben (1891) bezeichnet diese Bruchstelle, von der aus keine Verbindung mehr zu den ›Realisten‹ der Vormoderne möglich zu sein schien.

2.1 Der Naturalismus und seine »Überwindung«: Hermann Bahr und die moderne Haltung

Wollte man den Beginn der literarischen Wiener Moderne mit einem Datum bezeichnen, so böte sich der 1. Januar 1890 an (Wunberg, 1981,19, Rieckmann, 1985,43).

An diesem Tage erschien das erste Heft jener *Monatsschrift für Literatur und Kritik*, die der damals einundzwanzigjährige Eduard Michael Kafka in Brünn unter dem Titel *Moderne Dichtung* herausgab.

Wie es dazu kam, schilderte Hermann Bahr rückblickend in seinem Aufsatz »Zehn Jahre«, der im August 1899 in der Wiener Wochenschrift *Die Zeit* publiziert wurde. Bahr, der sich im Sommer 1889 in Paris aufgehalten hatte, reflektierte seine Erlebnisse in der dritten Person:

»(...) da begab sich, daß er eines Tages von einem unbekannten Menschen, dessen Namen er niemals vernommen hatte, in einem stürmischen und aggressiven Brief aufgefordert wurde, sie sollten zusammen eine Literatur in Österreich begründen. (...) Aber der Unbekannte, der ihm jenen tollen und maßlos verlangenden Brief schrieb, ist ein junger Mensch in Brünn gewesen, Herr E.M. Kafka (...). Der hatte sich (...) in Brünn eine Revue der österreichischen Literatur herauszugeben entschlossen: die »Moderne Dichtung«. Und über diesen Plan flogen nun zwischen den beiden jungen Leuten, die einer den andern niemals gesehen hatten, aber durch ihre Sehnsucht wie Brüder geworden waren, Briefe wie schreiende Sturmvögel hin und her, fünf Monate lang, bis denn dann endlich im Jänner das erste Heft der neuen Zeitung erschien, die Ankündigung einer neuen Literatur in unserem Lande« (Bahr in: Wunberg/Braakenburg, 1981,666f).

Eduard Michael Kafka (1868-1893), der an der Wiener Universität Staatswissenschaft, Kunstgeschichte und Philosophie studiert hatte, betätigte sich seit 1888 als Schriftsteller. Ein Band mit modernen Märchen erschien 1889 unter dem Titel *Hieroglyphen*. Als begeisterter Anhänger eines konsequenten Naturalismus (Zohner, 1937, 1706, Rieckmann, 1985,17), beabsichtigte er mit seiner Zeitschriftengründung, dem Naturalismus, – der um 1890 noch unter dem Begriff ›Realismus‹ firmierte (Rieckmann, 1985,44), – ein Forum in Österreich zu schaffen. Hermann Bahr wiederum, schien für ein solches Vorhaben der ideale Verbündete zu sein, hatte er doch auf seinen zahlreichen Reisen durch Europa die jeweils aktuellen Geistes-Tendenzen an Ort und Stelle studiert und Kontakte geknüpft, die ihn in der Folgezeit nicht nur befähigen sollten, »die Rolle eines wahren Import-Export Agenten für geistige Produktion« (le Rider, 1990,23) zu übernehmen, sondern auch die Wiener literarische Moderne gewissermaßen zu organisieren, ja überhaupt erst zu initiieren (Wunberg/Braakenburg, 1981, 41). Die herausragende Leistung Bahrs bestand dabei keineswegs nur darin, die junge Wiener Schriftstellergeneration mit den neuesten Tendenzen, insbesondere jenen innerhalb der französischen Literatur, bekannt gemacht zu haben. Es war vielmehr seine »Reflexion auf die notwendige Vermittlung von neuen Inhalten mit neu zu entwickelnden Verfahren« (Paetzke, 1992,17), die entscheidend zur charakteristischen Entwicklung der jungen Wiener Moderne beitrug. Und auch der »Beginn« der literarischen Moderne mit der von E.M.Kafka initiierten Gründung der Zeitschrift *Moderne Dichtung* war geprägt durch die intellektuelle Biographie, die Hermann Bahr zu jener Zeit bereits durchlebt hatte.

Der im Jahre 1863 in Linz geborene Hermann Bahr studierte zunächst klassische Philologie, danach Jura und Nationalökonomie in Wien, Graz, Czernowitz und, von 1884 bis 1887, in Berlin bei Wilhelm Scherer, Heinrich von Treitschke, Adolf Wagner und Gustav Schmoller. Nachdem er kurzzeitig »als Burschenschaftler großdeutsch geschwärmt«, danach »über Bismarck zu Marx gelangt« war (Bahr, *Selbstbildnis*, 1923,211), schloß er sich um 1886 der marxistisch-sozialistischen Partei um Viktor Adler und Engelbert Pernerstorfer an und sollte in späteren Jahren – als Resultat einer politischen Identitätsfindung im Zeichen des deutsch/preußisch-österreichischen Dualismus nach der deutschen Reichsgründung von 1871 – sich bewußt zum Verfechter einer genuin »österreichischen Literatur« wandeln (vgl. dazu Wunberg, 1981,42ff). Bahrs frühe Arbeiten – vorwiegend politische Aufsätze – entstanden unter dem Einfluß der Schriften von Wagner, Nietzsche, Marx und Lassalle (vgl. Daviau, 1989,686). Ein 1887 unter dem Titel *Die neuen Menschen* bei Schabelitz in Zürich erschienenes Drama fand den Beifall der Berliner Naturalisten. In stilistischer und erzähltechnisch-dramaturgischer Hinsicht durchaus konventionell gestaltet, transportieren Bahrs frühe Werke in ihrer sozialistischen Grundhaltung zweifellos eine Botschaft, die den deutschen Naturalisten in diesen Jahren verwandt erscheinen mußte. Für diese frühen literarischen Werke indes gilt, was auch die späteren dramatischen und erzählerischen Arbeiten Bahrs kennzeichnen sollte: ihr gestalterisches Niveau ist wohl eher als bedeutungslos einzustufen. Bahr selbst, hat dies in späteren Jahren erkannt (*Selbstbildnis*, 1923, Rieckmann, 1985,19, Wunberg, 1968,VII, ders. 1987,99). Völlig anders hingegen, verhält es sich mit Bahrs literaturkritischen Arbeiten, deren Katalysatoren-Funktion für das Selbstbewußtsein der Wiener Moderne wohl kaum überschätzt werden kann. Einer ersten Aufsatzsammlung – *Zur Kritik der Moderne* (1890, vgl. Rieckmann, 1985,213, JW, 1987,139) – folgten die Bände *Die Überwindung des Naturalismus* (1891), *Studien zur Kritik der Moderne* (1894), *Renaissance* (1897), *Secession* (1900), *Bildung* (1900), *Dialog vom Tragischen* (1904), *Dialog vom Marsyas* (1905), etc. Zusätzlich veröffentlichte Bahr in diesen Jahren vier Bände seiner Theaterkritiken: *Wiener Theater* (1898), *Premièren* (1902), *Rezensionen* (1903), *Glossen zum Wiener Theater* (1906) (Daviau, 1989,686f). Im Jahre 1887 bereits, hatte Bahr in der von Engelbert Pernerstorfer herausgegebenen Zeitschrift *Deutsche Worte* einen Aufsatz über Henrik Ibsen veröffentlicht, in dem er Ibsen als einen »Vorkämpfer der Synthese von Romantik und Naturalismus« (Bahr in: Wunberg, 1968,13) begreift und diesem die Vorläufer-Rolle eines »litterarischen Johannes« zuweist, »der die Abkehr predigt von der Gegenwart und den Pfad weist, den der Erlöser der Zukunft wandeln wird« (Bahr in: Wunberg, 1968,20). Nach Rieckmann verrät bereits dieser frühe Aufsatz Bahrs die Skepsis seines Verfassers gegenüber der bloß ›naturalistischen‹ Nachbildung der äußeren Wirklichkeit, wie sie etwa im ›Sekundenstil‹ eines Arno Holz zum Ausdruck kommt (Rieckmann, 1985,24). In seiner ebenfalls im Ibsen-Aufsatz erhobenen Forderung nach der »Ausführung eines Gedankens«, der, zum »allgemeinen Gedankenbesitz der Zeit« zäh-

[handschriftliche Notiz am unteren Rand:] Gemeinsamkeit zwischen Romantikern und Modernen: keine rigorose Ablehnung der vorausgehenden Strömungen (Aufklärung, Realismus) sondern Konstruktive Kritik und Übernahme, Erweiterung

lend, als organisierendes Prinzip der Dichtung den »Zusammenhang« der äußeren Wirklichkeit verbürgen solle (Bahr in: Wunberg, 1968,12), scheint Bahr sich allerdings den Positionen von Teilen des Berliner Naturalismus wieder anzunähern: zum »allgemeinen Gedankenbesitz der Zeit«, gehörten ja nicht zuletzt die deterministischen Milieu- und Vererbungstheorien, die in den naturalistischen Dramen Gerhart Hauptmanns auftauchen. Die literarische Gestaltung eines solchen ›Gedankenbesitzes‹ entsprach dem programmatischen Bestreben der Berliner Naturalisten nach objektivistischer ›Wissenschaftlichkeit‹.

Von der naturalistischen Annahme eines objektiv-gültigen Wahrheitsbegriffes entfernte sich Bahr zusehends in seinen folgenden Arbeiten. Und ausgerechnet Bahrs Aufsatz »Die Moderne« von 1890, der das erste Heft von E.M. Kafkas *Moderner Dichtung* einleitete, jener Zeitschrift, die, nach dem Willen ihres Begründers, die Anfänge des Naturalismus auch in Österreich begründen sollte, markiert rückblickend den Beginn einer konsequenten Abkehr von naturalistischen Positionen. Bahr nimmt die naturalistische Forderung nach der Darstellung von »Wahrheit« ernst und entfernt sich doch gleichzeitig von den objektivistischen Voraussetzungen dieser Forderung, indem er sich auf die authentische Erforschung des Wahrheitsbegriffes beruft. In Bahrs Aufsatz findet sich der aufschlußreiche Satz: »Wir haben kein anderes Gesetz als die Wahrheit, wie jeder sie empfindet« (Bahr, 1891,6). Die von den Naturalisten als objektiv empfundene Wahrheit der Außenwelt wird hier ins Subjektive verlagert und relativiert eben durch die individuelle »Empfindung«. Der Akzent verlagert sich somit vom Gegenstand selbst auf den Prozess seiner Rezeption. »Wir haben nichts als das Außen zum Innen zu machen« (ebd., 4) heißt es bei Bahr. Wird am Anfang des Aufsatzes noch, ähnlich wie im frühen Aufsatz über Ibsen, die Hoffnung auf eine zukünftige Literatur als »Schrei nach dem Heiland« ausgedrückt, so fordert Bahr am Ende desselben Textes ausdrücklich die aktive Verwandlung der Literatur in »Moderne«, deren »dreifache Wahrheit« er als körperhafte Wirklichkeit der Außenwelt, psychologische Wirklichkeit der Gefühle und als »seelische« Wirklichkeit gedanklicher Symbole beschreibt. Aufgabe und »Beruf der neuen Kunst« sei »der Einzug des auswärtigen Lebens in den inneren Geist«, wobei »die in die Seelen getretene Wahrheit sich ins Seelische verwandelt, die seelischen Sprachen annimmt und deutliche Symbole schafft«. Am Ende dieses Wandlungsprozesses aber, ist »alles Außen ganz Innen geworden« (Bahr, 1891,5f.).

Impressionismus [marginal note]

Symbolismus [marginal note]

»Seelenstände«: Bahrs Lektüreerfahrungen in Paris

Um Bahrs »Moderne«-Aufsatz von 1890 in seiner programmatischen Bedeutung für sein Verhältnis zum Naturalismus einordnen zu können, sind die spezifischen Erfahrungen zu berücksichtigen, die Bahr seit seinem Weggang aus Berlin gemacht hatte. Im Jahre 1888 war Bahr, nach Absolvierung seines Freiwilligenjahres in der österreichischen Armee, über München, wo er mit Ibsen und Michael Georg Conrad zusammentraf, nach Paris gereist. Der Aufenthalt in Paris sollte eine grundlegende Wandlung seiner literaturkritischen Kriterien bewirken. Bahr, der Zola hier gleichsam mit anderen Augen las, erkannte nicht nur, daß »wir in Berlin den Naturalismus der Franzosen von Grund auf mißverstanden hatten« (*Selbstbildnis*, 1923,224), er begegnete vielmehr einer Literatur, die ihm bis dahin unbekannt geblieben war: Bourget, Huysmans, Baudelaire, Barrès, Maeterlinck. In seinem »Ibsen«-Aufsatz hatte Bahr noch die These vertreten, daß der Künstler den »allgemeinen Gedankenbesitz« seiner Zeit zu gestalten habe. Unter dem Eindruck der neuen Lektüre, rückte für ihn die Form der Gestaltung als Kriterium der Moderne in den Vordergrund. Zolas Satz: »Une phrase bien faite est une bonne action« initiierte für Bahr eine Verschiebung in der Akzentuierung weg vom Sozialen, hin zum eigentlich Literarischen (*Selbstbildnis*, 1923,223). »Aus dem Marxisten war ein spiritualiste ardent geworden«, sagte Bahr rückblickend über sich selbst (*Selbstbildnis*, 1923,230). Darüber hinaus wurde ihm zusehends die naturalistische Auffassung von Wirklichkeit und Realität problematisch. Das Mißverständnis Zolascher Literatur in Deutschland beruhte, nach Bahr, nicht zuletzt darauf, daß Zola einseitig »materialistisch« interpretiert wurde (*Selbstbildnis*, 1923,224). In Deutschland, so Bahr, habe man sich einseitig darauf konzentriert, ausschließlich die »réalité de choses«, die alltägliche Wirklichkeit des Lebens, wie Bahr sie, Flaubert zitierend, bezeichnete (*Selbstbildnis*, 1923,224) zur Darstellung zu bringen. Die Wirklichkeit der Seele hingegen, die psychologische Seite, wie Bahr sie bei Paul Bourget kennenlernte, habe man vernachlässigt. Im Sprachgebrauch Bahrs sind es die aus dem französischen »états d'âmes« entlehnten »Seelenstände«, die den »Naturalismus der états de choses, der Sachenstände« (*Die Überwindung des Naturalismus*, 1891,66) notwendig ergänzen sollten. »Seelenstände« lautet auch der Untertitel, den Bahr seinem 1890 bei S. Fischer in Berlin erschienenen Roman *Die gute Schule* gab. Allerdings sollte Bahr sich mit der Forderung nach einem bloß psychologisierenden Naturalismus nicht begnügen.

1. Stufe: Psychologisierung des Naturalismus
alltägliche Wirklichkeit + Seelenstände

»Das moderne Bedürfnis verlangt Psychologie, gegen die Einseitigkeit des bisherigen Naturalismus; aber es verlangt eine Psychologie, welche der langen Gewohnheit des Naturalismus Rechnung trägt. Es verlangt eine Psychologie, welche durch den Naturalismus hindurch und über ihn hinaus gegangen ist«, fordert Bahr in seinem Aufsatz »Die Krisis des Naturalismus« (Bahr, 1891,67). Und im gleichen Aufsatz deutet er die Charakteristika dieser neuen Psychologie an, indem er sich auf die französischen »Dekadents« à la Huysmans beruft (Bahr, 1891,72). Bei ihnen fand er das, was jenseits der tradierten Auffassung von der Selbsterkenntnis eines sein Gewissen erforschenden »Ichs« lag: das, »was sich der Selbsterkenntnis und darum der Beichte entzieht: die Erscheinungen auf den Nerven und Sinnen noch bevor sie in das Bewußtsein gelangt sind, in dem rohen und unverarbeiteten Zustande« (»Die neue Psychologie«, 1891,112). Und wie eine Vorwegnahme der Freudschen Konzeption des Unterbewußten mutet Bahrs Charakteristik der Schreibweise des von ihm bewunderten »Dekadent« Maurice Maeterlinck an. Bei Maeterlinck, so Bahr, handele es sich »um die alle Seltsamkeit, die unter der Schwelle des Bewußtseins kauert und nur wie ein dumpfes Stöhnen aus dem letzten Schlunde der Natur, wohin der Geist nicht dringt, empfunden wird, (...)« (»Maurice Maeterlinck«, 1891,194). An die Stelle der »Seelenstände« sind die »Nervenstände« getreten, deren aufmerksame Registrierung und Offenbarung im Kunstwerk »die letzte Konsequenz aus dem Naturalismus und seiner Forderung nach rückhaltloser Wahrheit« (Rieckmann, 1985,27) darstellt. Den Versuch, der Realität, wie sie sich in den Sinneseindrücken gleichsam ungefiltert durch alle Verstandestätigkeit ausdrückt, Geltung zu verschaffen, erblickte Bahr auch in der Malerei der Impressionisten. Diese nämlich sei, von der Pflicht der photographischen Wiedergabe von äußerer Realität befreit, endlich das geworden, »als was sie heißt: Malerei, Lust und Leid , Rausch und Zauber, Orgie und Magie« (Bahr, 1894,199). Die Farbe habe sich dabei auf Kosten der äußeren Form, des Sujets, emanzipiert. Eine ähnliche Entwicklung aber, in deren Verlauf die Form sich als einzige Wirklichkeit darstelle, finde auch in der Literatur statt:

»Ganz wie in der Malerei, die auch mit festlichem Mute erst auf Eroberung der Wirklichkeit auszog, um niedergeschlagen und verzagt bald nach dem Schein im Auge zu retirieren und vor lauter Farbenflecken am Ende die Form zu verlieren, wie jene (die Literatur – D.L.) vor lauter Sensationen das Ich verlor« (Bahr, 1891,151).

Allein die »Sensationen« als Resultate vor-rationaler Sinneswahrnehmungen verbürgten eine einzig authentische Wahrheit. Damit aber sei auch die Vorstellung von einem »Ich« obsolet geworden. »Das Ich ist immer schon Konstruktion, willkürliche Anordnung, Umdeutung und Zurichtung der Wahrheit, die jeden Augenblick anders gerät, wie es einem gerade gefällt, eben nach der Willkür der jeweiligen Stimmung (...)« heißt es in seinem Aufsatz »Wahrheit, Wahrheit« (Bahr, 1891,149). Die Auflösung und Fragmentierung des Ichs in einzelne Impressionen und »Stimmungen« sollte eines der Grundmotive in den Werken der jungen Dichtergeneration von ›Jung-Wien‹ bilden. Inwieweit sich der Gedanke der Ich-Dekonstruktion aus dem zeitgeschichtlichen Kontext von moderner Physik (Mach) und Freudscher Psychoanalyse um 1900 ergibt, wird in Kapitel 3 noch näher zu beleuchten sein.

»Überwindung« und »Moderne«: Bahrs moderne Leistung

»Auf die Abkehr von dem romantischen Geiste und seine Überwindung als Pflicht der modernen Menschheit wies ihn seine Erkenntnis« (Bahr, in: Wunberg, 1968,13) hatte Bahr in seinem frühen Aufsatz über Ibsen geäußert. Und die »Überwindung des Naturalismus« sollte Bahr selbst nur ein Jahr nach Erscheinen seines »Moderne«-Aufsatzes in einer zweiten programmatischen Aufsatzsammlung von 1891 fordern (Bahr, *Die Überwindung des Naturalismus*, 1891). Das Stichwort von der »Überwindung« als Charakteristikum einer Moderne, die sich selbst als dynamische Bewegung begreift, sollte einer der Schlüsselbegriffe der Bahrschen Kritik in den darauffolgenden Jahren bilden. Hier findet statt, was Wunberg als »die Inaugurierung einer Bewegung, die sich seitdem selbst perpetuiert« bezeichnet: der Gedanke von der unablässigen Ablösung einer »modernen« Entwicklung durch die darauffolgende, die Forderung nach Überwindung der jeweils jüngsten Entwicklung durch eine noch jüngere (Wunberg, 1987,104f). In den Jahren ab 1891 sollte Bahr seine kunsttheoretischen Positionen immer wieder revidieren, was ihm bei seinen Zeitgenossen den Ruf als »Verwandlungskünstler« (Rieckmann, 1985,30) und, wie Bahr selbst berichtete, als »Mann von übermorgen« (*Selbstbildnis*, 1923,257) eintrug. Die Konsequenzen der Bahrschen Verwandlungs-Haltung beschreibt Wunberg wie folgt:

»Als der Naturalismus überwunden ist, geht es darum, den Symbolismus, die Neuromantik, die Mystik der Nerven oder wie immer er das zu nennen pflegte, ihrerseits zu überwinden, um zum Impressionismus zu gelangen; und alsbald (...) wird der Impressionismus verlassen und zugunsten des Expressionismus überwunden. Das nun hat in seinem Rigorismus keine Parallele mehr in der zeitgenössischen Literaturkritik« (Wunberg, 1987,111).

Zweifellos, so zeigt Wunberg anhand der einschlägigen Schriften von Otto Brahm und Heinrich Hart, unterscheidet sich der Bahrsche Begriff der »Überwindung« grundlegend von dem durch die Zeitgenossen propagierten Gedanken einer an die Darwinschen Evolutionstheorien angelehnten »Entwicklung« einer »neuen Literatur« (Wunberg, 1987,105). Ist der Entwicklungsbegriff der Berliner Naturalisten weitgehend passivisch, <u>so bedeutet der Überwindungsbegriff bei Bahr die Forderung nach aktiver Kreation einer Moderne,</u>

Wunberg nennt in seiner Untersuchung noch ein weiteres Charakteristikum der von Hermann Bahr verkörperten »modernen Haltung«: die »Befreiung ins A-Historische«, die den Moderne-Begriff nicht mehr an tradierte Orientierungsmuster knüpft. Heinrich Hart, ein Wortführer der Berliner Naturalisten, hatte in seinem »Die Moderne« betitelten programmatischen Aufsatz von 1890/91 den »Moderne«-Begriff noch aus dem seit dem 17. Jahrhundert literaturgeschichtlich überlieferten Dualismus-Streit zwischen »der Antike« und »der Moderne« entwickelt, wobei »die Moderne« als entwicklungsgeschichtlich gewordenes Ergebnis eines organisch sich vollziehenden Ablösungsprozesses von der »Antike« fungierte. Bahr hingegen, verzichtete in seiner »Moderne«-Konzeption auf jede Verankerung in den geläufigen historischen Bezugsrahmen. Bahrs Begriff der Moderne, wie er im Aufsatz von 1890 auftaucht, fügt sich nicht mehr ein in klar umrissene Traditionsstränge (Wunberg, 1987,101), er entgleist sozusagen zur frei flottierenden Gedankenbewegung: *Abkehr von den alten Werten*

»Dieses ist die große Sorge, die Not thut (sic!), daß wir uns den Trümmerschutt der Überlieferung aus der Seele schaffen und rastlos den Geist aufwühlen, mit grimmen Streichen, bis alle Spur der Vergangenheit vertilgt ist. Leer müssen wir werden, leer von aller Lehre, von allem Glauben, von aller Wissenschaft der Väter, ganz leer« (Bahr, »Die Moderne«, 1891,4f).

Bahr und die Zeitgenossen

Als Bahr Ende August 1889 Paris verließ, Spanien und Nordafrika bereiste und schließlich über Wien im Mai 1890 nach Berlin zurückkehrte, war der »Wandlungsprozeß«, der ihn vom Naturalismus Berliner Prägung entfernte, vollzogen. Zwar folgte Bahr zunächst einem Ruf von Arno Holz, der ihn um eine Mitarbeit an der Berliner ›Freien Bühne für modernes Leben‹ ersuchte, doch gab er diese Aufgabe bald wieder auf, nachdem er sich mit dem Herausgeber Otto Brahm überworfen hatte. Zusammen mit dem befreundeten Schauspieler Emanuel Reicher unternahm er im Frühjahr 1891 eine Reise nach St.Petersburg, wo er Josef Kainz und Eleonora Duse kennenlernte, deren Schauspielkunst er als moderne Indizien eines Traditionsbruchs mit aller bisherigen Gestaltungskunst empfand (Bahr, 1894,255). Als sich Bahr im Anschluß an die Reise in Wien niederließ, wo er bis zum Jahre 1912 bleiben sollte, war der Bruch mit dem Naturalismus längst auch öffentlich vollzogen. Sein erster Band mit ästhetischen Schriften, der unter dem Titel *Zur Kritik der Moderne* im Jahre 1890 erschienen war, konnte, wie Rieckmann ausführt, allgemein noch weitgehend mißverstanden werden (Rieckmann, 1985,28f). E.M. Kafka, der den Band im zweiten Heft der *Modernen Dichtung* rezensierte, hatte vor allem jene Aufsätze gerühmt, die noch vor Bahrs Aufenthalt in Paris entstanden waren und eine naturalistische Programmatik repräsentierten. Andere Aufsätze aber, die den Eindruck der neuen Pariser Lektüreerfahrungen Bahrs verrieten, ignorierte er weitgehend. Anders hingegen hatte die antinaturalistische, etablierte Literaturkritik Wiens reagiert. Kritiker, wie Moritz Necker, glaubten gerade in diesen Aufsätzen den Beweis dafür zu entdecken, »daß letzter Zweck der Kunst nicht soziale oder moralische Belehrung, sondern Erregung von Schönheitsgefühlen« (*Die Nation*, 19.4.1890) sei. Bahr, so glaubten sie, habe aus der Verirrung des Naturalismus zurückgefunden zum idealischen Schönheitsbegriff der Konvention. Als ob er sich gegen solche Vereinnahmungsversuche zur Wehr setzen wollte, entwickelte Bahr nun im zweiten Band seiner Schriften eine Argumentation, die auf Abgrenzung bedacht war:

»Freilich: die alte Kunst will den Ausdruck des Menschen und die neue Kunst will den Ausdruck des Menschen; darin stimmen sie überein gegen den Naturalismus. Aber wenn der Klassizismus Mensch sagt, so meint er Vernunft und Gefühl; und wenn die Romantik Mensch sagt, so meint sie Leidenschaft und Sinne; und wenn die Moderne Mensch sagt, so meint sie Nerven. Da ist die große Einigkeit schon wieder vorbei« (Bahr, Die Überwindung des Naturalismus, 1891,155).

Die neue Richtung, die den Naturalismus überwinden sollte, definierte Bahr als »eine Mystik der Nerven«. Die »dreifache Wahrheit«, die er im »Moderne«-Aufsatz von 1890 beschworen hatte, geriet im titelgebenden Aufsatz von 1891 zu einer Art von Dreiphasenmodell der Moderne: die erste, naturalistische Phase habe sich auf die künstlerische Schilderung der Außenwelt gerichtet, in der zweiten Phase wurde die Notwendigkeit psychologischer Gestaltung offenbar.

Doch auch sie sei nur als Vorläuferin der dritten Phase zu betrachten, die, tiefgreifender noch als Naturalismus und Psychologismus, das »wunderlich Neue« »im Nervösen« aufzuspüren suche (Bahr, 1891,156f).

«Nerven« und »Nervosität«, »Empfindung« und »Stimmung« sollten die bevorzugten Schlagworte der Jung-Wiener Post-Naturalisten werden. Bezeichnend für die Wirkungsmöglichkeiten, die Bahr nach 1891 innerhalb der literarischen Szenerie seiner Zeit beschieden waren, ist die Aufnahme, die seinem vierten (und erstem nichtnaturalistischen) Drama *Die Mutter* (Berlin, 1891), ein »rein artistisch gemeintes Werk« (*Selbstbildnis*, 1923, 257), bei der zeitgenössischen Kritik beschieden war. Letztere zeigte sich vor allem irritiert durch die zuweilen an Ibsens *Gespenster* erinnernde Handlung, eine problematische Mutter-Sohn-Beziehung, die »bei Bahr ins erotisch Überspannte gesteigert und zugespitzt wird«. (Rieckmann, 1985,37). Während beispielsweise der Berliner Kritiker Curt Grottewitz im *Magazin für Literatur* vom 14.3.1891 die »Krankhaftigkeit« der Motive geißelte und sich, auf die »Dekadenzliteratur« des französischen *fin de siècle* anspielend, gar nationalchauvinistischer Klischees bediente, erfuhr Bahr bei einem Wiener Rezensenten verständnisvollere Aufnahme. Im Aprilheft der *Modernen Rundschau* erschien eine kritisch-distanzierte Betrachtung, die den Absichten Bahrs eher gerecht wurde. »Der dargestellte Vorgang, eine Synthese von brutaler Realität und lyrischem Raffinement, ist fast ein Symbol der heutigen Kunstaufgabe überhaupt« hieß es da. In der Einschätzung des Bahrschen Dramenversuchs bediente sich der unbekannte Kritiker des Dilettantismus-Begriffes (Wunberg/Braakenburg, 1981, 49). Bahr erkannte in dieser Kritik seine eigenen Bestrebungen. Er glaubte auf einen Kritiker gestoßen zu sein, »der die ganze Zeit (...) in seinem Geiste trug, mit jener ängstlichen Gerechtigkeit des Bourget, (...)«. Dem Autor selbst bescheinigte er »eine feinhörige Empfindsamkeit für die leisesten und leichtesten Nuancen tiefer dunkler Triebe, so vom Stamme der Stendhal und Barrès (...)« (*Loris*, 1894,122ff). Auch meinte er ihn genau zu kennen: »so zwischen 40 und 50 etwa, in der Reife des Geistes – sonst konnte er diese verzichtende Ruhe nicht haben, welche die Dinge nur noch als fremdes Schauspiel nimmt und nicht mehr begehrt« (ebd.). Am 27. April 1891 schließlich, machte Bahr im Café Griensteidl die persönliche Bekanntschaft seines Kritikers: es war der siebzehnjährige Gymnasiast Hugo von Hofmannsthal, alias Loris.

Bahr, der sich mit seiner »Nervenkunst« in Berlin unverstanden fühlte (*Selbstbildnis*, 1923, 256), blieb nach eigenem Bekunden in Wien nicht zuletzt um der Geistesverwandtschaft willen, die er bei Hofmannsthal zu entdecken glaubte. Hofmannsthal verkörperte für ihn jene künstlerische Haltung des ständigen »Überwindens«, die seiner Konzeption von Moderne entsprach.

»Man sieht es auf den ersten Blick, man hört es an jedem Worte, dass er der Moderne angehört. Er enthält den ganzen Zusammenhang ihrer Triebe, von den Anfängen des Zolaismus bis auf Barrès und Maeterlinck, und ihren unaufhaltsamen Verlauf über sich selber hinaus« (*Loris*, 1894,128).

2.2 Auftakt einer neuen Literatur: Die Zeitschrift Moderne Dichtung/ Moderne Rundschau

Aus der paradoxen Situation, daß Bahr zu dem Zeitpunkt, da sich die erste naturalistische Zeitschrift Österreichs gründete, bereits auf dem Wege zur »Überwindung« des Naturalismus war, folgern einige Vertreter der literaturwissenschaftlichen Forschung, daß der »Naturalismus« als Literaturbewegung in Österreich eigentlich nie existiert habe (J.M.Fischer, 1978, Paetzke, 1992, K.R.Fischer, 1993). Jacques le Rider spricht von einem »Verspätungseffekt, der sich dann mit einer ebenso ausgeprägten Modernisierung verbindet« (Le Rider, 1990,16). Demgegenüber verweisen Wunberg und Rieckmann darauf, daß jene Generation, die zunächst als das ›Junge Österreich‹, seit 1891 auch als das ›Junge Wien‹ hervortrat, ursprünglich durchaus unter naturalistischem Vorzeichen angetreten war, ja erst über die naturalistische »Technik des genauen Hinsehens« das eigene Ich als neuen Gegenstand der Beobachtung entdeckte (Wunberg/Braakenburg, 1981,25, Wunberg, 1987,94, Rieckmann, 1985,9). Erst der weitere Verlauf der Entwicklung, so Rieckmann, habe dann innerhalb dieser Generation zu einer Spaltung in »zwei Lager« geführt, »in eines, das mit dem Naturalismus sympathisierte, und in eines, das sich als die Generation nach dem Naturalismus verstand« (ebd.). Seit etwa 1892 habe dann diese u.a. durch Bahr, Hofmannsthal, Schnitzler, Beer-Hofmann und Andrian repräsentierte zweite Richtung der Wiener Moderne eine von Deutschland divergierende Entwicklung eingeschlagen. Daß die Anfänge auch dieser Autoren im Kontext des Naturalismus stattfanden, belegt Wunberg mit dem Hinweis auf offensichtliche Parallelen bereits in der äußeren Aufmachung der Zeitschrift *Moderne Dichtung* zu Michael Georg Conrads dezidiert naturalistischer Zeitschrift *Die Gesellschaft* (Wunberg/Braakenburg, 1981,25).

Ein Bildporträt Conrads schmückte das erste Heft der *Modernen Dichtung* und die Auswahl der abgedruckten literarischen Beiträge signalisierte das Bemühen des Herausgebers E.M. Kafka »dem Naturalismus oder Realismus (beide Begriffe wurden um 1890 noch undifferenziert auf die moderne Literatur angewandt) auch in Österreich eine publizistische Heimstätte zu schaffen« (Rieckmann, 1985,44). Neben novellistischen Arbeiten von Conrad und Timm Kröger, einem Mitarbeiter der *Gesellschaft*, neben Gedichten u.a. von Liliencron, Karl Henkell, John Henry Mackay und Arno Holz, neben Buchbesprechungen u.a. über Bahrs Drama *Die große Sünde* und lediglich drei Beiträgen österreichischer Autoren, die als »Realisten« galten, findet sich auch ein programmatischer Aufsatz des Berliner Naturalismus-Theoretikers Wilhelm Bölsche über »Ziele und Wege der modernen Ästhetik«. Bölsche befürwortet darin einen »gewissen groben Realismus« unter Berücksichtigung der Erkenntnisse der modernen Naturwissenschaft, der modernen Ethik und der sozialen Frage (Wunberg/Braakenburg, 1981,35) und vertrat damit eine Position, die in Bahrs »Moderne«-Aufsatz desselben Heftes schon längst als relativierte erscheint. Indes schien man diese programmatisch-inhaltliche Diskrepanz andernorts kaum wahrzunehmen. Otto Julius Bierbaum begrüßte das Erscheinen der *Modernen Dichtung* in seiner Rezension für Conrads *Die Gesellschaft* als »verheißungsvolle That für den deutschen Realismus« (Rieckmann, 1985,45). Den »Moderne«-Aufsatz Bahrs würdigte er als »genial-pathetisches Impromptu« (Wunberg/Braakenburg, 1981,28). In den Augen der deutschen Naturalisten, aber auch innerhalb der österreichischen Literaturkritik galt die *Moderne Dichtung* zu dieser Zeit als Organ einer österreichischen naturalistischen Bewegung (Rieckmann, 1985,44). Der realistisch-naturalistische Charakter der Zeitschrift wurde während der zwölf Monate ihres Erscheinens weitgehend beibehalten, wobei aber, wie Wunberg beobachtet, allmählich von Heft zu Heft eine Akzentverschiebung stattfand. Arbeiten der jungen Wiener Autoren, die später zu ›Jung Wien‹ gezählt werden sollten, beanspruchten einen immer breiteren Raum (Wunberg/Braakenburg). Es erschienen Gedichte von u.a. Felix Dörmann und Felix Salten, zwei Szenen aus dem *Anatol*-Zyklus von Arthur Schnitzler, Gedichte des jungen Hofmannsthal, sowie literaturkritische Aufsätze von Hermann Bahr, Marie Herzfeld und Eduard Michael Kafka. Letzterer ließ bei der Auswahl der Texte offenbar programmatische Toleranz walten, so daß diese selbst dann Eingang fanden, wenn sie nicht der naturalistisch-realistischen Auffassung entsprachen (Rieckmann, 1985,46). Zohner weist in seiner Literaturgeschichte auf die erstaunliche Vielfalt der in der *Modernen Dichtung* vertretenen Texte hin. So etwa finden sich die Szenen *Frage an das Schicksal* und *Anatols Hochzeitsmorgen* des noch weitgehend unbekannten Arthur Schnitzler, neben »den geschätzten und geachteten Vertretern des älteren Realismus«, wie Leopold von Sacher-Masoch, Ludwig Anzengruber und Ferdinand von Saar. Auch vermerkt Zohner die beachtliche Repräsentanz weiblicher Autoren, wie Bertha von Suttner oder Marie Eugenie delle Grazie (Zohner/Castle, 1937,1703). Die »unentschiedene literarisch-kritische Situation im Wien der frühen neunziger Jahre« (Wunberg/Braakenburg, 1981, 28) zwischen naturalistisch-realistischer Gesamttendenz und der Moderne der »Jungen« aber, zeichnete auch die Nachfolge-Zeitschrift der *Modernen Dichtung* aus. Nachdem das vorläufig letzte Heft am 1. Dezember 1890 erschienen war, beschloß man, die Zeitschrift als Halbmonatsschrift ab April 1891 unter dem Titel *Moderne Rundschau* fortzuführen. Als Herausgeber zeichneten E.M. Kafka und der Wiener Rechtsanwalt Dr. Jacques Joachim (Zohner, 1937,1703, Jessen,1977). Zu den engeren Mitarbeitern zählten Friedrich Michael Fels und der Theaterjournalist Julius Kulka. Die Redaktion übersiedelte von Brünn nach Wien. Die programmatische Absicht dieser Neugründung erläuterten die Herausgeber in der ersten Ausgabe: »Die *Moderne Dichtung* hat ausschließlich das literarische Leben (...) in den Kreis ihrer Betrachtung gezogen, die *Moderne Rundschau* tritt mit der Absicht auf den Plan, ein Spiegel des gesamten modernen Lebens zu sein« (Zohner, 1937,1704).

Das Vorhaben, die Literatur in den größeren Zusammenhang neuer gesellschaftlicher und wissenschaftlicher Entwicklungen zu stellen, deckte sich wiederum weitgehend mit den Zielen der naturalistischen Zeitschriften in Deutschland *Die Gesellschaft* und *Freie Bühne*. Trotz dieser eindeutigen Programmatik ist festzustellen, daß die *Moderne Rundschau*, verglichen mit ihrer Vorläuferin, gerade die dichterisch entscheidenderen Beiträge der jungen Modernen abdruckte, wie Wunberg bemerkt (Wunberg/ Braakenburg, 1981,26). Auf solche Widersprüche macht auch Zohner aufmerksam, wenn er in den Heften der Zeitschrift einerseits eine Tendenz »vom Idealismus rein künstlerischer Gesinnung weg zum Realismus einer politischen Tätigkeit« festzustellen glaubt, andererseits aber ein »Abrücken vom Naturalismus« zugunsten der jungen nichtnaturalistischen Dichter Wiens konstatiert (Zohner, 1937, 1704). Während in der *Modernen Dichtung* von diesen Jungen lediglich Hofmannsthal, Schnitzler, Salten, Dörmann und Specht vertreten waren (Rieckmann, 1985,50), so präsentierte sich die *Moderne Rundschau* mit einem erweiterten Mitarbeiterkreis. Zu Schnitzler und Hofmannsthal, der unter dem Pseudonym Loris mit Rezensionen zu Maurice Barrès und Henri Frédéric Amiel, aber auch etwa mit seinem Einakter *Gestern* unter dem Decknamen Theophil Morren vertreten ist, gesellten sich nun auch J.J. David, Ebermann, Goldmann, Korff, Lothar etc. (Zohner, 1937,1704). Auch waren zahlreiche Beiträge aus dem europäischen Ausland vertreten: Texte von Baudelaire, zum Teil von Felix Dörmann übersetzt, von Georg Brandes und dem italienischen Lyriker Giosuè Carducci, Ola Hansson und Jeronim Jassinskij, Alexander Öhquist und Aurelien Scholl, August Strindberg und Carl Spitteler, unter dem Namen Felix Tandem (Wunberg/Braakenburg, 1981,26). Die *Moderne Rundschau* existierte vom 1. April bis zum 15. Dezember 1891, erreichte aber nur einen schmalen Leserkreis. Die Herausgeber sahen sich gezwungen, ihren Lesern im letzten Heft mitzuteilen, daß das Blatt vom Januar 1892 an, vereinigt mit der Berliner *Freien Bühne für modernes Leben,* als *Freie Bühne für den Entwicklungskampf der Zeit* unter der Leitung von Wilhelm Bölsche erscheinen werde. Was auf den ersten Blick nur folgerichtig anmutet, bedenkt man die beiden Zeitschriften gemeinsame naturalistische Programmatik, zeitigte schwerwiegende Konsequenzen für die nichtnaturalistischen Autoren der jungen Wiener Schriftstellergeneration. Die – bei aller naturalistischen Tendenz – im Grunde doch pluralistische Publikationspraxis der *Modernen Rundschau* fand an der *Freien Bühne* keine Fortsetzung. Ihr Herausgeber Wilhelm Bölsche befolgte bei der Auswahl potentieller Zeitschriftenbeiträge den selbstgesetzten Maßstab, wonach »nur in einem Principe Fortschritt, Keimkraft, Zukunft steckt – im Realismus« (Rieckmann, 1985,70). Diesem buchstabengetreu naturalistischen Maßstab entsprachen nur wenige Mitarbeiter der *Modernen Rundschau.* Allein Fels und Kulka publizierten ihre Berichte über das Wiener Kulturleben regelmäßig in der *Freien Bühne.* Schnitzler reüssierte lediglich mit einer frühen Novelle *Der Sohn.* Bahr konnte immerhin noch zwei Aufsätze (»Loris«, »Satanismus«) plazieren. Hofmannsthal aber scheiterte mit seinen Arbeiten an der ablehnenden Haltung, die Bölsche einer nachnaturalistischen Moderne gegenüber einnahm (Rieckmann, 1985, 70). Ein wichtiges publizistisches Forum der jungen Wiener Autoren war somit weggefallen. Dies mag als erstes Vorzeichen betrachtet werden für eine Entwicklung, in deren Verlauf die »neue Richtung« sich zunehmend selbstbewußter von den dominierenden literarischen Strömungen im deutschen Reich abzugrenzen suchte. Das war im Jahre 1891 noch nicht der Fall, doch unterschieden sich Zeitschriften, wie die *Moderne Dichtung/Moderne Rundschau* von den entsprechenden Blättern in Deutschland durch ihre stärker kosmopolitische Ausrichtung. Während etwa Michael Georg Conrad in seinem Aufsatz »Die Sozialdemokratie und die Moderne«, erschienen in der Ausgabe der *Gesellschaft* vom Mai 1891, die Charakteristika einer spezifisch deutschen naturalistischen Literatur betonte (Wunberg, 1968,94-123), so empfanden sich die österreichischen ›Modernen‹ als kosmopolitisch. Die jungen Dichter stammten nahezu alle aus der Schicht des gehobenen Bildungsbürgertums, wenn nicht gar aus der des Adels, wie beispielsweise Andrian. Ihre Familien waren, wie etwa bei Hofmannsthal, häufig geprägt durch mehrere europäische Kulturtraditionen, die innerhalb des Habsburgerreiches fortwirkten: romanische und deutsche Kulturelemente, slawische und ungarische Einflüsse. Der übliche humanistische Bildungskanon, der den Erwerb der antiken Sprachen Altgriechisch und Lateinisch einschließt, war ihnen ebenso vertraut, wie die modernen europäischen Kultursprachen Englisch, Französisch, Italienisch und zuweilen noch Spanisch. In seinem Aufsatz »Das junge Österreich«, den er in seinen Band *Studien zur Kritik der Moderne* von 1894 aufnahm, distanzierte sich Bahr von den Zeitgenossen im deutschen Reich, indem er gerade diesen Kosmopolitismus zum Kennzeichen der österreichischen Moderne erklärte:

»Und es könnte, wenn sie (die Dichter des Jungen Österreich – D.L.) die rechte Gestalt des Oesterreichischen finden, wie es jetzt ist, mit diesen romanischen, deutschen, slavischen Zeichen, mit dieser biegsamen Versöhnung der fremdesten Kräfte – es könnte schon geschehen, dass sie, in dieser österreichischen gerade, jene europäische Kunst finden würden, die in allen Nationen heute die neuesten, die feinsten Triebe suchen« (Bahr, 1894,79).

Die Suche nach dem »Neuesten« überließ Bahr auch in den folgenden Jahren keineswegs allein den ›Jung-Österreichern‹. Er selbst setzte durch seine unermüdliche Tätigkeit des Vermittelns literarischer europäischer Strömungen entsprechende Maßstäbe. Wunberg vertritt die Ansicht, daß Bahr die europäischen Literaturen als »stimulierendes Vergleichsmaterial« für die Wiener literarische Szene auffaßte. Insbesondere das Programm der »Überwindung des (Berliner) Naturalismus« stellt, nach Wunberg, das »sublimierte Äquivalent« zur politischen Konkurrenzsituation zwischen Österreich und dem deutschen Reich dar, wobei die »Überwindung« einer als übermächtig empfundenen Konkurrenzliteratur die eigene literarische Produktivität erst zu realisieren vermag (Wunberg/Braakenburg, 1981, 45). Die These vom kompensatorischen Charakter der Jung-Wiener Moderne, angesichts des als traumatisch erfahrenen Aufstiegs Deutschlands zur europäischen Großmacht unter Ausschluß des Habsburgerreiches, findet sich bereits bei den Zeitgenossen selbst. Die Journalistin Bertha Zuckerkandl überlieferte in ihren Aufzeichnungen ein Gespräch, das im Jahre 1908 in ihrem Salon stattfand. Dort äußerte sich der Physiker Ernst Mach im Gespräch mit Bahr wie folgt:

»MACH (nach einer Pause): Allmählich begreife ich diese neuen Menschen, die vom Gestern noch nicht ganz losgelöst (...) sind. Und wie erkläre ich mir die Jung-Wiener Literaturbewegung? Ich bringe sie in Zusammenhang mit Österreichs Hinauswurf aus Deutschland. 1866 war, wie sich jetzt erweist, eine Geburtsstunde vollkommen eigener, von tragischen Wendungen bestimmter österreichischer Erscheinungen, geistiger und künstlerischer. Aus einer historisch gekitteten Gesamtheit verwiesen, flüchten sie in ein Land, das jedem Zugriff unerreichbar bleibt, in die Heimat einer von Realität unberührten Poesie und Kunst. BAHR: Ja – dem Traum »Österreich« wollen wir Gestalt, Form, Farbe, Musik geben« (Wunberg/Braakenburg, 1981,175f).

Hubert Lengauer wendet in seiner Untersuchung demgegenüber ein, daß die von Mach angeführte Introvertiertheit der Schriftsteller von Jung-Wien, ihre »Flucht« in ästhetizistische Vorstellungen, keineswegs eine österreichische Besonderheit darstellte, sondern Charakteristikum einer europäischen Moderne im allgemeinen war (Lengauer, 1991,187). In einem erweiterten Sinne jedoch, berührt Machs Diagnose tiefgreifende Dissoziationsvorgänge (Lengauer) zwischen Literatur und Politik, Kunst und Leben. Für Wunberg resultiert die von Mach beschriebene literarische Entwicklung der Moderne aus der Zersplitterung politisch-historischer Makrostrukturen im allgemeinen (Zerfall der Donaumonarchie, Preußisch-Österreichischer Krieg von 1866, Börsenkrach von 1873, usw.) und der dadurch veranlaßten Hinwendung des Individuums auf Mikrostrukturen, wie etwa der Favorisierung der Innenwelt auf Kosten der Außenwelt der Naturalisten. So kam es zu einer »Entscheidung gegen Politik und Gesellschaft zugunsten der Seele« (Wunberg, 1987, 93,108).

2.3 Die Rezeption der Literatur des »fin de siècle« durch die österreichische Moderne

In ihrer Untersuchung über Arthur Schnitzler erklären die Autoren Rolf-Peter Janz und Klaus Laermann ihre Absicht, die Literatur des Jungen Wien nicht als »Erwiderung auf den Berliner und Münchner Naturalismus«, zu betrachten, sondern vielmehr »als eine literarische Richtung im Ensemble der »Modernismen«, mit denen die Avantgarde in Europa seit den achtziger Jahren auf historische Tendenzen reagiert« (Janz/Laermann, 1977, VIII). In diesem Lichte betrachtet, erscheint die Wiener Moderne eingebettet in die gesamteuropäischen Literaturströmungen des *fin de siècle*, die, unter jeweils ver-

schiedenen Etiketten, wie Naturalismus, Impressionismus, Neuromantik, Symbolismus und Jugendstil firmierend, einen gemeinsamen Nenner aufweisen: ihre »Abkehr von der Gründerzeit« (ebd).

Eine derartige Auffassung mag die Besonderheiten verkennen,
die sich gerade für die Wiener Moderne aus ihren komplexen Bezügen zum deutschen Naturalismus ergaben, sie zielt nichtsdestoweniger auf den bedeutsamen Aspekt zeitgenössischer literarischer
Einflüsse aus anderen Teilen Europas. Freilich vollzog sich diese ›Be-
einflussung‹ als aktiver Prozeß des Rezipierens seitens der jungen
Schriftsteller, die aus den fremdsprachigen Werken ihrer Zeitgenossen zielbewußt das herausfilterten, was ihnen als Schlüsselbegriff ihres eigenen Schaffens diente. Für Koopmann markiert diese aktive
Art der Rezeption gar eine »neue Ära in der Wirkungsgeschichte literarischer Texte um 1900« (Koopmann, 1977,73ff). Die aktive
Verhaltensweise des lesenden Ichs bestehe insbesondere darin, so
Koopmann, daß sich die Phantasie des Lesenden gleichsam auf die
Phänomene zubewege, und sich im Medium der Poesie eine Annäherung selbst an das Entfernteste vollziehe. Ein solches Verfahren
praktizierte Hermann Bahr. In seinen Aufsatzbänden, ebenso wie in
den Zeitschriften *Moderne Dichtung/Moderne Rundschau* und anderen publizistischen Organen, propagiert er jene fremdsprachige Literatur der Décadence, die ihm die Stichworte für seine
Naturalismus-Kritik liefert: die »Romantik der Nerven« und die
»Hingabe an das Nervöse« (Bahr, 1894,25), die Kunst der »Sensationen« und die »Kultur des ich« (Bahr, 1894,170). Letztere entlehnt
er aus den Werken des französischen Romanciers und Essayisten
Maurice Barrès (1862-1923), dem Bahr seine Aufsatzsammlung von
1894 widmete und dessen Romantrilogie *Le culte du moi* (abgeschlossen 1891) vom jungen Hofmannsthal in der Ausgabe der *Modernen Rundschau* vom Oktober 1891 besprochen wurde. J.M.
Fischer konstatiert hier, wie in anderen Fällen, »eine eigentümliche
Arbeitsteilung zwischen Bahr und Hofmannsthal«. Während Bahr
die jeweiligen Neuheiten auf dem literarischen Markt als »modern«
anpreise, verfasse Hofmannsthal die »preziösen und tiefer lotenden
Essays dazu« (J.M. Fischer, 1978,31f). Von Bahr habe Hofmannsthal die Kunst des entlegenen Zitats gelernt, die Neigung, sich einer
sprachlichen Wendung zu bedienen, die wie eine Übersetzung aus
dem Englischen oder Französischen anmute, »als ob der Verfasser
sich nur zufällig der deutschen Sprache bediene und eher in der andern zuhause sei«, beobachtet Manfred Hoppe (Hoppe, 1968,46).
Auffallend ist dabei, auf welch identifikatorische Weise sich Hofmannsthal die Werke seiner europäischen Zeitgenossen aneignete.
Im ersten Buch der Barrès-Trilogie mit dem Titel *Sous l'oeil des Bar-*

bares (1888) erblickt er eine Diagnose der eigenen problematischen Situation in der Nachfolge einer Tradition, die ihre Verbindlichkeit längst eingebüßt hat, eines Sinngefüges, das seiner Generation längst keinen umfassenden Sinnentwurf mehr bietet.

»Ein Mittelpunkt fehlt, es fehlt die Form, der Stil. Das Leben ist uns ein Gewirre zusammenhangloser Erscheinungen; (...) Erstarrte Formeln stehen bereit, durchs ganze Leben trägt uns der Strom des Überlieferten. Zufall nährt uns, Zufall lehrt uns; (...) Wir denken die bequemen Gedanken der andern und fühlens nicht, daß unser bestes Selbst allmählich abstirbt. Wir leben ein totes Leben. Wir ersticken unser Ich. (...) Man ist ein Schatten, belebt von fremdem Blut, (...)« (»Maurice Barrès«/GW,8,118f).

Barrès ist für Hofmannsthal aber nicht nur Diagnostiker, er lehrt ihn auch »die Systematik des modernen Lebens, die Ethik der modernen Nerven« (ebd.). Barrès, der, ähnlich wie Nietzsche, »das Ausleben der Eigenart, der Besitz des Ich«, die »culture du moi« gegen die stumpfe Existenz der »Barbaren« propagiert hatte, der eine katholisierende Mittelaltermystik pflegte und als boulangistischer Abgeordneter nationalistisch-chauvinistische Ziele vertrat, übte eine starke Faszination auf die junge Generation Wiens aus. Ähnliche Wirkung war dem Vertreter des psychologischen Romans, Paul Bourget (1852-1935), beschieden, dessen *Essais de Psychologie contemporaine* (1883-1885) bereits von Nietzsche rezipiert wurden (Le Rider, 1990,51) und dessen *Physiologie de l'amour moderne* im Jahre 1891 erschien und im gleichen Jahr ins Deutsche übersetzt wurde. In seinem Aufsatz »Die Überwindung des Naturalismus« läßt Bahr Bourget als Kronzeugen gegen den Wahrscheinlichkeitsnaturalismus auftreten. Dem Text selbst, stellt er ein Motto aus Bourgets Schriften voran (Bahr, 1891,152). Hofmannsthal wiederum, fand bei Bourget die schizoide Befindlichkeit des *fin de siècle*-Intellektuellen gestaltet, der als »Halbnatur mit Dilettantenkräften und überkünstlerischer Sensibilität« den verzweifelten Kampf seiner »geistfunkelnden (...) Seele« gegen den »kranken Willen des Körpers« in einer Art von Ich-Spaltung erleidet (»Zur Physiologie der modernen Liebe«, GW,8,94). Diese keineswegs als individuelles Leiden aufzufassende Ich-Spaltung signalisiert die als schmerzlich empfundene Erfahrung eines umfassenden Totalitätsverlustes, für die Hofmannsthal in seinem Bourget-Aufsatz präzisere Benennungen findet, als dies im Barrès-Essay der Fall ist: »keine Verständigung möglich zwischen Menschen, kein Gespräch, kein Zusammenhang zwischen heute und gestern: Worte lügen, Gefühle lügen, auch das Selbstbewußtsein lügt« (ebd.,8,95). Die Literatur der europäischen Décadence hielt für die Jung-Wiener allerdings auch jene ästhetischen Entwürfe und Denkfiguren bereit, die darauf abzielten, dem »Gewirre zusammenhangloser Erscheinungen« wieder eine Form zu verleihen – freilich nicht in der Sphäre des Lebens, dessen Aufsplitterung in zusammenhanglose Phänomene sich als unwiederruflich erwies, sondern in der Sphäre der Kunst. Bei Charles Baudelaire und seinen »paradis artificiels« war das Projekt der Erschaffung einer künstlichen Gegenwelt ebenso zu studieren wie etwa bei Oscar Wilde (*Das Bildnis des Dorian Gray*), den Präraffaeliten oder Joris K. Huysmans (*Au rebours*, 1884). Im kompensatorischen Rückzug aus der äußeren Wirklichkeit des Lebens in die Wirklichkeit der Kunst, in der »Verkünstlichung« von Natur und Leben selbst, die in Literatur und bildender Kunst zuweilen als überbordende Ornamentalisierung (Klimt!) erscheint (Eilert, 1977,421-441), offenbart sich momenthaft die »ersehnte Einsicht in den vitalen Zusammenhang aller Dinge, in ihre »correspondances« (Baudelaire)« (Mennemeier, 1988,65). Die Welt der wechselseitigen Bezüge aber, hat sich durch dieses Verfahren gewissermaßen logisch verkehrt.

»Sie gehen nicht von der Natur zur Kunst, sondern umgekehrt. Sie haben öfter Wachskerzen gesehen, die sich in einem venezianischen Glas spiegeln, als Sterne in einem stillen See. (...) Ihnen wird das Leben erst lebendig, wenn es durch irgendeine Kunst hindurchgegangen ist, Stil und Stimmung empfangen hat« (»Algernon Charles Swinburne«, GW, 8,143).

So charakterisiert Hofmannsthal in seinem Aufsatz über Swinburne die Autoren der Décadence. Der »Reiz dieser Technik« bestehe, laut Hofmannsthal, darin, »daß ihr rohes Material schon stilisierte kunstverklärte Schönheit ist« (ebd., 144). Gleichzeitig aber wird sein Ungenügen an der im wortwörtlichen Sinne »Ausschließlichkeit« dieser ästhetizistischen Haltung deutlich:

»Die Fenster sind mit Gobelins verhängt, und hinter denen kann man einen Garten des Watteau vermuten, mit Nymphen, Springbrunnen und vergoldeten Schaukeln, oder einen dämmernden Park mit schwarzen Pappelgruppen. In Wirklichkeit aber rollt draußen das rasselnde, gellende, brutale und formlose Leben« (ebd.).

Das Unbehagen an einer Haltung, die, wie Roger Bauer ausführt (Bauer, 1989,274), bei J.K.Huysmans teilweise bereits als Parodie der Décadence erscheint, wird bei Hofmannsthal als Kritik am Dilettantismus deutlich. Der Künstler, der sich seine Ersatztotalität per Rückzug in geborgte »künstliche Paradiese« schaffen will, scheitert häufig genug an den selbstgesteckten Ansprüchen und ist nur mehr »Dilettant«, der dann weder das Leben, noch die Kunst zu bewältigen imstande ist (Bauer, 1989,274, J.M.Fischer, 1978,70f). In seiner Kritik an Hermann Bahrs Drama *Die Mutter* (1891) umreißt Hofmannsthal das Problem:

»Man kann sich kein Milieu erschaffen, wie man sich keine Heimat machen kann; man kann keine fremden, angefühlten Empfindungen künstlerisch gestalten. Der Dilettantismus will beides« (GW,8,100-105).

In seinen »Anmerkungen zur Literatur des Wiener fin de siècle« vertritt Roger Bauer die These, daß in der Rezeption der Décadence-Literatur durch Hofmannsthal, Bahr und Schnitzler immer auch eine Tendenz zur Dekadenz-Kritik (Bauer, 1989,277) enthalten sei. Es sei daher angebracht, die Wiener Décadence als eine »Pseudo-, wenn nicht gar als eine Anti-Décadence« zu betrachten. Die Kritik von Karl Kraus an dem, was dieser als Dekadenzmode der Jung-Wiener bezeichnete (vgl. Kap. 4.1), träfe sich also durchaus mit dem Unbehagen der Jung-Wiener selbst (Bauer, 1989,278).

Ob sich dieses Unbehagen an der reinen Lehre des Ästhetizismus bereits in den neunziger Jahren deutlich artikulierte, wie Bauer behauptet, oder erst nach 1900 wirksam wurde, in jener Periode, da Hofmannsthal seinen sprachskeptischen »Chandos«-Brief (1902) veröffentlichte, Richard Beer-Hofmann mit seiner Erzählung *Der Tod Georgs* (1900) hervortrat und Arthur Schnitzler mit seinem Drama *Der einsame Weg* (1903) das Scheitern der jungen Künstler-Ästheten konstatierte (Bauer, 1989,278), sei einmal dahingestellt. J.M. Fischer beobachtet etwa seit der zweiten Hälfte der neunziger Jahre ein »allmähliches Auftauchen aus dieser Subsinnwelt (der Décadence-Literatur – D.L.) wieder in jene symbolischen Sinnwelten, von denen man sich einst energisch abgesetzt hatte« (J.M.Fischer, 1978,90). Nichtsdestoweniger kann davon ausgegangen werden, daß zumindest in der ersten Hälfte der neunziger Jahre die sympathetische Art der Aneignung europäischer Décadence-Literatur selbst bei Hofmannsthal und Bahr überwog. Bei einem Lyriker und Übersetzer französischer Literatur wie Richard Schaukal (1874-1942), der zeitweise ebenfalls zum Kreis der Jung-Wiener zählte, ist jedenfalls noch in einem Band von 1896 (*Verse*) die anverwandelnde Hineinnahme von Texten der Décadence zu beobachten (vgl. dazu C.Warum, 1989,297-316).

Neben Barrès und Bourget, war es der schweizerische Schriftsteller Henri-Frédéric Amiel (1821-81), dessen *Fragments d'un journal intime* der junge Hofmannsthal als *Tagebuch eines Willenskranken* im Jahre 1891 in der *Modernen Rundschau* besprach. Gelesen wurde natürlich auch Gabriele D'Annunzio. D'Annunzio wurde im deutschsprachigen Raum zunächst von Stefan George propagiert, der 1893 die Übertragung von fünf Gedichten des Italieners in seinen *Blättern für die Kunst* abdruckte (J.M.Fischer, 1978,28). Sein Roman *Il piacere* galt als exemplarisches Beispiel des italienischen ›decadentismo‹. In der Artikelserie *il caso Wagner* aus dem Jahre 1892 erklärte er Nietzsche und Wagner zu seinen geistigen Idolen. Für Hofmannsthal, dessen Aufsatz über D'Annunzio im Jahre 1893 in der *Frankfurter Zeitung* erschien, verkörperte er die beiden Pole der modernen Haltung: Wissenschaftlichkeit, den »Trieb nach Verstehen« und »Stimmungstrunkenheit«, den »Trieb nach Vergessen«: die »Analyse des Lebens« und »die Flucht aus dem Leben« (*Gabriele d'Annunzio*, GW, 8,176). Beide gegensätzliche Tendenzen charakterisieren, nach Hofmannsthal, das Leben seiner eigenen Generation. So geriet dem Essayisten Hofmannsthal wiederum ein Aufsatz über die Literatur des europäischen Auslands zur exemplarischen Zustandsbeschreibung des Eigenen, das als schattenhafte Existenz einer »spätgeborenen« Generation empfunden wurde (Vgl. Kap. 3.).

Auf der Suche nach Verwandtem rezipierte man auch die Literatur der Symbolisten: Maurice Maeterlinck etwa, als Vertreter eines »ganz auf das Stimmungshafte zielenden lyrischen Totaltheaters« (Mennemeier, 1988,73), dessen Einakter *L'Intruse* (1890) Hofmannsthal für eine Aufführung im Jahre 1892 übersetzte (vgl. Kap. 3.1).

In erstaunlich breitem Ausmaß wurde aber auch die skandinavische Literatur wahrgenommen. Dem dänischen Kritiker und Literaturhistoriker Georg Brandes, der zeitweise in Berlin lebte, war es vorbehalten, durch seine Veröffentlichungen und die Briefkontakte u.a. mit Arthur Schnitzler, Richard Beer-Hofmann und Hugo von Hofmannsthal eine »interkulturelle Brücke« (Bohnen, 1989,317-342) aufzuschlagen zwischen den jungen Österreichern auf der einen, den Entwicklungen der neuen skandinavischen Literatur auf der anderen Seite. Als wichtige weitere Vermittlerpersönlichkeit fungierte die Literaturkritikerin und Übersetzerin Marie Herzfeld. Sie, die Tochter eines Arztes, stammte aus Ungarn und hatte in Wien Skandinavistik studiert. In zahlreichen Aufsätzen, die u.a. auch in der *Modernen Rundschau* erschienen, warb sie für Strindberg, Hamsun, Alexander Kjelland, Henrik Pontoppidan und Arne Garborg, dessen Roman *Müde Seelen* aus dem Jahre 1891 von Marie Herzfeld 1893 ins Deutsche übersetzt wurde (J.M. Fischer, 1978,29). J.M. Fischer bezeichnet Garborgs Ich-Roman als »eines der wirkungsmächtigsten Bücher des fin de siècle« (ebd.). Der Romanprotagonist Gabriel Gram ist ein Verwandter der europäischen Dekadenzfiguren vom Schlage eines des Esseintes bei Huysmans, ein idealtypischer Vertreter des »Decadententums« (Herzfeld, »Fin de siècle«, in: Wunberg/Braakenburg, 1981,260). Was hingegen die Bedeutung des im Jahre 1889 erstmals in deutscher Sprache bei Reclam in Leipzig erschienenen Romans *Niels Lyhne* von Jens-Peter Jacobsen anbetrifft (Bohnen, 1989, 320), so differieren hier die Einschätzungen. Während Klaus Bohnen mit Hinweis auf die hohen Auflagenzahlen – seit 1889 erschien der Roman in mehr als dreißig gesonderten Ausgaben – von einem Modephänomen spricht, welches »das Bewußtsein der jungen österreichischen Schriftsteller in kaum zu überschätzendem Maße« geprägt habe (Bohnen, 1989,321), konzediert J.M. Fischer eine »zwar konstante, aber eher untergründige Wirkung auf die fin de siècle-Generation« (J.M.Fischer, 1978,31).

Daß Jacobsens Werke zweifelsohne auf die Wiener Schriftsteller wirkten, belegen Aufsätze, wie der von Friedrich M. Fels im Juliheft 1891 der »Modernen Rundschau«, wo Jacobsens »höchst gesteigerte Empfindungs- und Aufnahmefähigkeit für alles Feine, Zarte, Halbe (...)« gerühmt wird (Fels/W./B., 1981, 344). Selbst Sigmund Freud zeigte sich von der Lektüre des Romans von Jacobsen beeindruckt: er mag ihn als »psychologischen Entwicklungsroman aus darwinistischer Sicht« gelesen haben, wie Michael Worbs ausführt (Worbs, 1983,104). Und dem allgemeinen Interesse an Jacobsen begegnete im Jahre 1898 Marie Herzfeld mit der Herausgabe der ersten Ausgabe von Jacobsens »Gesammelten Werken« in drei Bänden (Bohnen, 1989, 322).

Als Autor und Vermittler gleichermaßen einflußreich erwies sich auch der Schwede Ola Hansson (1860-1925). Hansson, der ebenfalls in der *Modernen Rundschau* publizierte, propagierte indes nicht nur skandinavische Literatur. Er machte auf Bourget aufmerksam, schrieb über Barbey d'Aurevilly und Huysmans, Nietzsche und Stirner (J.M.Fischer, 1978,30). Als unbestrittene Symbolfigur aber galt den Wiener Modernen der Dramatiker Henrik Ibsen. Anfang der achtziger Jahre war der Versuch, das Wiener Publikum mit seinen Dramen bekanntzumachen, gescheitert (s. S. 34). Als Ibsen im April 1891 auf Veranlassung von Max Burckhard, dem Direktor des Burgtheaters, Wien besuchte, bot sich für die Autoren und Herausgeber der *Modernen Rundschau* die Gelegenheit, erstmals einer breiteren Öffentlichkeit gegenüber in Erscheinung zu treten (Wunberg/Braakenburg, 1981,37). Dem Ereignis wurde symbolische Bedeutung zugeschrieben, markierte es doch den Ausgangspunkt für den engeren Zusammenschluß der Jung-Wiener (Rieckmann, 1984,50). Auf Initiative der ›Modernen‹ fand zeitgleich eine Wiener Ibsen-Woche statt mit Aufführungen der Ibsen-Dramen *Die Kronprätendenten* und *Ein Volksfeind* am Burgtheater, mit Vorstellungen von *Die Wildente* am Volkstheater, wo in derselben Spielzeit 1890/91 auch Ibsens Drama *Gespenster* zu sehen war. Die Herausgeber der *Modernen Rundschau* waren es auch, die im Anschluß an die Burgtheater-Premiere der *Kronprätendenten* am 11. April im Hotel Kaiserhof ein Festbankett für den anwesenden Dramatiker veranstalten. Schriftsteller, Schauspieler, Universitätsprofessoren und Abgeordnete fanden sich ein, die in ihrer Mehrzahl keineswegs zur ›Moderne‹ zählten (Rieckmann, 1984,51). Von den Jung-Wienern nahmen, neben Kafka und Joachim, auch Julius Kulka, Hugo von Hofmannsthal, Felix Salten, Richard Specht, Felix Dörmann und Edmund Wengraf, damals Theaterreferent der *Wiener Allgemeinen Zeitung,* an der Veranstaltung teil (ebd). Huldigungsgedichte auf Ibsen, unter anderen auch von Felix Dörmann, wurden rezitiert, Grußadressen u.a. vom Wiener Frauenverein verlesen. Als Erinnerung an den Abend erhielten die Gäste des Festbanketts einen Separatdruck der *Modernen Rundschau* mit einem Aufsatz von Julius Kulka, der die Bedeutung Ibsens für die Wiener Szene erhellt. Den Aufenthalt Ibsens in Wien deutet Kulka darin als Zeichen, daß die »modernen Ideen im Leben und in der Kunst« sich nun auch in Wien durchsetzen würden. Kulka würdigt Ibsens »neue Wahrheiten«, die er mit der »Lüge« der alten konfrontiert. Als Individualist und »Symboliker« wird Ibsen von ihm gesehen, worin für Kulka »freilich kein Gegensatz zum Naturalismus liegt« (Wunberg, 1976,199f), was, neben der Publikationspraxis der *Modernen Rundschau,* als weiteres Indiz dafür gewertet werden mag, daß die naturalistischen und post-naturalistischen Strömungen innerhalb der Wiener Moderne zu dieser Zeit noch nicht programmatisch getrennt waren. Eine Woche nach dem Bankett suchte Hofmannsthal Ibsen im Hotel auf. Den Bemerkungen des verehrten Dramatikers glaubte er zu entnehmen, daß Ibsen eine »Vereinigung junger Künstler« in Wien erwartete, was Hofmannsthal veranlaßte, die berühmte Formel von »uns Jungen in Wien« zu notieren (Wunberg/Braakenburg, 1981,40f). Hermann Bahr indes, blieb es vorbehalten, das Fazit zu ziehen: »Damit war Jungösterreich öffentlich erschienen. Aus den Händen Ibsens übernahm ich es« (Bahr, 1923, 278).

3. Das »Junge Wien«:
Fragestellungen einer Avantgarde-Bewegung

»Heute scheinen zwei Dinge modern zu sein: die Analyse des Lebens und die Flucht aus dem Leben. Gering ist die Freude an Handlung, am Zusammenspiel der äußeren und inneren Lebensmächte, am Wilhelm-Meisterlichen Lebenlernen und am Shakespearischen Weltlauf. Man treibt Anatomie des eigenen Seelenlebens, oder man träumt. Reflexion oder Phantasie, Spiegelbild oder Traumbild. Modern sind alte Möbel und junge Nervositäten. Modern ist das psychologische Graswachsenhören und das Plätschern in der reinphantastischen Wunderwelt. Modern ist Paul Bourget und Buddha; das Zerschneiden von Atomen und das Ballspielen mit dem All; modern ist die Zergliederung einer Laune, eines Seufzers, eines Skrupels; und modern ist die instinktmäßige, fast somnambule Hingabe an jede Offenbarung des Schönen, an einen Farbenakkord, eine funkelnde Metapher, eine wundervolle Allegorie« (Hofmannsthal, »Gabriele d'Annunzio« (1893), GW, 8, 176f).

Nicht zufällig ist es gerade diese Passage aus dem D'Annunzio-Aufsatz des damals noch nicht einmal zwanzigjährigen Hugo von Hofmannsthal, die immer wieder als Beleg für das spezifische ›Lebensgefühl‹ der Jung-Wiener Modernen zitiert wird (Mayer, 1993,146, Janz/Laermann, 1977,IX, Curtius, 1950,Ausg.1984,176). Doch umfaßt die Diagnose, die Hofmannsthal darin seiner eigenen Generation stellt, gleichzeitig auch die charakteristischen »beiden Stränge der Kultur des österreichischen Fin de siècle« (Schorske, 1982,10) im allgemeinen: den »moralisch-wissenschaftlichen« und den »ästhetischen« Anteil (Schorske, 1982,10), eben die »Analyse des Lebens« und die »Flucht aus dem Leben« in den Bereich einer nicht zweckgebundenen Kunst. Allerdings existieren beide Stränge nicht unverbunden nebeneinander. Im künstlerischen Werk etwa des Arztes und Schriftstellers Arthur Schnitzler ist das analytisch-wissenschaftliche Element in der mit deutlicher Affinität zu Freud und Charcot experimentell betriebenen »Anatomie« der Psyche und des Sozialcharakters fiktiver Figuren aufzuspüren (vgl. Geißler, 1986,49-62, Schiffer, 1984,329-357). Die Äußerung Hofmannsthals verweist demnach auch auf die Durchdringung beider Stränge innerhalb des Bereiches der ästhetischen Rezeption und Kreation selbst. Die geschärfte Wahrnehmung des ›Modernen‹ befähigt diesen zur »instinktmäßigen Hingabe« an Außer- und Vorrationales, befördert sein Hinabtauchen in die unterbewußte Welt des Traumes und des Phantastischen, befähigt ihn aber gleichzeitig zur kühl-sezierenden Reflexion, eben zur »Zergliederung« seines eigenen Ichs, dem er nun gewissermaßen als ›fremder Beobachter‹ gegenübersteht. Von Bewußtseinsspaltung und Schizophrenie als dichterischer Struktur spricht etwa Wunberg im Zusammenhang mit dem Frühwerk Hofmannsthals (Wunberg, 1965, vgl. auch Kap. 3.2). Diese »Depersonalisation« (Wunberg) geht einher mit jener »unheimlichen Gabe der Selbstverdoppelung«, die Hofmannsthal ebenfalls in seinem D'Annunzio-Aufsatz von 1893 erwähnt. Der hypersensible ›Nervöse‹ nimmt die Phänomene der Außenwelt als stimulierende Eindrücke seiner Innenwelt wahr und betreibt diese Verinnerlichung von Außenwelt bis zu einem Grade, da die Betrachtung der Außenwelt sich zugleich als Betrachtung des eigenen Ichs herausstellt. Das Ich erblickt in der Außenwelt – in Dingen und in Menschen – nichts anderes als sich selbst, es verdoppelt sich also gleichsam. Außenwelt wird damit zum Stimulans des sich narzißtisch selbst bespiegelnden Ästheten. Denn »wenn die Welt für das Ich nur in der Sensation gegeben ist, wenn die Spannung zwischen Subjekt und Objekt nicht ausgehalten wird, sondern hereingenommen in Subjektivität, dann wird der andere nur noch als Spiegel benützt, dann liebt das eine Ich nicht das andere, sondern seine Liebe zum anderen, das heißt sich selber« (Szondi, 1991,168). Was diese »Verdoppelung« für die literarische Gestaltung bedeutet, hat Theodor Herzl in einem Aufsatz aus dem Jahre 1893 treffend als »Receptionsstimmung«, bzw. »Reflexionsstimmung« definiert:

»Der Dichter empfängt in Erregbarkeit einen Eindruck, er wird durch eine Stimmung bewegt: Receptionsstimmung. Der Dichter ist prädisponiert, er trägt eine Stimmung in sich, die er zu äußerem Ausdruck bringt, deren Schein er willkürlich auf einen Gegenstand fallen läßt, wodurch derselbe eine, ihm nicht eigentümliche, fremde Färbung erhält: Reflexionsstimmung« (Herzl, »Stimmung«, in: Wunberg, 1976,414f).

Daß dieses Verfahren von Hofmannsthal schon sehr früh als problematisch empfunden wurde, drückt sich aus in seiner Betonung der »Zweiseelenkrankheit« (GW, 1979, 8,96) des modernen Künstlers, seiner »Hamletvariation« (GW, 1979, 8,107) in den Essays aus den neunziger Jahren. Deutlich wird dabei die Sehnsucht nach der verlorengegangenen Fähigkeit naiven Erlebens in einer als ursprünglich, statt als »Verdoppelung« empfundenen Einheit von Ich und Welt. Deutlich wird aber auch die Einsicht, daß die Herstellung eines etwaigen Entwurfes, der solche Einheit verhieße, dem Modernen versagt bleibt (Wunberg, 1986,109). »Ich glaube, daß der Begriff des Ganzen in der Kunst überhaupt verlorengegangen ist« heißt es in »Poesie und Leben« (1896) (Hofmannsthal, GW, 1979,8,15). Die spezifische Fähigkeit der geschärften Wahrnehmung bleibt notwendigerweise defizitär: der Moderne ist verurteilt, seinem und anderer ›Leben‹ gegenüber lediglich den Status eines Beobachters einzunehmen, ja er vermag dieses noch nicht einmal mehr in seiner vermeintlichen Totalität zu erfassen. Sein impressionistisches Bewußtsein gestattet ihm allein die Wahrnehmung des Momenthaften, Vorläufigen, Vorüberziehenden, das immer auch ein sich in der Zeitflucht moderner Dynamik ständig Entziehendes ist (vgl. Corbineau-Hoffmann, 1993,235f). Handeln im klassischen Sinne des zielgerichteten Entwicklungsstrebens eines Subjekts, das sich im »Wilhelm-Meisterlichen Lebenlernen« (Hofmannsthal, »Gabriele d'Annunzio«, 1893, GW 8,176) zur Persönlichkeit ausbildet, erweist sich als unmöglich. Schwierig, wenn nicht gar unmöglich, wird damit auch jedes Urteilen, jede Entscheidung. Diese Haltung der Indifferenz bekundet die Figur des Anatol in den frühen, zwischen 1889 und 1893 entstandenen Einaktern Arthur Schnitzlers ebenso, wie etwa die Figur des Pagen im Prolog zu Hofmannsthals Einakter *Der Tod des Tizian* (1892). Der Page kündigt dem Publikum das noch zu spielende Schauspiel unter anderem mit folgenden Worten an:

> Wie man zuweilen im Vorübergehen
> Von einem Köpfchen das Profil erhascht, –
> Sie lehnt kokett verborgen in der Sänfte,
> Man kennt sie nicht, man hat sie kaum gesehen
> (Wer weiß, man hätte sie vielleicht geliebt,
> Wer weiß, man kennt sie nicht und liebt sie noch) –
> Inzwischen malt man sich in hellen Träumen
> Die Sänfte aus, die hübsche weiße Sänfte,
> Und drinnen duftig zwischen rosa Seide
> Das blonde Köpfchen, kaum im Flug gesehn,
> Vielleicht ganz falsch, was tut's ... die Seele will's...
> So, dünkt mich, ist das Leben hier gemalt
> Mit unerfahrnen Farben des Verlangens
> Und stillem Durst, der sich in Träumen wiegt.
> *(Der Tod des Tizian*, SW,III/1,40)

Die imaginierte Begegnung, die an Baudelaires ›Passante‹-Motiv erinnert (Corbineau-Hoffmann), birgt in ihrer Flüchtigkeit solch vielfältige Möglichkeiten, daß es als geradezu unmöglich erscheint, sich für eine von ihnen zu entscheiden, wobei es außerdem noch fraglich wäre, aufgrund welcher Werte-Vorgaben denn eine solche Entscheidung überhaupt zu treffen wäre: ein allumfassender Bezugsrahmen, worin einer eventuellen Hierarchie von Werten ihr fester Ort zugewiesen wäre, existiert ja bekanntlich nicht mehr. Dem phantasierenden Pagen bleibt, ebenso wie dem Dichter des nachfolgenden

Schauspiels, allein die malende Gestaltung detailreicher Nuancen. Mennemeier hat in seiner Untersuchung den Begriff der Nuance in den »Umkreis einer Kunst der décadence« gestellt, insofern diese nicht mehr die Totalität umfassender Sinnentwürfe erfasse, sondern lediglich das Einzelne, Entlegene, Abgelegene evoziere (Mennemeier, 1988,76f). Nichtsdestoweniger, so Mennemeier, handele es sich bei dem Begriff der Nuance um einen durchaus lebensphilosophisch akzentuierten Begriff, so wie ihn beispielsweise Nietzsche verstanden hatte: als individuell verfeinerte Form, in der sich das authentische Leben als dionysisches Element momentweise und unerwartet offenbart (Mennemeier, 1988,76). Diese »lebensphilosophisch vertiefte Kunst der Nuance« charakterisiert, nach Mennemeier, das Frühwerk Hofmannsthals. Die Kunst der Nuancierung aber findet sich auch bei Schnitzler – in seinen Dramen etwa als Gestaltung sozialer Ausdifferenzierung innerhalb des jeweiligen Figurenensembles. Mennemeier beobachtet, daß das Bewußtsein für die Nuance bei den Jung-Wienern keineswegs allein aus der französischen Décadence-Literatur entlehnt ist, sondern in jenem spannungsreichen soziokulturellen Kontext ›Wien‹ begründet liegt, der in Kap. 1 umrissen wurde.

Die junge Schriftstellergeneration: ›Spätgeborene‹ und ›Erben‹

Die Jung-Wiener, so scheint es, empfanden dieses Spannungsgefüge vor allem als Bedrohung tradierter Gewißheiten und Identitäten. Dies belegt beispielsweise ein Text von Hofmannsthal aus dem Jahre 1907 mit dem Titel »Vom dichterischen Dasein«. Hofmannsthal benennt darin einen »Weltzustand, in welchem die ins Grenzenlose getriebene Mechanik, des Denkens sowohl wie des Lebens, sowie die ungeheuerlich gesteigerte Aneignung des Vergangenen und Gegenwärtigen, den Menschen in seinem eigentlichen Lebenspunkt, im Sitz seiner seelischen Herrschaft über das Dasein, enteignet und die den Lebenspunkt suchenden Kräfte ihm gelähmt und betäubt, die vom Zentrum fliehenden bis zu seiner Zerrüttung aufgeregt haben« (GW 8, 1979,85). Und wenige Sätze weiter exemplifiziert er diesen Zentrums-Verlust, indem er eine als problematisch vorgestellte gesellschaftliche Rollentypologie der Vätergeneration Revue passieren läßt. Da ist etwa »der Beamte, an dem die Unabsehbarkeit unserer Betriebe (...) nichts, als die mechanische Fähigkeit übrig läßt, daß er darüber sich zur Maschine werden fühlt und krank werden möchte über sich selber.« Es folgt »der Geschäftsmann, dessen ganze Kräfte dem Wirbel des schrankenlosen Geldwesens hingegeben, mitwirken, eine inkalkulable Welt auf kalkulable Werte zu reduzieren (...)«, gefolgt vom »Mann der Wissenschaft, dem in einer Welt, in der alle Begriffe sich in unendliche Relativitäten auflösen, sein Hirn zu schwimmen beginnt und der mit gebanntem Blick auf ein armseliges Teilresultat starrt (...).« Weitere typische Gründerzeitvertreter sind »der Journalist«, in dessen »Inneren jedes sichere Gefühl, auf dem Gesinnung ruhen könnte, aufgelöst ist (...)«, »der Adlige, der in sich die Daseinsgefühle seines Standes unreell werden fühlt, (...)«, sowie schließlich »der Arzt, der unter seinen Händen das leidende Geschöpf zerfallen sieht in seine Teile, daß ihm der Name in-dividuum wie ein Hohn entgegensticht (...)« (GW 8, 1978,86f). Dieser Totentanz der sich auflösenden Identitäten und Individualitäten – bezeichnenderweise deuten die dominierenden Vokabeln dieses Textes (»Wirbel«, »kreisen«, »schwindelnd«, »Larventanz« etc.) auf die unkontrollierte Dynamik der beschriebenen Entfremdungsprozesse hin – erinnert sowohl an die Struktur der Figuren-Präsentation in Schnitzlers Schauspiel *Der Reigen*, als auch an die Konzeption vom »unrettbaren Ich« bei Ernst Mach (vgl. Kap.3.2). Die von Hofmannsthal darin ausgedrückte »Moral« ist eindeutig: das »epische« Lebensgefühl der Väter hat seine Legitimation längst verloren und erscheint lediglich als heuchlerische Bemäntelung der allgemeinen Krise. Ihm verweigerten sich die Söhne, indem sie dem Totalitätsentwurf der Väter ihr »lyrisches Lebensgefühl« entgegensetzten, das sich »den Versuchungen, in die Ordnung hineindiszipliniert zu werden«, entzog (Klinger, 1989,355): dem auf Dauer und Verewigung angelegten künstlerischen Entwurf, wie er in den Stein-Monumenten der Ringstraße zu besichtigen war, wie er sich aber auch im bedeutungserheischenden Pathos des Historien-Dramas ausdrückte, antworteten ihre auf Flüchtigkeit intensiver Momente angelegten ›kleinen Formen‹, wie etwa die feuilletonistisch-impressionistische Skizze (Altenberg) oder der lyrische Einakter (Schnitzler, Hofmannsthal). Dem öffentlichen Schweigetabu, das den Bereich des Triebhaften umgab, begegneten sie mit einer überbordenden Phantastik des Erotischen (Felix Dörmann). Der auf soziale und individuelle Abgrenzung bedachten Persönlichkeit des bürgerlichen Subjekts antworteten sie mit dem Entgrenzungs-Gestus des sich Verschwendens an die Außenreize, bis hin zur bewußt vorangetriebenen Auflösung der Ich-Identität: »Den Erben laß verschwenden / An Adler, Lamm und Pfau / Das Salböl aus den Händen / Der toten alten Frau! (...)« (SW,I,63), heißt es im »Lebenslied« (1896) von Hofmannsthal. Und der Gestus verschwenderischer Hingabe erfährt eine Strophe weiter nochmalige Steigerung: »Es gibt sich jeder Welle

/ Der Heimatlose hin« (ebd.). Als Erben einer Spätzeit, die jede innere Bindung an eine Traditionslinie verloren haben und daher zu Heimatlosen geworden sind, die gleichsam auf den Wellen des Zufälligen und Momentanen treiben, verstanden sich die Jung-Wiener Literaten und die Hofmannsthalschen Verse repräsentieren hier zweifellos das Bewußtsein seiner Generation (vgl. Rieckmann, 1985,103, Briese-Neumann, 1985,230): im D'Annunzio-Aufsatz von 1893 gebraucht Hofmannsthal gar die Anrede »wir«, wenn er das Lebensgefühl einer Elite »von ein paar tausend Menschen, in den großen europäischen Städten verstreut«, beschwört (GW 8,177, vgl. auch 3.1). Die Wendung der Jung-Wiener gegen die Vätergeneration war jedoch weniger vom provozierenden Rebellentum des »épater le bourgeois« geprägt, denn vom verinnerlichten Leidens-Gestus des Verlustes allgemeinverbindlicher Sinnbezüge (Paetzke, 1992,8f, Yates, 1988,159, Diersch, 1981,81-106, Magris, 1981,75 etc.). Der Aufbruchsgestus des »Verschwenders« im »Lebenslied« scheint dem auf den ersten Blick zu widersprechen. Das nämlich, was in Anlehnung an Nietzsche und Dilthey im Sprachgebrauch der Jahrhundertwende emphatisch »das Leben« hieß, »wird jenes Prinzip genannt, das nicht immer schon realisiert ist, wenn gelebt wird, das vielmehr zu bewahren ist vor den Gefahren, die ihm drohen, zu verwirklichen im Kampf gegen Mächte, die es unterdrücken wollen: gegen das Positive der Institutionen, gegen die Geschichte, welche die Gegenwart auf die Vergangenheit bezieht, gegen die Reflexion, die das Leben zu ihrem Objekt macht und die Subjekt-Objekt-Spaltung in das Leben selber hineinträgt« (Szondi, 1991,176f). Das ›Leben‹, wie es die Lebensphilosophie des ausgehenden 19. Jahrhunderts den Jung-Wienern suggerierte, meint also das Erleben in Unmittelbarkeit und Authentizität (bei Nietzsche gesteigert in den Begriff des Dionysischen) jenseits der tradierten Ordnungen, jenseits aber auch von Selbstreflexion, die immer auch Selbst-Entfremdung bedeutet. Die impressionistische Haltung des Modernen, wie oben gezeigt, ist hier bereits angelegt. Und da sie sich jeder Ordnung entzieht, ist sie eine Haltung ständigen Relativierens: dem »Erben« im »Lebenslied« sind alle Erscheinungen des Lebens gleichwertig. »Die Toten, die entgleiten,/ Die Wipfel in dem Weiten − / Ihm sind sie wie das Schreiten / Der Tänzerinnen wert!/« (SW I, 63), heißt es bereits am Anfang. Aber gerade die scheinbare Leichtigkeit dieser Existenz offenbart ihre Problematik, denn worin, in all dem Vorüberziehen einander gleichwertiger und damit auch gleichgültiger Erscheinungen, kann sich das ›eigentliche Leben‹ auf Dauer manifestieren? Daß diese Problematik keineswegs von den Jung-Wienern als abstrakte Fragestellung wahrgenommen wurde, sondern geradezu das Signum ihrer intellektuellen Biographie darstellte, ist nachzulesen in einer Rezension aus dem Jahre 1890 zu Gedichten von Felix Dörmann. Die Kritikerin Marie Herzfeld, die selbst nicht zum engeren Kreis der Jung-Wiener zählte, zu einzelnen Jung-Wiener Schriftstellern aber rege Kontakte unterhielt (vgl. Kap.2.3), läßt darin eine ganze Generation im fiktiven »wir«-Bekenntnis das Wort ergreifen:

»Zart und schwach (...) beginnen wir unser Dasein und machen mit Blitzzuggeschwindigkeit (...) den ganzen geistigen Entwicklungsgang der Menschheit durch – allein, selbständig ohne Freund und Hilfe, im Conflict mit dem officiellen Erziehungssystem, das in seinen verschiedenen Zweigen um zehn, fünfzig, hundert Jahre hinter der Cultur zurück ist, das uns ebenso sehr hemmt wie fördert und nicht zu ahnen scheint, welche Gährungskeime (sic!) der ewig brausende Frühlingssturm des Lebens uns zuträgt. Wir sind der Reihe nach Christen, Rationalisten, Skeptiker, Pantheisten und weiß Gott noch; (...) es gibt keine Denk- und Gefühlskrisis, die wir nicht mit mehr oder weniger Absichtlichkeit und Annäherung an unser momentanes Ideal durchleben und überwinden müßten. Je reicher wir beanlagt sind, desto mannigfacher der Wandlungsproceß, desto heftiger erfassen wir und erfaßt uns jede neue Phase; was Wunder dann, wenn wir uns mit zwanzig Jahren alt, krank, nervös und müde fühlen? Wenn wir mißtrauisch gegen Systeme und mißtrauisch gegen uns selbst geworden! Dies Selbst erst zu suchen beginnen, welches uns im Wirbeltanz fortschreitender Entwicklung so sehr abhanden gekommen, daß wir an der Schwelle des Lebens nicht mehr wissen, was wir wollen, was wir können, nicht was wir lieben sollen und was hassen? Daß wir mit Hochmuth (sic!) und zugleich mit Neid auf Menschen blicken, welche ruhig und im Urtheil gefestigt ihres Weges ziehen, entweder weil sie unsere Kämpfe nie gekannt oder schon verwunden haben? (...)« (in: Wunberg, 1976,137).

Herzfelds Psychogramm der jungen Schriftstellergeneration operiert bezeichnenderweise mit dem Bahrschen Begriff des »Überwindens«, dem Hofmannsthalschen Beschleunigungs-Vokabular des »Wirbeltanzes« und der technischen Beschleunigungsmetapher von der »Blitzzuggeschwindigkeit«: hier wird deutlich, daß es gerade die vermeintlichen Befreiungsakte im Namen des ›Lebens‹ sind, die eine unüberschaubare und vom Subjekt als Bedrohung erfahrene Dynamik in Gang setzen. Die um 1860/1880 Geborenen, deren früher Bildungsgang durch das humanistische Gymnasium und die kulturellen Präferenzen und Assimilationsbestrebungen ihrer Väter geprägt war, wuchsen auf in der eklektizistischen Ringstraßenkultur, wo man sich aus dem Fundus einzelner historischer Epochen auf beliebige Weise bediente – sei es als antik kostümiertes Wolter-Drama, sei es als architektonisches Zitat in der Renaissancefassade eines

Wohnhauses. Doch dem, der über alle Epochen verfügt, entzieht sich die Vergangenheit (Bürger, 1989,218). Im Tradierten vermag er keinen Fixpunkt mehr zu finden. Die Welt der Väter ist ihm ebenso ferngerückt, wie die Welt der Antike. Die melancholische Gestimmtheit, die etwa Hofmannsthal und Andrian gegenüber der Welt der Väter an den Tag legten, erscheint da nur plausibel. Die Wiener Modernen betrachteten sich vor allem als »Spätgeborene«, denen »unsere Väter ... nur zwei Dinge hinterlassen: hübsche Möbel und überfeine Nerven« (Hofmannsthal, »Gabriele d'Annunzio«, GW 8,176). Und nur vereinzelt läßt sich aus Tagebuchaufzeichnungen und Briefdokumenten ein in die Zukunft weisendes Sendungsbewußtsein und eine vom nietzscheanisch überhöhten Begriff des souverän mit Traditionsbruchstücken jonglierenden Individuums geprägte »Aufbruchsstimmung« belegen (Andrian an Hofmannsthal 5.6.1896, BW Hofmannsthal-Andrian, 1968,73, vgl. Rieckmann, 1985,98, vgl. Del Caro, 1989,81-95). Häufiger hingegen, steigert sich das spätzeitliche Bewußtsein bis hin ins Apokalyptische. Zahlreiche Tagebucheintragungen Hofmannsthals und Andrians spiegeln das Empfinden der Verfasser wider, letzte Exponenten der österreichischen Kultur zu sein, bevor die Nacht der Barbarei herabsinken würde (Rieckmann, 1985,98). Zu diesem apokalyptischen Bewußtsein gesellt sich jener Gedanke, der sich in den neunziger Jahren als das Zentralproblem bei Hofmannsthal, Andrian, Beer-Hofmann und Schnitzler darstellt: das Empfinden, jede Bindung an ›das Leben‹ als unmittelbare, ungebrochene und nicht entfremdete Art des Daseins verloren zu haben. »Es führt von der Poesie kein direkter Weg ins Leben, aus dem Leben keiner in die Poesie. Das Wort als Träger eines Lebensinhaltes und das traumhafte Bruderwort, das in einem Gedicht stehen kann, streben auseinander und schweben fremd aneinander vorüber, wie die beiden Eimer eines Brunnens«, schreibt Hofmannsthal in seinem Vortrag »Poesie und Leben« (1896) (GW, 8,16), und im drei Jahre früher erschienenen d'Annunzio-Aufsatz klagt er: »wir haben gleichsam keine Wurzeln im Leben und streichen, hellsichtige und doch tagblinde Schatten, zwischen den Kindern des Lebens umher« (»Gabriele d'Annunzio«, GW 8,1979,175).

Ästhetizistische Strategien beim frühen Hofmannsthal

Der Zugang zu Welt und Leben ist versperrt. Die oben zitierte »Receptionsstimmung« scheint Welterfahrung nur als Ich-Erfahrung zuzulassen, und, umgekehrt, vermag das Ich gegenüber der Außenwelt allenfalls die Haltung der Vereinnahmung in der »Reflexionsstimmung« zu entwickeln, statt als handelndes und veränderndes Subjekt auf die Außenwelt zu wirken. Die Konsequenz, die der junge Hofmannsthal daraus zog, bekräftigte er in einem Brief an Beer-Hofmann, der als »geradezu programmatisch im Sinne eines Manifestes des Ästhetizismus« (Briese-Neumann, 1985,307, Scheible, 1984,29) gelten kann:

»Ich glaub immer noch, daß ich im Stand sein werde, mir meine Welt in die Welt hineinzubauen. Wir sind zu kritisch um in einer Traumwelt zu leben, wie die Romantiker; mit unseren schweren Köpfen brechen wir immer durch das dünne Medium, wie schwere Reiter auf Moorboden. Es handelt sich freilich immer nur darum ringsum an den Grenzen des Gesichtskreises Potemkin'sche Dörfer aufzustellen, aber solche, an die man selber glaubt. Und dazu gehört ein Centrumsgefühl, ein Gefühl von Herrschaftlichkeit und Abhängigkeit, ein starkes Spüren der Vergangenheit und der unendlichen gegenseitigen Durchdringung aller Dinge und ein besonderes Glück, nämlich, daß die begegnenden Phänomene wie Karten bei der Kartenschlägerin gutsymbolisch fallen, (...). Das Fallen der Karten aber erzwingt man von innen her; (...) Ein Reich haben wie Alexander, gerade so groß und so voll Ereignis, daß es das ganze Denken erfüllt, und mit dem Tod fällt es richtig auseinander, denn es war nur ein Reich für diesen einen König. So sieht das Wünschenswerte von der einen Seite aus. Auf der andern aber steht eindringlich: il faut glisser la vie! Und wer beides versteht, kann es vereinen. Nur eins glaub ich muß man bis zu einem dämonischen Grad lernen: sich um unendlich viele Angelegenheiten und Dinge nicht zu bekümmern. (...)« (Brief vom 15.5.1895, BW Hofmannsthal/Beer-Hofmann, 1972,47f).

Die »Schizophrenie«, von der Wunberg spricht (Wunberg, 1965), wird hier auf der Ebene des kreativen Verfahrens vorgestellt: die artifizielle Welt, die als einzige noch sinnstiftende Bezüge in sich birgt gegenüber einer in Einzelteile zerfallenen Realität, soll in diese Realität »hineingebaut« werden. Freilich distanziert sich Hofmannsthal von einer autonomen Schein- oder Traumwelt, wie es seiner Meinung nach die Romantiker praktizierten und was ihn, laut Briese-Neumann, von den französischen Symbolisten, aber auch von Stefan George unterscheidet (Briese-Neumann, 1985,308). Er plädiert für ein Verfahren, das in sich widersprüchlich genug ist: die artifizielle Welt solle im Bewußtsein ihrer Scheinhaftigkeit geschaffen werden, aber man soll an sie »glauben« können. Von einem »planmäßig inszenierten Selbstbetrug« spricht hier Scheible (1984,30). Die reale Welt solle im Bewußtsein präsent sein, aber ein Eindringen dieser Außenwelt soll mit aller Anstrengung abgewehrt werden. Durch die bewußte Begrenzung des eigenen Gesichtskreises, die ausschließliche Konzentration auf den Bau der artifiziellen Welt, schafft sich das Ich in seiner Allmachtsphantasie (Briese-Neumann, 1985,308) ein »Reich wie Alexander« und mag sich daher in der Illusion wiegen, daß die Grenzen des eigenen Gesichtskreises mit den Grenzen der Welt zusammenfallen. Doch der »Baustoff«, der die artifizielle Welt zusammenkittet, ist aus wenig haltbarem Material: der Akt des »gutsymbolischen« Sinnstiftens ist ein Zufallsergebnis, das entsteht, wie das Fallen der Karten bei der Kartenschlägerin und das allenfalls »von innen« her, wie Hofmannsthal schreibt, zu erzwingen sei. Ob dieses Verfahren tragfähig sein würde, ob man es sich in den künstlichen Reichen auf Dauer ungestört von der Welt einrichten könnte, bezweifelt selbst er, denn: »il faut glisser la vie«. Die Fragwürdigkeit dieses Verfahrens, das freilich von Hofmannsthal zu dieser Zeit noch befürwortet wird (vgl. dazu Briese-Neumann, 1985, 309), teilt sich nichtsdestoweniger den literarischen Figuren seines Frühwerks mit: Andrea, die Hauptfigur in Hofmannsthals lyrischem Einakter *Gestern*, ist scheinbar der Prototyp des narzißtischen Ästheten, der sich jeder Laune, jeder Sensation, jeder Empfindung bedenkenlos hingibt, wobei die Außenwelt nur noch als Stichwortgeber seiner Empfindungen fungiert. Und wie die Figur des Erben im »Lebenslied«, so glaubt auch Andrea das authentische Leben im flüchtigen Augenblick jenseits aller stabilen Ordnungen aufzufinden: »Laß Dich von jedem Augenblicke treiben, / Das ist der Weg, dir selber treu zu bleiben. / Der Stimmung folg, die deiner niemals harrt, / Gib dich ihr hin, so wirst du dich bewahren, / Von ausgelebten drohen dir Gefahren: Und Lüge wird die Wahrheit, die erstarrt!« (SW III,1, 13). Aber gerade, weil für Andrea der erfüllte Augenblick des Empfindens alles ist, quält ihn der Gedanke, daß ihm andere, möglicherweise noch verheißungsvollere Augenblicke entgehen. Auch stellt sich im Verlauf der Handlung die Haltung Andreas als inkonsequent heraus. Andrea vermag nämlich keineswegs, unreflektiert zu genießen. Zu seinem Leben steht er, wie der Künstler zum Werk: er will es selbst machen. »Und wird uns alles nicht zum Gleichnisbronnen, / Uns auszudrücken, unsre Qual und Wonnen?« (SW III, 1, 26). Indem er sein Leben aber hervorbringt, zerstört er es, denn er färbt es mit Reflexion, zieht es hinein in die Sphäre des Bewußtseins. Auch zeigt es sich, daß der Wahrheitsbegriff des Ästheten nicht tragfähig ist. Andrea, der immer wieder betont, daß die Wahrheit nur im gegenwärtigen Augenblick liege, daß ihm vergangene Augenblicke, das »Gestern«, gleichgültig seien, muß erfahren, daß ihn seine Geliebte eben »gestern« betrogen hat. Sie hat, aus einer Augenblickslaune heraus, nur das gelebt, was Andrea vordem gelehrt hat. Andreas ästhetischer Wahrheitsbegriff läßt sich nicht aufrechterhalten, »weil das als Kunstwerk gelebte Leben den Bannkreis des Ästheten durchbricht und auf seine Faktizität pocht« (Szondi, 1991,175).

Die Fragwürdigkeit der Welt des Ästhetizisten zeigt sich auch in Hofmannsthals Renaissance-Fragment *Der Tod des Tizian* (1892). Gianino, ein »Spätgeborener« auch er, fühlt sich schlafwandlerisch angezogen von einer Existenz, jenseits seines exklusiven Freundeszirkels, der sich in einem von der Außenwelt abgeschirmten Garten hoch über der Stadt um den Maler Tizian geschart hat (SW, III,1, 45). »Stadt« und »Garten« repräsentieren hier die jeweils strikt voneinander geschiedenen Bereiche eines als chaotisch-triebhaft und durchaus bedrohlich vorgestellten »Lebens« einerseits, einer sterilen, sich selbst genügenden Atmosphäre reinen Kunstgenusses, andererseits. Den im »Garten« versammelten Schülern und Freunden des Malers Tizian kommt die Fragwürdigkeit ihrer isolierten, vom Leben abgeschnittenen Existenz in einer Grenzsituation zum Bewußtsein: in banger Erwartung des nahenden Todes ihres Meisters. Die selbstgewählte Distanz zur »Stadt« mochte für den kreativen Maler Tizian noch legitime Existenzform sein. Für seine »nachgeborenen« Adepten, die nicht mehr selbst kreativ sein können und verurteilt sind, nur mehr nachempfindende »Dilettanten« zu sein, entfällt diese Legitimation. Über den prinzipiellen Unterschied zwischen dem schaffenden Originalgenie und dem bloß wahrnehmenden Dilettanten-Ästhetizisten läßt Hofmannsthal seine Figur Desiderio reflektieren:

»Er aber hat die Schönheit stets gesehen / Und jeder Augenblick war ihm Erfüllung / Indessen wir zu schaffen nicht verstehen / Und hilflos harren müssen der Enthüllung...«
(SW, III,1,51).

Und Desiderio sagt außerdem:

»Und unsere Gegenwart ist trüb und leer, / Kommt uns die Weihe nicht von außen her«
(SW, III,51).

Als nurmehr eine von außen geborgte, erscheint die Garten-Existenz der Freunde, ja sie wurzelt so wenig in der Wirklichkeit, daß sie am Schluß des Monologs als ein nur vorläufiger Zustand begriffen wird, als prologische Existenz gewissermaßen, wovon auch die Struktur des gesamten Einakter-Fragments mit dem vorangestellten Prolog des Pagen Zeugnis ablegt (vgl. Vogel, 1993,165-181).

Das Motiv des Gartens, welches, wie Schorske ausführt, sich den Jung-Wienern sowohl als Synonym für ihre ästhetische Utopie anbietet, als auch die Bühne für die Problematisierung eben dieses Entwurfs abgibt (Schorske, 1982,265-303), taucht immer wieder auf in ihren Werken der neunziger Jahre. Ob als Rokokogarten der Lüste, in dem die jungen Ästheten ihre Bühne aufgeschlagen haben, um die »Komödie uns'rer Seele« »frühgereift und zart und traurig« zu spielen, wie es im berühmten Prolog Hofmannsthals zu Arthur Schnitzlers *Buch Anatol* heißt (HW, I,1,25), ob als Park von Schönbrunn, in *Der Tod Georgs* bei Richard Beer-Hofmann, oder im Titel von Leopold Andrians *Der Garten der Erkenntnis* – »Jungösterreichs Garten der Schönheit« lag »seltsam unentschieden zwischen Wirklichkeit und Utopie«, brachte er doch, nach Schorske, »sowohl den Selbstgenuß der ästhetisch Kultivierten wie den Selbstzweifel der gesellschaftlich Funktionslosen zum Ausdruck« (Schorske, 1982,288).

Der metaphorische Garten fügt sich nur folgerichtig ein in die Bewußtseinslage der Jung-Wiener. Auch ihn hatten sie gewissermaßen von den Vätern des bürgerlichen Aufklärungsideals ererbt. Voltaires Maxime des »cultiver notre jardin« und Rousseaus Erziehungsideal im *Emile* hatten einst die Heranbildung des Gartens der eigenen Persönlichkeit gefordert und auch noch in Adalbert Stifters *Nachsommer* liefert die richtig geordnete Welt des Gartens den Schlüssel und das Vorbild für eine wohlgeordnete Seele (Schorske, 1982,292). An die Stelle der aktiven Persönlichkeitsbildung, die sich als Unmöglichkeit erwiesen hat, ist bei den jungen Ästheten die passive Empfänglichkeit ihrer Wahrnehmung getreten. Demnach symbolisiert der Garten nicht mehr das Vorbildmodell einer Ordnung, die es qua eigener Charakterbildung zu verwirklichen gelte, sondern bestätigt lediglich die vergängliche Erfahrung von Schönheit: er wird nicht mehr, wie noch bei Stifter, modellierend bearbeitet, sondern lediglich betrachtet: »Wir gehn durch unser Leben wie durch die Lustgärten fremder Schlösser, von fremden Dienern geführt; wir behalten und lieben die Schönheiten, die sie uns gezeigt haben, aber zu welchen sie uns führen und wie schnell sie uns vorbeiführen, hängt von ihnen ab«. So läßt Andrian in seiner Erzählung *Der Garten der Erkenntnis* (1895) die Mutter seines Helden Erwin sprechen (Ausg. 1970,49). Wie den Schülern Tizians bei Hofmannsthal, so bleibt auch Andrians narzißtischem Helden Erwin (vgl. Kap.3.2) der Zugang zum Leben verschlossen. Unaufhebbare Isolation zwischen einem zu wirklicher Kommunikation unfähigen Ich und seiner Außenwelt kennzeichnet auch andere Prototypen der Jung-Wiener Literatur. Die Figur des Andrea in Hofmannsthals *Gestern* (1891), die Figur des Claudio in Hofmannsthals *Der Tor und der Tod* (1893) und natürlich die Figur des Anatol in dem zwischen 1889 und 1893 zusammengewachsenen *Anatol*-Einakterzyklus (Perlmann, 1987,38) von Arthur Schnitzler. Wie seine Geistesverwandten bei Hofmannsthal und Andrian, so ist auch Schnitzlers Anatol »ein Held der Äußerlichkeiten« (Perlmann, 1987,39), den ein geradezu obsessives Verhältnis zur eigenen Subjektivität charakterisiert (Roche, 1989,51). Frauen, mit denen er flüchtige erotische Beziehungen unterhält, dienen ihm lediglich als Stimulantien zur Herstellung einer ebenso flüchtigen Stimmung. Anatols Wahrnehmung instrumentalisiert sie, indem er sie, gewissermaßen als schmückendes Ornament, in seine äußere Wohn-Umgebung als ein Teil unter anderen Dingen integriert. Die Geliebte, hingelagert zu den Füßen des Hausherrn, fügt sich ein in ein artifizielles Tableau, bestehend aus persischen Teppichen, parfümierten Tapeten, raffinierter Beleuchtung und stimulierender Klaviermusik. Ihre Individualität interessiert nicht. Anatol, der sich selbst als »leichtsinniger Melancholiker« definiert (Perlmann, 1987,40), ist, – ähnlich wie die einsam liebenden Figuren im *Reigen,* – unfähig zur zwischenmenschlichen Kommunikation und daher nicht in der Lage, seinen Liebesbeziehungen Dauer zu verleihen, in ihnen etwas anderes zu sehen, als eine Episode. Auf einen bemerkenswerten Aspekt, was die Funktion des Erotischen als Element von Kommunikation zwischen den Geschlechtern bei Schnitzler betrifft, weist Esther N. Elstun hin. In Umkehrung der Freudschen Konzeption, wonach der Sexus als Mittel zur Überwindung von Trennung und Isolation dient, beglaubigt das Element des Erotischen bei Schnitzler gerade die Unüberwindlichkeit dieser Kommunikationsstörung (vgl. Elstun, 1989,181). Auch die scheinbar entgrenzende Funktion von Sexualität – als solche taucht sie übrigens auch durchaus bei Schnitzler auf – stiftet keine tiefere Verbindung zwischen den Paaren, die sich in den Rollen-und Wortspielen des *Reigens* nur noch mehr voneinander entfernen. Liebe ist demnach nur noch als »Eros der Ferne« möglich (le Rider, 1990,49). Und in Richard-Beer Hofmanns »Schlaflied für Mirjam« (1897) heißt es: »Blinde – so gehn wir und gehen allein, /Keiner kann Keinem Gefährte hier sein« (GW, 1963,654).

Das Einsamkeitsgefühl des Ästheten, sein asozialer und amoralischer Egoismus, der sich und andere zerstört (Claudio, Anatol), sowie die Brüchigkeit der artifiziell gestifteten Bezüge, kennzeichnet die von den Jung-Wienern immer wieder reflektierte Problematik des Ästheten, wobei Ästhetizismus hier in Anlehnung an Briese Neumann definiert werden kann als »vollständigen Rückzug auf das Subjekt, was sich in der Konzentration des ästhetischen Bewußtseins auf die sinnliche Aufnahme der äußeren Wirklichkeit artikuliert«, was einhergeht mit einer »Affinität zum Künstlichen« (Briese-Neumann, 1985,31). Dieses Verfahren, wie es in den neunziger Jahren bei Hofmannsthal, Schnitzler und Andrian erscheint, wird zunehmend als unbefriedigende Perspektive, sowohl auf der Ebene persönlicher Sinngebung und ›Lebensbewältigung‹, als auch auf der Ebene der künstlerischen Gestaltung des ungeformten, chaotischen ›Lebens‹-Stoffes empfunden. Nichtsdestoweniger zeitigt das von den Jung-Wienern formulierte Bedürfnis nach einem ›Zugang zum Leben‹ keineswegs die Konsequenz einer euphemistischen Wertschätzung des ›Lebens‹ an sich. Das ungeformte Leben, das, in der Tradition Nietzsches und Richard Wagners, als Triebhaftes, Unterbewußtes, Chaotisches verstanden wird, bedeutet immer auch Gefährdung – in Hofmannsthals *Der Tod des Tizian* ebenso, wie bei Arthur Schnitzler noch im späteren Drama *Der Ruf des Lebens* (1905), wo der erotische Befreiungsakt der Hauptfigur Marie zerstörerische und, wiewohl prinzipiell gerechtfertigt, letztlich inhumane Konsequenzen zeitigt: um das erotische Abenteuer einer Nacht genießen zu können, vergiftet Marie ihren kranken Vater. Nicht das ersehnte neue Leben steht am Schluß, sondern die desillusionierende Einsicht in die Zerstörung aller menschlichen Bindungen. In der »Abweisung des Unbewußten als (...) neue Heimat, Vaterland oder Refugium, wo man sich niederlassen könne«, weiß sich Arthur Schnitzler mit Sigmund Freud einig (Rella, 1981,204). Und dies ist es auch, was ihn etwa von Hermann Bahr trennt, der in seinen Dramen und Aufsätzen eine »libertine Ideologie« (Farkas) vertritt, indem er »die Entdeckung des Menschen durch Entselbstung« im »Ausschwärmen desintegrierter Triebregungen« feiert (vgl. Farkas, 1989,135,151).

Jung-Wiens Versuche der Überwindung des ästhetizistischen Dilemmas

Das »Lebenspathos« (Rasch, 1967,18) bedeutet auch in der Perspektive Hofmannsthals ebenso eine Gefährdung, wie der radikale Ästhetizismus. Im *Märchen der 672. Nacht* geht der Kaufmannssohn zugrunde an seiner Lebensferne und einem ästhetischen Bewußtsein, »das Erfahrung ersetzt durch Ästhetizismus als einheitsstiftendes Prinzip« (Florack, 1991,128). Im Drama *Das kleine Welttheater oder Die Glücklichen* (1897) zitiert Hofmannsthal die barocke theatrum mundi-Konzeption, um in allegorischer Form die doppelte Gefährdung aufzuzeigen. Eine seiner Figuren ist der »Wahnsinnige«.

Er hat gewissermaßen die »Karriere« des spätgeborenen Ästheten durchlaufen, hat sich auf der rastlosen Suche nach dem »Kern des Lebens« (SW III,1 1982,145) an die äußeren Dinge und Eindrükke verschwendet und sich schließlich zur Beobachtung seines eigenen Inneren zurückgezogen, wo er die monströsen, triebhaften Kräfte seines Unbewußten entdeckt: »Mit dem ungeheuren Gemenge, / das er selbst im Innern trägt, beginnt er / nach dem ungeheuren Gemenge äussern Daseins gleichnishaft zu haschen« (SW III,1, 1982,146). Im Ungenügen daran, daß das »traumhafte Abbild des Wirklichen« nicht mehr ausreicht, das Wirkliche selbst einzufangen, will er die verlorene Teilhabe am Leben auf gleichsam direktem Wege wiederherstellen. So faßt er den wahnsinnigen Entschluß, sich in einer Art von dionysischem Rausch mit den formlos irrationalen Kräften der Welt zu vereinen, »den ganzen Reigen anzuführen« (SW III,1 1982,148). Dieses Vorhaben aber erweist sich als selbstzerstörerisch. Der Wahnsinnige muß davon abgehalten werden, in den Fluß zu springen, der den Strom ursprünglicher Lebensenergie, aber gleichzeitig auch die entgrenzende Auflösung im Tode verkörpert. Aus dem Bewußtsein solcher Gefährdungen heraus, entwickelt Hofmannsthal die Gestaltung einer »Synthese zwischen unlebendiger Täuschung und formloser Lebendigkeit« (Schorske, 1982,300 und 297ff) und er findet sie in der medialen Figur des Dichters, der im Bewußtsein seiner eigenen Verknüpfung mit der Außenwelt selbst wiederum Verknüpfungen schafft:

»jenes künstliche Gebild / aus Worten, die von Licht und Wasser triefen, / worein ich irgendwie den Widerschein von jenen Abenteuern so verwebe, / dass dann die Knaben in den dumpfen Städten, / wenn sie es hören, schwere Blicke tauschen / und unter des geahnten Schicksals Bürde, / wie überladne Reben schwankend, flüstern: / »O wüsst ich mehr von diesen Abenteuern, / denn irgendwie bin ich darein verwebt / und weiss nicht, wo sich Traum und Leben spalten« (SW III,1, 1982,135f).

Diese Dichter-Figur ist nicht mehr der ästhetische Narziß, des Hofmannsthalschen Claudio (*Der Tor und der Tod*), der klagt: »Was weiß denn ich vom Menschenleben? / (...) Konnte mich nie darein verweben./ (...) / Wo andre nehmen, andre geben / Blieb ich beiseit, im Innern stummgeboren/« (SW III,1, 1982,64f). Im *Kleinen Welttheater oder die Glücklichen* konstatiert Szondi demgegenüber »eine Befreiung von der Problematik des Frühwerks, daß er (= Hofmannsthal – D.L.) nicht mehr auf Scheidung insistiert, sondern dem Dichter die Zugehörigkeit zu beiden Welten erlaubt: dank dem ist er ein Glücklicher« (Szondi, 1991, 324).

Doch wird in der Figur des Dichters im *Kleinen Welttheater* noch eine zusätzliche Wandlung im künstlerischen Selbstverständnis bei Hofmannsthal erkennbar: die Dichter-Figur sucht sich im Akt des literarischen Produzierens nicht nur selbst der Teilhabe am ›Leben‹ zu vergewissern, sondern durchbricht gleichsam den behüteten Bezirk des Gartens, um sich dem Publikum, den »Knaben in den dumpfen Städten« zuzuwenden, damit auch diese teilhaben an den Bereichen »Traum« und »Leben«. Ernst Robert Curtius hat dieses Stiften von Teilhabe bei Hofmannsthal in Bezug zum magischen Weltbild gesetzt, wo jeder Teilvorgang in Wechselbeziehung zu einem hypothetischen Ganzen stehe (Curtius, 1984,179). Bei Hofmannsthal ist es das magische Medium der Sprache (Schorske, 1982,300), das die Vielfältigkeit der Realität zu bündeln vermag, und damit eine neue Harmonie des Ganzen herstellt. Allerdings ist die Vereinigung der zersplitterten Wirklichkeit nicht zu bewerkstelligen, indem der Dichter ihr Gesetze aufzwingt, sondern nur, indem er die verborgenen Formen deutlich werden läßt, in welchen die einzelnen Teile des Lebens miteinander verbunden sind. Entsprechend gestaltet sich für Hofmannsthal auch seine Hinwendung zur Welt sozialer und politischer Bezüge. Daß sich Hofmannsthal wirklich der Außenwelt zuwendet, wird allerdings von Briese-Neumann bestritten. Briese-Neumann erblickt in der Abkehr Hofmannsthals von dem, was sie als »primären Ästhetizismus« bezeichnet, lediglich eine neue ästhetizistische Gestaltungsform, da hier wie dort das Subjekt als Zentrum der Welt fungiere (Briese-Neumann, 1985,312f). Dem steht die Beobachtung von Schorske gegenüber, der aus seiner Analyse des *Kleinen Welttheaters* folgert: »Hofmannsthal war aus seiner kultivierten sozialen Isolierung aufgetaucht und hatte gelernt, sich mit einer ›herrschenden Gesellschaft herumzuschlagen‹ (...)« (Schorske, 1982,300). Für diese These spräche auch das vielinterpretierte Gedicht »Manche freilich...« aus dem Jahre 1895/96, das die wechselseitige Verknüpfung zweier dichotomisch einander entgegengesetzter sozialer Welten beschwört (vgl. dazu Mayer, 1987,25f).

Die Vorstellung von der Teilhabe am Leben mit Hilfe der ästhetischen Form wird bestimmend sein für Hofmannsthals späterer Konzeption von der Wirkungsmöglichkeit des Dichters innerhalb einer gesellschaftlichen Totalität. Sie zielt auf eine durch die Form, d.h. den Ritus ermöglichte Teilnahme aller an dem, was Hofmannsthal die »Zeremonie des Ganzen« nennt: nur eine solch rituelle Form von »Politik«, die kein Mitglied der Gesellschaft ausschließt, vermag, nach Hofmannsthal, die ungeformten Kräfte der widerstreitenden Individuen in Einklang zu bringen. Schorske hat darauf hingewiesen, daß dieses ritualistische Konzept, das sich in den späteren dramaturgischen Großformen Hofmannsthals manifestiert (Beispiel: *Das Salzburger Große Welttheater*), auf habsburgische Tradition verweist: auf die Zentralgestalt des Kaisers, den eine Aura zeremonieller Formen umgibt (Schorske, 1982,19). In der Hofmannsthalschen Konzeption einer ästhetischen Politik erscheint wieder jener Künstler-Politiker, wie er in Kap. 1 am Beispiel von Theodor Herzl oder Schönerer charakterisiert wurde.

Daß Hofmannsthals Jugendfreund Leopold Andrian mit seiner Erzählung *Der Garten der Erkenntnis* seine literarische Produktion – freilich ungewollt – abgeschlossen hatte und als österreichischer Diplomat in späteren Jahren eine katholisierend-monarchistische Konzeption des Österreichertums vertrat, ist ebenfalls ein Indiz dafür, auf welche Weise sich die Schriftsteller von Jung-Wien um 1900 außerästhetische Lösungsstrategien als Ausweg aus dem Ästhetizismus suchten.

Im Gegensatz zu Andrian wandte sich Hofmannsthal nicht von der Literatur ab. In seinem Bestreben, den Weg aus dem »Garten« hinein in die von seiner Figur Gianino ersehnte »Stadt« zu finden, verfiel er auch nicht auf die naheliegende Existenzform des Journalisten-Schriftstellers, die etwa die Jung-Wiener Salten und Dörmann gewählt hatten. Hofmannsthal begriff sein »Dichter-Sein« vielmehr als Existenzform des kongenialen Verstehens und Erfassens (vgl. Aspetsberger, 1981,177), sei es hinsichtlich der überlieferten Tradition (vgl. Kap. 3.3), sei es hinsichtlich andersgearteter Wirklichkeits-Welten (vgl. Kap. 3.2). In diese Bestrebungen ist auch die Tatsache einzuordnen, daß die Form des lyrischen Einakters (vgl. auch Kap. 3.3), die lyrische Form überhaupt, nach 1900 zurückgedrängt wird zugunsten der dramatischen Form des Mehrakters. Weit mehr als beim Einakter der Fall, ist die Wirkung des Dramas auf die Öffentlichkeit eines Publikums berechnet. Das publikumsorientierte Drama garantierte für Hofmannsthal offenbar fortan die Verbindung von Lebensnähe und notwendiger Lebens-Distanz (vgl. Schorske, 1982), wie dies etwa auch der Brief vom 4./5. Mai 1896 an Andrian nahelegt, worin Hofmannsthal »das Drama« als »eine sehr sonderbare Kunstgattung« bezeichnet und dann fortfährt: »ich ahne, indem man es hervorbringt, verknüpft man sich gleichzeitig mit dem realen Leben und löst sich gleichzeitig davon ab« (an Andrian, BW 1968,65).

Das Dilemma des Ästhetizismus bewog auch andere Jung-Wiener Schriftsteller zu einem je eigenen Weiterbewegen der von Bahr einst in Gang gesetzten Spirale moderner »Überwindungen«. Richard Beer-Hofmann vollzog mit seiner Erzählung *Der Tod Georgs* eine bewußte Hinwendung zu den geschichtlich-religiösen Wurzeln seines Judentums und zog damit eine persönlich-künstlerische Konsequenz aus seinem Ungenügen an der in seiner Erzählung gestalteten Wahrnehmungshaltung des narzißtischen Ästheten. Hermann Bahr, der moderne »Überwinder« par excellence, vollzog, wie Andrian und der Jung-Wiener Richard Kralik, in späteren Jahren eine Hinwendung zum Katholizismus: Farkas betont die Nähe zur französischen konservativen Renouveau catholique-Bewegung (Paul Claudel, Charles Maurras), die wiederum auf Maurice Barrès verweise. Doch auch die Attraktion durch das universalistische neobarocke Element des österreichischen Katholizismus mag hier eine Rolle gespielt haben – als Ausdruck einer »regenerativen Absicht der Moderne«, die auf die Herstellung ganzheitlicher Ordnungen abzielt (Farkas, 1989,25).

Arthur Schnitzler hat sich zeit seines Wirkens nicht in derartige Ordnungsvorstellungen begeben. Sein ästhetizistischer Anatol hat sich weder in das barocke Welttheater, noch in die Mythenwelt des alten Testaments oder den katholischen Mystizismus geflüchtet – er hat vielmehr die distanzierte Position des Arztes eingenommen, der das Sozio- und Psychogramm seiner Epoche analysiert. Franz Norbert Mennemeier hat dies zu dem fragwürdigen Urteil veranlaßt, Arthur Schnitzler gebühre als einzigem unter den Jung-Wienern das Prädikat ›modern‹ da dessen rationales Begreifen ihn gewissermaßen immun gemacht habe gegenüber der Illusion, daß der allgemeine Nihilismus durch neue ästhetische Konzepte zu überwinden sei (Mennemeier, II, 1988).

Dem wäre entgegenzuhalten, daß auch Schnitzlers Wahrnehmungshaltung auf einem, wenngleich brüchigen, Konzept beruht. Schorske bezeichnet ihn als verzweifelten, aber durchaus überzeugten Liberalen, der die Widersprüche seiner Zeit formuliert, indem er die Illusionen der Vätergeneration zerstört (Schorske, 1982,14).

Ob Schnitzler oder Hofmannsthal, Andrian oder Beer-Hofmann, ja selbst der erbitterte Kritiker Jung-Wiens, Karl Kraus – sie alle läßt das Unbehagen an den vormaligen Konzeptionen, aus denen heraus sie zu gestalten begannen, in jeweils unterschiedliche, neue künstlerische Gestaltungsprozesse eintreten.

Der Moderne als Epigone: Felix Dörmann

Daß sich die Qualität von Moderne an diesem Punkte zu bewähren hat, zeigt das Gegenbeispiel der lyrischen Produktion eines Felix Dörmann, der ebenfalls zum Kreis der Jung-Wiener zählt: statt zu »überwinden«, wurde Dörmann selbst Epigone. Als der einundzwanzigjährige Dörmann (= Felix Biedermann) im Jahre 1891 mit seinem ersten Gedichtband *Neurotica* hervortrat, sorgte dieser bald für skandalträchtige Publizität und gleichzeitig für »einen der allerersten großen Erfolge des damaligen Jungen Wien«, wie Salten rückblickend konstatierte (Lindken, 1987,148). Ein Jahr später erschien der zweite Gedichtband mit dem Titel *Sensationen,* der innerhalb des Jung-Wiener Kreises auf massive Kritik stieß. Arthur Schnitzler hatte hellsichtig schon nach Erscheinen des ersten Bandes in sein Tagebuch notiert: »Von Felix Dörmann erschien ein Gedichtband Neurotica, der neben sehr schönen Sprach- und Stimmungseinzelheiten Brutalitäten und Geschmacklosigkeiten, lyrische Unwahrheiten und Schlampereien enthält« (Tagebuch, 8.7.1891, JW, 1987, 124).

Selbst einander feindlich gesinnte Kritiker, wie Hermann Bahr und Karl Kraus, urteilen in ähnlicher Weise. Kraus bespricht die *Sensationen* 1893 im *Magazin für Litteratur* und verspottet Felix Dörmann, im Verein mit Richard Specht (1870-1932), als »Litteraturgigerl« und »Nervenprotz«, dessen Dekadenz lediglich geschauspielerte Pose sei (JW, 1987,126f). Hermann Bahr bemerkt ebenfalls das Unechte, Anempfundene dieser Lyrik, die sich ausgiebig und ausschließlich aus dem Fundus »fremder Litteraturen« bediene. Über ihren Autor sagt er: »Seine Schmerzen sind von Baudelaire und seine Wünsche sind von Swinburne. (...) So ist er wie nur je der schlimmste Epigone (...)« Die Verse Dörmanns, so Bahr, »können nicht wirken. Sie bleiben dekorativ, wie (...) eine Sammlung der besten Citate aus allen Stilen der Gegenwart. (...)« (Bahr, 1894,89f). Dörmann dichtet:

»Ich liebe die hektischen, schlanken / Narzissen mit blutrotem Mund; / Ich liebe die Qualengedanken, / Die Herzen zerstochen und wund; / Ich liebe die Fahlen und Bleichen, / Die Frauen mit müdem Gesicht, / aus welchen in flammenden Zeichen, / Verzehrende Sinnenglut spricht; / (...) Ich liebe, was niemand erlesen, / Was keinem zu lieben gelang: / Mein eigenes, urinnerstes Wesen / Und alles, was seltsam und krank« (»Was ich liebe« aus: *Sensationen,* Wunberg, 1981,357).

Dörmanns Lyrik sei geradezu »prototypischer Ausdruck des dekadenten Lebensgefühls (...), wie es sich so unverfälscht, ungebrochen und unkritisch bei keinem Dichter der Wiener Moderne« wiederfinde – mit Ausnahme der Lyriker Richard Specht (*Sündentraum*) und Paul Fischer (*Hallucinationen*), schreibt Rieckmann (1985, 112). Virtuos spielt Dörmann auf der Klaviatur der charakteristischen fin de siècle-Metaphorik. Betäubend duftende »Tuberosen«, vampireske, vor Sinnenglut strotzende »femme fatale«-Frauen und leichenblasse Frauen des Typus »femme fragile«, ein lyrisches Ich, das sich in der

Tannhäuserpose des wüsten Sünders spiegelt, Weihrauchdämpfe und rote Ampelbeleuchtung – all diese Elemente der Décadence-Literatur werden, wie austauschbare Requisiten, routiniert in ein Vers- und Reimschema eingebaut. Diese bruch- und nahtlose Routiniertheit, die fast an die industrielle Produktion von Massenartikeln erinnert (Bahr spricht in seiner Kritik bezeichnenderweise vom Dörmannschen Stil als einem »Apparat«, der den Autor tyrannisiere), läßt Dörmanns Gedichte als lyrisch unwahr erscheinen, wie es in der Tagebucheintragung von Arthur Schnitzler heißt. Es ist eine Lyrik des bloßen Vorzeigens und Posierens, die hier als sterile Nachahmung von ästhetizistischer Dekadenzliteratur gepflegt wird. Die ästhetizistischen Frühwerke Hofmannsthals und Schnitzlers transportieren immer auch die kritische Reflexion der ästhetizistischen Wahrnehmung, indem sie den Ästhetizismus als zugespitzte Problematik formulieren. Die Dörmannsche Lyrik hingegen, wirkt gerade durch das Fehlen dieses »kritischen Bewußtseins« (Rieckmann, 1985,124) unecht. Hofmannsthal und Schnitzler sind daher letztlich modern, während Dörmann bloßer Epigone einer Tradition der Dekadenz ist.

3.1 Organisationsformen der Desorganisierten: Das Junge Wien als Gruppe

»Junges Wien«, »Jung-Wien« oder »Das junge Österreich«: unter diesen Bezeichnungen wurde der zeitgenössischen Öffentlichkeit die Literatur der Wiener Moderne präsentiert. Wann genau diese Terminologie geprägt wurde, ist zweifelhaft (vgl. Rieckmann, 1985, Wunberg, 1976,1981). In Bahrs Aufsatz »Über die Kunstausstellung in Wien« im Jahre 1888 ist von dem Geschick der »jungen Wiener« bildenden Künstler die Rede (Rieckmann, 1985,49). Als ersten Beleg für den Gebrauch des Begriffs »Jung Wien« zitiert Rieckmann einen Artikel (»Ein Kärrner der Literatur«) von Friedrich M.Fels, der am 1.Mai 1891 in der *Modernen Rundschau* erschien und sich gegen den Feuilletonisten Ferdinand Groß richtete, der die Wiener Ibsen-Woche im April 1891 zum Anlaß genommen hatte, die Wiener ›Naturalisten‹ öffentlich anzugreifen (Rieckmann, 1985,49): wiederum ein Beleg dafür, daß zu dieser Zeit die ›Jungen‹ noch unter der Kategorie des ›Naturalismus‹ rezipiert wurden. In den Tagebuchaufzeichnungen Arthur Schnitzlers findet sich im Februar 1891 die Eintragung: »Das junge Österreich. Im Griensteidl« (Rieckmann, 1985,48, JW, 1987,119). Und im Juli 1890 veröffentlichte die *Moderne Dichtung* unter dem Sammeltitel »Jung-Österreich«, Gedichte von Friedrich Adler, Felix Dörmann, Robert Fischer, Karl Maria Heidt, Franz Gerold, Victor P. Gubl, St. Ille, Josef Kitir, Sophie von Khuenberg, R.P. Löhn, Hermann Menkes, Anton August Naaff, Felix Salten, Theodor von Sosnosky und Siegfried Volkmann (Rieckmann, 1985,49): eine Aufzählung, die belegt, »wie unbekannt die heute zum Jungen Wien zählenden Autoren im Jahre 1890 waren« (ebd). Eine Liste der Namen, die unter der Bezeichnung »Jung-Wien« und »Das junge Österreich« firmierte, notierte auch Arthur Schnitzler in seinem Tagebuch. Neben der engeren Gruppe der von Bahr protégierten Schriftsteller Schnitzler, Beer-Hofmann, Salten und Hofmannsthal finden sich darunter: Ferry Bératon, Felix Dörmann, Leo Ebermann, Karl Federn, Friedrich Michael Fels, Paul Goldmann, Jacques Joachim, Eduard Michael Kafka, C. Karlweis, Heinrich von Korff, Julius Kulka, Rudolf Lothar, Friedrich Schik, Gustav Schwarzkopf, Falk Schupp, Richard Specht, Karl Ferdinand Freiherr von Torresani und Leo Vanjung (JW, 1987,119). Diese Namen decken sich weitgehend mit den von Zohner aufgeführten Besuchern des Café Griensteidl (vgl. Kap 1). Karl Kraus und Peter Altenberg stießen erst später zu diesem Kreis, wo ihnen eine Außenseiterrolle zukam. Bald verlegten sie ihr Quartier vom Café Griensteidl in das wenige hundert Meter entfernte Café Central (JW, 1987,119). Eine engere Auswahl unter den »Jung-Wienern« traf Hermann Bahr in seinem Aufsatz »Das junge Oesterreich«, worin er aus der Rückschau des Jahres 1893 – der Artikel erschien erstmals am 20.9.1893 in der *Deutschen Zeitung* (bibliograph. nachgew. bei Wunberg, 1981,695) – jene Schriftsteller vorstellte, die ihm repräsentativ erschienen. Bei Bahr heißt es:

»Man redet jetzt viel von einem »jungen Oesterreich«. Es mag etwa drei, vier Jahre sein, dass das Wort erfunden wurde, um eine Gruppe, vielleicht eine Schule von jungen, meist Wiener Litteraten (sic!) zu nennen, die durch auffällige Werke, einige auch schon durch schöne Versprechungen in der Gesellschaft bekannt, ja sie selber meinen wohl sogar: berühmt wurden. Die Menge weiß freilich ihren Namen nicht, weil die Zeitungen von ihnen schweigen (...)« (Bahr, 1894,73).

Neben Bahr selbst fungieren in seiner Schrift als Vertreter des »jungen Oesterreich«: Torresani, Schnitzler und Loris (d.i. Hugo von Hofmannsthal – D.L.), sowie die Lyriker Dörmann, Korff, Specht und Paul Fischer (Bahr, 1894,80). Offenbar wird auch die Analogie des Begriffes »Jung-Österreich« /»Jung-Wien« zum »Jungen« und »Jüngsten Deutschland« der Berliner Schriftsteller um 1890, zum »Jungen Polen«, »Jungen Frankreich« oder auch zu »Jung-Tirol«, eine, wie Wunberg ausführt, »für die Zeit so symptomatische Mischung von Lokalpatriotismus und neuem Entwurf, (...) das Junktim von Eigenständigkeit und Innovation« (Wunberg, 1981,12). In der Tat wird im Bahr-Aufsatz die Absicht erkennbar, sich abgrenzen zu wollen insbesondere gegenüber dem »Jüngsten Deutschland«. Der antinaturalistische Furor seines Verfassers ist hier unüberhörbar, obgleich Bahr zugestehen muß, daß das erste Publikationsorgan der Jungen, E.M. Kafkas *Moderne Dichtung*, als naturalistische Zeitschrift begründet worden war und »oft geflissentlich die Alluren der Münchner »Gesellschaft« und der »Freien Bühne« übernahm« (Bahr, 1894,75).

›Jung-Wien‹ versus George-Kreis

Ein Charakteristikum, das, laut Bahr, die Jung-Wiener von den Naturalisten in Berlin und München unterschied, war die Tatsache, daß die vorgestellten »Jünglinge« »kein Programm« vorweisen konnten (Bahr, 1894,78). Gemeinsam sei ihnen nur, so Bahr, »in allen Dingen um jeden Preis modern zu sein« (Bahr, 1894,78). Entsprechend locker und durchlässig gestalteten sich auch die Strukturen dieser Gruppe. Die Anrede »wir« gebraucht etwa Hofmannsthal des öfteren in Briefen an Andrian, Beer-Hofmann und Bahr, doch ist damit weniger eine nach außen hin organisierte Einheit Gleichgesinnter, sondern eher eine Art von geistiger Generations- und Schicksalsgemeinschaft ähnlich Empfindender gemeint. So erklärt sich auch, warum Hofmannsthal dieses »wir« bei Bedarf in europäische Dimensionen hinein erweiterte, wenn er im D'Annunzio-Aufsatz von 1893 schrieb:

»Wir! Wir! Ich weiß ganz gut, daß ich nicht von der ganzen großen Generation rede. Ich rede von ein paar tausend Menschen, in den großen europäischen Städten verstreut. (...) Sie sind nicht notwendigerweise der Kopf oder das Herz der Generation: sie sind nur ihr Bewußtsein. Sie fühlen sich mit schmerzlicher Deutlichkeit als Menschen von heute; sie verstehen sich untereinander, und das Privilegium dieser geistigen Freimaurerei ist fast das einzige, was sie im guten Sinne vor den übrigen voraushaben. Aber aus dem Rotwelsch, in dem sie einander ihre Seltsamkeiten, ihre besondere Sehnsucht und ihre besondere Empfindsamkeit erzählen, entnimmt die Geschichte das Merkwort der Epoche« (GW 8,177f).

Aus dem Hofmannsthal-Zitat geht indirekt hervor, worauf das Zusammengehörigkeitsempfinden der Jung-Wiener beruhte: nicht auf einer starren Programmatik, sondern vor allem auf dem Bewußtsein, den Erscheinungen ihrer eigenen Gegenwart unvermittelt ausgesetzt zu sein, sowie auf der Fähigkeit, eine Haltung der »geistigen Freimaurerei«, der modernen Skepsis gegenüber allem Tradierten einzunehmen, und der Bereitschaft, sich einer gemeinsamen »Beschreibungssprache« zu bedienen. Daß in einem solch weitgefächerten Rahmen recht unterschiedliche Persönlichkeiten und Konzeptionen ihren Platz fanden, versteht sich von selbst. Die Jung-Wiener bildeten keine homogene Gruppe. Ihr Verhältnis untereinander war nicht nur von freundschaftlicher Kollegialität, sondern zu einem guten Teil auch von Rivalitäten, Eifersüchteleien, Mißverständnissen und teilweise öffentlich ausgetragenen Zerwürfnissen bestimmt. Hermann Bahr, der an Jahren Ältere, vermittelte den jungen Talenten zwar unermüdlich Publikationsmöglichkeiten, schuf Kontakte zu den Etablierten des Kulturbetriebes in Wien und Berlin, warb in Zeitungs- und Zeitschriftenaufsätzen für die Werke Schnitzlers und Hofmannsthals und suchte die Aufführung ihrer Dramen an den Theatern zu vermitteln – seine Stellung im Kreise der Jung-Wiener war jedoch keineswegs unangefochten. Das Verhältnis zwischen Bahr und Hofmannsthal etwa, unterlag ebensolch beträchtlichen Schwankungen, wie das Verhältnis Bahrs zu Schnitzler oder zu Beer-Hofmann. Die Position eines diktatorischen Führer-Propheten, die wenige Jahre später im benachbarten Deutschland ein Stefan George innerhalb eines esoterischen Freundeskreises einnahm, hätte ein Hermann Bahr innerhalb der (meinungs-)pluralistischen Griensteidl-Atmosphäre Wiens wohl kaum erlangen können. Auch etablierte und erweiterte sich der Kreis der Jung-Wiener in völlig anderer Weise, als der nach außen hermetisch abgeschlossene Zirkel des George-Kreises. Dort wurde das neue Mitglied per Gnadenakt des sich selbst zum »Meister« stilisierenden Stefan George gewissermaßen »erwählt«. In Wien hingegen, entwickelten sich die Beziehungen zwischen den jungen Autoren nach der Logik des Schneeballprinzips. Arthur Schnitzler hatte auf Vermittlung des Journalisten und Autors Rudolf Lothar, einem Schulfreund seines Bruders, den Herausgebern der Zeitschrift *An der schönen blauen Donau* seine ersten Arbeiten geschickt, die dort unter dem Pseudonym »Anatol« veröffentlicht wurden. In der Redaktionsstube dieser Zeitschrift war es im Jahre 1889 zu einer ersten persönlichen Begegnung mit Felix Salten gekommen und hier hörte Arthur Schnitzler im Jahre 1890 zum ersten Male von Hofmannsthal. Die persönliche Bekanntschaft zwischen den beiden vermittelte Gustav Schwarzkopf, der Hofmannsthal im Sommer 1890 in Bad Fusch, wo Hofmannsthal mit seinen Eltern die Ferien verbrachte, kennengelernt hatte. Im Herbst desselben Jahres führte er ihn dann in das

Café Griensteidl ein. Und so konnte der damals neunundzwanzigjährige Schnitzler am 29. März 1891 in sein Tagebuch notieren: »Bedeutendes Talent, ein 17jähriger Junge, Loris, (v.Hofmannsthal). Wissen, Klarheit und, wie es scheint, auch echte Künstlerschaft, es ist unerhört in dem Alter« (JW, 1987,105).

Richard Beer-Hofmann, der gerade sein Jurastudium mit Promotion abgeschlossen hatte, machte, ebenfalls im Herbst 1890, die Bekanntschaft Paul Goldmanns, durch den er dann Arthur Schnitzler kennenlernte. Im Café Griensteidl dann, traf er auf Schwarzkopf und Hofmannsthal. Auf diese Weise reihte sich Bekanntschaft an Bekanntschaft und so hatten Schnitzler, Hofmannsthal, Beer-Hofmann, Salten, Dörmann, Goldmann, Specht, Lothar, Ebermann, Schwarzkopf, Robert Fischer und Paul Fischer noch vor Ende des Jahres 1890 zusammengefunden (Rieckmann, 1985, 46ff). Bahr, der zu dieser Zeit noch in Berlin war, und sich, wie schon erwähnt, Anfang 1891 auf Reisen befand, stieß erst nach seiner Rückkehr zu der Gruppe.

Noch einmal bietet sich das Gegenspiel Wiener Kreis/George-Kreis an: Jung-Wien erwies sich als flexibel in der Bereitschaft, die Grenzen des eigenen Kreises zu erweitern und Auseinandersetzungen mit den eigenen Positionen auch außerhalb des Kreises zu suchen: dies belegt etwa das Beispiel der Kritikerin Marie Herzfeld, die als Vermittlerin skandinavischer Literatur ebenso, wie als Rezensentin zentraler Werke der Jung-Wiener und als Briefpartnerin Hofmannsthals gewissermaßen in den Kreis hineinwirkte. Im George-Kreis hingegen, (der sich in dieser zugespitzten Weise allerdings erst um die Jahrhundertwende formierte), bezogen seine Mitglieder ihr Selbstverständnis als Gruppe gerade aus der Tatsache, daß diese als geschlossene Gesellschaft fernab von jeder Öffentlichkeit existierte.

Einmal indes, sollten diese beiden entgegengesetzten Haltungen aufeinandertreffen. in der persönlichen Begegnung zwischen Stefan George und Hugo von Hofmannsthal. Stefan George hatte Ende 1891 Hugo von Hofmannsthal im Café Griensteidl aufgesucht. Für Hofmannsthal – und zeitweise auch für Andrian – ergab sich aus dieser Begegnung die Möglichkeit, einige ihrer Arbeiten in Georges *Blätter für die Kunst* publizieren zu können, was freilich keine wirkliche Publizität bedeutete, da dem exklusiven Selbstverständnis Georges gemäß, die *Blätter für die Kunst* nicht für den Verkauf bestimmt waren, sondern anfangs ausschließlich an einige von den Mitarbeitern persönlich eingeladenen Leser gelangten (Rieckmann, 1985,76). Immerhin aber erschien dort, neben zahlreichen Gedichten, *Der Tod des Tizian* (Rieckmann, 1985,76, Mayer, 34f). Von dieser Art der Zusammenarbeit einmal abgesehen, endete die Begegnung Hofmannsthal-George mit einem irreparablen Zerwürfnis, ja es wäre fast zu einem Duell zwischen beiden gekommen, wenn der Vater Hofmannsthals sich nicht eingeschaltet hätte (Rieckmann, 1985,74, Schonauer, 1960,27-36). Ein in distanziertem Ton gehaltener Briefkontakt wurde noch bis 1906 (Schonauer, 1960) aufrechterhalten, bis er von Hofmannsthal unter einem Vorwand beendet wurde. Es erübrigt sich hier, das Zerwürfnis im Detail nachzuzeichnen: Die Gründe hierfür liegen wohl im persönlichen Bereich, und die Interpreten stimmen weitgehend überein in der Annahme, daß es wohl letztlich das emotionale Werben Georges um den jüngeren Hofmannsthal war, das den Rückzug des letzteren bewirkte. Aufschlußreich aber für die erwähnte Diskrepanz zwischen der kommunikativen Struktur, die sich im Kreise Jung-Wiens entwickelte, und jener, die den hermetischen Zirkel des George-Kreises bestimmte, ist Hofmannsthals Gedicht »Der Prophet«. Anlaß für dieses Gedicht, wie auch des ebenfalls um diese Zeit entstandenen Gedichtes »Einem, der vorübergeht«, bildete selbstredend die persönliche Begegnung mit George. Aus den Leitmotiven der Verführung und Gewalt, die darin auftauchen, ist jedoch weit mehr zu entnehmen, als die verschlüsselte Darstellung des persönlichen Verhältnis zweier Dichter-Temperamente zueinander: vielmehr wird hier auch die Gefährdung charakterisiert, die von einer ästhetizistischen Haltung ausgehend kann, wenn sie als gruppendynamische Struktur gelebt wird. Das, was Hofmannsthal in seinen Claudio- und Andrea-Figuren nachzuzeichnen bemüht war, tritt hier nochmals zutage. In dem Gedicht heißt es: »In einer Halle hat er mich empfangen, / Die rätselhaft mich ängstigt mit Gewalt, / von süßen Düften widerlich durchwallt: / Da hängen fremde Vögel, bunte Schlangen. // Das Tor fällt zu, des Lebens Laut verhallt,/ (...) / Von seinen Worten, (...) geht eine Herrschaft aus und ein Verführen, / Er macht die leere Luft beengend kreisen / Und er kann töten, ohne zu berühren /« (SW II,2, 60f).

Obwohl Hofmannsthal auch später immer wieder »die Grenze des Nachvollziehbaren zuweilen streifende Wertschätzung des Georgeschen Werkes« (Mayer, 1993,21) betonte, wird auch hier die entgegengesetzte Bewegung beider deutlich: während die Jung-Wiener gewissermaßen einen Weg ins ›Leben‹ suchten, zog sich George aus dem ›Leben‹ zurück. Der Hermetismus seiner Kunst (»Das Tor fällt zu, des Lebens Laut verhallt«) erzeugt eine beklemmende Atmosphäre des Todes, in welcher die Worte des »Propheten« »töten«. Ergänzend dazu wäre noch die Äußerung Hofmannsthals an Pannwitz (15.11.1919) zu zitieren: »War George stärker als ich? Ich weiß

es nicht, es ist zu viel Künstliches an ihm, und er lässt zuviel aus«
(BW Hofmannsthal/Pannwitz, 35, Mayer, 1993,21, vgl. auch Mayer, 148f).

Herkunft der Jung-Wiener: Zuordnungen

Im Gegensatz zu literarischen Gruppierungen wie dem George-Kreis
waren also die Jung-Wiener keine fixe Gruppe. Sie bildeten keine literarische Bewegung, verabschiedeten keine literarischen Manifeste
(vgl. Daviau, 1978,2). Und sie waren nicht organisiert und unterschieden sich hierdurch etwa von jenen Künstlern, die sich auf der
Basis gemeinsamer ästhetischer Prinzipien im Jahre 1897 als Sezession öffentlich konstituierten (Briese-Neumann, 1985,229). Wunberg
spricht von einer vagen gemeinsamen Linie der Jung-Wiener, die
auf derselben Zufälligkeit beruhte, »wie das Zusammentreffen mit
dem Richtigen zu einem mehr oder weniger beliebigen Zeitpunkt
im Kaffeehaus« (Wunberg, 1981,19) – mit all den in Kap.1 genannten Bedingungen, die den Kommunikationsort Kaffeehaus ausmachen.

Briese-Neumann nennt in ihrer Untersuchung gemeinsame
Merkmale dieser Gruppe, die keine Gruppe war: ihre Mitglieder, so
Briese-Neumann, repräsentierten »soziologisch den Frühpensionärstyp«. Ihre Textproduktionen »reflektieren (...) die Lebensumstände
eines Teiles der Jugend im fin de siècle Wien, die, abhängig von der
Herkunft, geprägt waren von der Funktionslosigkeit sowohl im familiären als auch im beruflichen Sinne als Folge der entkräfteten
sozialpolitischen Bedeutung eines Laissez-faire-Liberalismus« (Briese-Neumann, 1985,230). Den fiktiven Werkgestalten der Jung-Wiener, ist, nach Scheible, gemeinsam, »daß sie keinen bürgerlichen
Beruf ausüben und über unbegrenzte freie Zeit verfügen«, und, da
die Claudios, Anatols und Erwins, die er dem literarischen Jugendstil zuschlägt, für ihn paradigmatisch »den Ästhetizismus« in erster
Linie als soziologische Daseinsform repräsentieren, fällt sein Verdikt
entsprechend ungnädig aus, denn: »Nicht weniger als das Duell
steht der Ästhetizismus im Dienst sozialer Abgrenzung« (Scheible,
67). Steven Beller hingegen, konzentriert den soziologischen Blick
auf die Tatsache, daß »das literarische Geschehen im Wiener Fin de
siècle überwiegend jüdisch geprägt« war, und, daß von den in
Schnitzlers Tagebuch genannten Personen, die zu Jung-Wien zählten
»16, das heißt 70% eindeutig zumindest zum Teil jüdischer Herkunft
waren« (Beller, 1993,30). Schorske wiederum, vertritt die These,
daß die Jung-Wiener Literaten und ihr Rückzug in den ästhetischen

Secession: Absonderung einer Künstlergruppe
von einer älteren
Künstlergemeinschaft: Wiener Secession unter G. Klimt
(1897)

Tempel der Kunst die logische Konsequenz ihrer liberalen Väter verkörperten: das liberale Bürgertum, so Schorske, stieß in Wien auf eine aristokratische und amoralische Gefühlskultur, die im Widerspruch zu ihrem moralisch-wissenschaftlichen Liberalismus, einem ursprünglich protestantischen Konzept aus dem Norden, stand und von ihm nie erfolgreich bewältigt wurde. In der Phase seines wirtschaftlichen und politischen Aufstiegs war das Bürgertum bestrebt, sich dem Adel anzugleichen. Als Mittel dieser Assimilationsbestrebungen diente dabei jene verfeinerte kulturelle Erziehung, die das Bürgertum seinen Söhnen angedeihen ließ. Als der Liberalismus schließlich an realer politischer Macht verlor, blieb den Bürgersöhnen nur das, wozu sie ihre Eltern ausgebildet hatten: die ausschließliche Konzentration auf den Tempel der Kunst (Schorske, 1982).

All diesen soziologischen Erklärungsmodellen ist gemeinsam, daß sie jeweils ein Stück Plausibilität für sich beanspruchen können: als zureichende Beschreibungs- oder gar Begründungsmodelle wird man sie dennoch kaum akzeptieren können, weil sie in unzulässiger Pauschalisierung jeweils einen Teilaspekt auf Kosten aller übrigen verallgemeinern. Die These vom »Frühpensionärstyp« im Verein mit der seltsamen Behauptung, der Ästhetizismus diene vor allem der sozialen Abgrenzung, wiederholt das alte Klischee von der Jung-Wiener Literatur als einer bloß eskapistischen Richtung innerhalb der Moderne (vgl. auch Rieckmann, 1985,195). Plausibler mag da noch die These von der Frustration des liberalen Bürgertums sein, wenngleich natürlich auch sie das Phänomen »Jung-Wien« nicht in seiner Komplexität zu erfassen vermag. Zu Recht verweist etwa Mennemeier darauf, daß man der in den Werken Jung-Wiens reflektierten »Einsicht in die Labilität des modernen Subjekts« kaum mit dem beschwichtigenden Hinweis beikommen könne, es handele sich um Jugendstilprodukte und den neurotischen Ausdruck einer durch Politik und Ökonomie erklärbaren Krise der damaligen bürgerlichen Existenz (vgl. Mennemeier, 1990,II, »Poetik der Indifferenz...«). Dies gilt auch für die These Steven Bellers, der die Jung-Wiener Literatur einseitig unter dem Aspekt eines – in der Mehrzahl der Fälle von den Jung-Wienern selbst kaum noch wahrgenommenen – Judentums begreift und damit ungewollt dem zeitgenössischen antisemitischen Diskurs im Wien der Lueger-Ära Rechnung trägt, der bestimmte kulturelle Erscheinungen als »jüdisch« zu kategorisieren pflegte. Als ein Beleg unter vielen sei hier nur die Äußerung des Schriftstellers O.F. Chalupka (1868-1941) angeführt, der, »ungemein produktiv völkischen Ideen anhängend« (JW, 1987,121), sich Ottokar Stauf von der March nannte und in einem Brief vom

10.11.1893 aus Wien an den Schriftsteller Karl Henckell über Bahr und die Jung-Wiener schrieb:

»Übrigens: was ist uns Lebenwollenden, nach Kampf lechzenden Naturen die jeden Tag sich anders schminkende Bahr-Hekuba, welche mit dem Gigerl-Nirvana kokettirt? Nicht wahr? Lassen wir den semigallisch-hispanisch-semitischen (sic!) Narren aus Linz a/d Donau laufen!« (JW, 1987,121).

Die Mechanik der antisemitischen Rhetorik qua Aneinanderreihung klischierter Versatzstücke wird hier deutlich: Bahr war bekanntlich kein Jude.

Was das Selbstverständnis der Jung-Wiener Schriftsteller anbelangte, so kann jedenfalls als gesichert gelten, daß diese – mit Ausnahme von Beer-Hofmann – sich selbst keineswegs als »jüdisch« empfanden. In dieser Hinsicht von »Verdrängung« sprechen zu wollen, wie es le Rider in bezug auf Hofmannsthal tut (le Rider, MAL,1991,110), wäre verfehlt. Die Jung-Wiener waren geprägt von den vielfältigen Traditionen und Kulturen des alten Habsburgerreiches und sie waren geprägt durch eine gemeinsame Bildungsherkunft, welche, wie schon erwähnt, die umfassende Kenntnis der antiken Geisteswelt ebenso einschloß, wie die Beherrschung der dominanten europäischen Kultursprachen. Das jüdische Element, wenn man darunter das religiöse Bekenntnis und eine bestimmte Lebenspraxis versteht, bildete dabei nur ein überdies vielfach überlagertes Element unter anderen Traditionselementen, wobei außerdem noch zu berücksichtigen ist, daß die Konversion zum katholischen Glauben häufig schon in der Generation der Eltern und Großeltern – wie bei Hofmannsthal – stattgefunden hatte. Erst der antisemitische Diskurs, der sich gegen das liberale Bürgertum richtete, hatte seine Gegner gewissermaßen als Juden neu erfunden. Ob man aber die Literatur der Wiener Moderne, wie Steven Beller es nahelegt, allein aus der »Krise der jüdischen Identität« ableiten kann, ist fraglich (Steven Beller, 1993). Selbstredend zeitigten die antisemitischen Tendenzen im öffentlichen Diskurs um die Jahrhundertwende auch Wirkung auf die Jung-Wiener. Der politische Zionismus eines Theodor Herzl, dem sich etwa Felix Salten zuwandte, und die Rückbesinnung auf die religiöse Tradition des Judentums im Werk von Richard Beer-Hofmann sind hierfür ebenso Indizien, wie das Phänomen »jüdischer Selbsthaß« (Theodor Lessing). Doch beobachtet Ulrike Peters in ihrer Untersuchung, daß selbst Richard Beer-Hofmann, der in seiner Rückbesinnung auf die religiösen Grundlagen des Judentums ein Einzelfall unter den Jung-Wienern darstellte, sich bei seiner Konversion nicht etwa auf orthodoxe Traditionen berief, sondern bezeichnenderweise auf christlich-theologischer Sekundärliteratur fußte (Peters, 1993,294f). Bei anderen Jung-Wienern erscheint der Antisemitismus auf der Motiv-Ebene ihrer Werke als gesellschaftspolitisches Phänomen, so etwa, wenn sich Arthur Schnitzler in seinem Drama *Professor Bernhardi* (1912) mit antisemitischen Vorurteilen auseinandersetzt. Diese Auseinandersetzung vollzog auch Hermann Bahr, der sich vom großdeutschen Nationalismus und Antisemitismus seiner frühen Jugend losgesagt hatte und im Jahre 1894 sein Buch *Der Antisemitismus. Ein internationales Interview* veröffentlichte, worin er Interviews und Stellungnahmen prominenter europäischer Schriftsteller, Wissenschaftler und Politiker zu einer Art von Dokumentation kompiliert hatte. Zugleich lieferte er in seinem Vorwort eine erstaunlich klarsichtige Diagnose des antisemitischen Furors, die sich mit den von Schorske analysierten Bedingungen für das Aufkommen eines Politiker-Typus vom Schlage Schönerers deckt (vgl. Kap.1). Bahr konstatierte:

»Antisemitismus will nur sich selber. Er ist nicht etwa ein Mittel zu einem Zweck. (...) Man ist Antisemit, um Antisemit zu sein. Man schwelgt in diesem Gefühle (...) Den holden Rausch, den sonst der den Massen jetzt verlorene Glaube und die entwichenen Ideale gaben, sollen sie ersetzen. Die Reichen halten sich an Morphium und Haschisch. Wer sich das nicht leisten kann, wird Antisemit. Der Antisemitismus ist der Morphinismus der kleinen Leute« (JW, 1987,202. Vgl. auch Daviau, 1988,25f, le Rider, 1990,274, Farkas, 1989).

Die ›Modernen‹ und die ›Nervösen‹:
Hofmannsthal, Schnitzler, Andrian, Beer-Hofmann und Salten

Es war also nicht vorwiegend die, in vielen Fällen noch nicht einmal eindeutig bestimmbare jüdische Herkunft (was übrigens auch Beller konzediert), sondern vor allem die Zugehörigkeit zu einer gewissen Sozial- und Bildungsschicht, die den Jung-Wienern gemeinsam war. Hugo von Hofmannsthal, mit vollständigem Namen: Hugo Laurenz August Hofmann, Edler von Hofmannsthal (geb.1.2.1874), stammte aus großbürgerlichem Elternhause. Seine Vorfahren hatten den »cursus honorum« des gesellschaftlichen Aufstiegs zur Bildungselite vollzogen: dem Urgroßvater, einem erfolgreichen jüdischen Unternehmer, wurde 1835 der Adelstitel verliehen. Der Großvater bereits, konvertierte zum katholischen Glauben und heiratete eine Italienerin (Mayer, 1987,2, Schorske, 1982,289). Der Vater schließlich, promovierter Jurist und Direktor der Central Bodencreditanstalt, war, wie Schorske schreibt, »ein Wiener Patrizier reinsten Gepräges, ein wahrer Aristokrat des Geistes«, der die kulturelle Bildung seines Sohnes auf jede nur erdenkliche Weise förderte (Schorske, 1982,14). Aus ähnlichem, noch geringfügig noblerem Milieu stammte der mit Hofmannsthal eng befreundete Leopold Andrian, der als Leopold Andrian Reichsfreiherr von Andrian-Werburg am 9.5.1875 – durch einen Zufall und zu seinem Leidwesen in späteren Jahren (Scheible, 1984,32) – in Berlin geboren wurde. Seine Familie hatte einst hohe Staatsbeamte gestellt. Der Vater war einer von Österreichs führenden Anthropologen, »der Idealtyp des liberalen Adligen und Gelehrten« (Schorske, 1982,289), die Mutter war die Tochter des Komponisten Giacomo Meyerbeer. Der Bildungsgang des Sohnes Leopold offenbart Züge einer Musilschen »Törleß«-Biographie: die Eltern schickten ihn auf das von Jesuiten geleitete Internatsstift Kalksburg, »das als Erziehungsstätte des Hochadels galt« (Perl, 1969, 24). Als Leopold dreizehn Jahre alt war, bestimmten sie ihm den späteren Literaturwissenschaftler Oskar Walzel zum »Hofmeister«. In dessen Elternhaus war es auch, wo sich Hofmannsthal und Andrian im Jahre 1893 kennenlernten. Ungeachtet der Tatsache, daß Andrian, der ursprünglich mit Gedichten hervortrat, nach Erscheinen seiner Erzählung *Der Garten der Erkenntnis* – außer einem Gedicht auf Hofmannsthal – keine weiteren literarischen Werke mehr verfaßte, sollte beide eine lebenslange Freundschaft miteinander verbinden.

Anders als die Familien Andrians und Hofmannsthals, die keine konkreten Berufspläne für ihre Söhne vorsahen, galt es in der Familie des älteren, 1862 geborenen Arthur Schnitzler als ausgemacht, daß der Sohn ebenfalls einmal den Arztberuf ergreifen und damit die Karriere des Vaters an der Allgemeinen Wiener Poliklinik fortsetzen würde. Der hart erkämpfte Aufstieg des Vaters, Sohn eines Tischlers aus dem ungarischen Groß-Kanizsa, in die Wiener bürgerliche Gesellschaft, die Tatsache, daß die jüdische Familie Schnitzlers sich bereits von ihrer Religionszugehörigkeit weitgehend distanziert hatte, die Erfahrung des Sohnes, sich im Berufsleben mit antisemitischen Vorurteilen konfrontiert zu sehen und somit gewissermaßen auf das Zerrbild eines Judentums zurückgeworfen zu werden, dessen weltanschaulichen Grundlagen er längst entfremdet war – im Falle Arthur Schnitzlers scheint das Diktum von der »Krise der jüdischen Identität« berechtigt zu sein. Für den jungen Schriftsteller Arthur Schnitzler allerdings, dominierte die Krise der beruflichen Identitätsfindung. Vom Vater in die Arztlaufbahn gedrängt, war es ihm zunächst nicht möglich, sich völlig seinen literarischen Neigungen zu widmen. Erst nach dem Tode des Vaters (1893) verließ er die Poliklinik und verschaffte sich durch die Einrichtung einer Privatpraxis einen gewissen Freiraum für die literarische Arbeit (vgl. Perlmann, 1987,18ff).

Konsequenter noch als Arthur Schnitzler, entzog sich Richard Beer-Hofmann (geb.1866) den beruflichen Ansprüchen seiner Familie, indem er nach erfolgreich absolviertem Jurastudium sich ausschließlich als Schriftsteller betätigte. Als Sohn eines Rechtsanwalts, der nach dem Tode der Mutter bei seinen Verwandten aufwuchs, stammte auch er aus einer Familie, die den bürgerlichen Aufstieg vollzogen hatte – den »Aufstieg einer dörflichen jüdischen Familie über den Status kleiner Industrieller zum Leben als Rentier« (Hank, 1984,170). Und auch seine Erziehung vollzog sich im Zeichen einer in religiöser Hinsicht säkularisierten »jüdischen Emanzipationsbiographie« (Hank, 1984,170). Richard Beer-Hofmann veröffentlichte im Jahre 1893 einen ersten Band mit Novellen (*Camelias, Das Kind*). Sein literarischer Ruf gründete vor allem auf der Erzählung *Der Tod Georgs*, sowie einem Gedicht, das 1898 in der Zeitschrift *Pan* abgedruckte »Schlaflied für Mirjam«. 1904 folgte das Trauerspiel *Der Graf von Charolais*. Beer Hofmann, der in späteren Jahren als Regisseur und Dramaturg u.a. für Max Reinhardt tätig war und 1939 in die Vereinigten Staaten emigrieren mußte, ergänzte sein schmales Werk durch eine (unvollendete) Trilogie über den biblischen König David, und verfaßte in den letzten Lebensjahren – er starb im Jahre 1945 – ein dem Gedenken seiner Frau gewidmetes Prosafragment *Paula*.

Innerhalb der Clique Salten-Bahr-Schnitzler-Hofmannsthal spielte Beer-Hofmann die Rolle des Dandys. Felix Salten berichtete:

»Seine Kleidung war von einer exzessiven Noblesse, von einer mit subtilstem Geschmack ausgesuchten Eleganz, die immer etwas leise Herausforderndes hatte. Er trug jeden Tag eine andere stimmungsmäßig und raffiniert gewählte Knopflochblume (...). Selbst schreiben schien er im Anfang gar nicht zu wollen, ja es schien, als sei er sich dafür zu kostbar. (...) Seine erste Novelle *Camelias* wurde von uns allen wie ein seltsamer Edelstein bewundert« (in: Lindken, 1987,159).

Das Beispiel Saltens zeigt die Schwächen einer pauschalen soziologischen Zuordnung der Jung-Wiener. Felix Salten, der eigentlich Siegmund Salzmann hieß und 1869 in Budapest geboren wurde, unterschied sich in seiner Herkunftsbiographie erheblich von der seiner Freunde. Die materielle Notlage seiner Eltern zwang ihn zur Aufgabe seines Philologiestudiums. Er hatte eine Stelle als Kontorist annehmen müssen, betätigte sich aber ab 1891 als Journalist, Feuilletonredakteur und Theaterreferent u.a. bei der *Wiener Allgemeinen*

Zeitung, der in Wien erscheinenden *Zeit*, der *Berliner Morgenpost* und der *Neuen Freien Presse*. Salten, der später zum Drehbuchautor und Bestsellerautor wurde (von ihm stammt der Roman *Bambi*), verkörperte für den unerbittlichen Karl Kraus den Prototyp des Schriftstellers, der Literatur als Geschäft betreibt.

Aus den Äußerungen Saltens, den Briefen Hofmannsthals und Schnitzlers, Beer-Hofmanns und Andrians geht die Art des geselligen Verkehrs untereinander hervor. Man traf sich nicht nur im Café Griensteidl, sondern unternahm auch gemeinsame Spaziergänge und Radtouren. Man veranstaltete Lesungen in den Wohnungen der Freunde, meist, wie Salten berichtet, bei Beer-Hofmann oder Schnitzler, und diskutierte die eigenen Werke. Ein reger Briefwechsel untereinander, der im Zeitalter der beginnenden Technisierung der Kommunikationswege per Post, »pneumatischer« Rohrpost oder durch Boten bewerkstelligt wurde, sorgte für den ständigen Austausch an Informationen und Meinungen.

»Unser Verkehr ist deswegen so hübsch, weil ihm jeder Zwang und jede äußerliche Intimität fehlt. Nervöse Menschen sind nur für diese Art der Freundschaft«, heißt es in einem Brief Schnitzlers vom 16.12.1892, in dem er sein Verhältnis zu Hofmannsthal und Beer-Hofmann charakterisiert (SBW, 1981,159).

»Nervös« im Sinne einer als psycho-physisches Leiden empfundenen gesteigerten Sensibilität waren die Jung-Wiener allemal. »Ich bin in einem solchen Zustand von Nervendepression heute, daß mir mein ganzer Körper weh tut, verstehst Du das?« klagte Andrian in einem Brief vom 4.4.1894 (BW Hofmannsthal-Andrian, 1968,26). Empfehlungen, wie man derartigen Zuständen abhelfen könne, bzw. welche Ärzte zu konsultieren waren, kursierten im Freundeskreis ebenso, wie die psychologischen Klassiker des 19. Jahrhunderts, so etwa die Schriften von Lombroso oder Krafft-Ebing. Andrian etwa, suchte medizinischen Rat u.a. auch beim Schriftstellerkollegen Dr.med. Arthur Schnitzler, der, laut Hofmannsthal, »Neurasthenie (speciell Hypochondrie)« diagnostizierte (BW Hofmannsthal-Andrian, 1968,100). Daß solche Nerven-Hypochondrie sich keineswegs im individuellen Leiden erschöpfte, sondern zugleich Ausdruck eines umfassenderen Leidens an der Moderne selbst war (vgl. Hank, 1984,40), ja, daß die Befindlichkeiten der fiktiven Figuren in Hofmannsthals Einaktern durchaus nicht so weit entfernt waren von eigenen Stilisierungsabsichten, zeigt jener Brief, den Andrian am 15.2.1894 aus Nizza an Hofmannsthal richtete. Dort heißt es:

»die ungewohnte warme Luft hier, die aber gar nicht das Geheimnisvolle unserer Frühfrühlingsluft hat, geht mir sehr auf die Nerven; außerdem viel zu viel Geselligkeit! Und immer dieselbe stumpfe Verzweiflung an meiner Kunst, d.h. an meinem Leben, weil das für mich identisch – d.h. das sogenannte zufällige Leben mir ganz nichtssagend ist. Es ist sehr unerquicklich« (BW Hofmannsthal-Andrian, 1968,22).

Derartigen Nervositäten entsprechend, gestaltete sich das Verhältnis der Jung-Wiener untereinander. Schnitzlers Verhältnis zu Hofmannsthal war von Anfang nicht frei von Spannungen. Der ältere Schnitzler betrachtete das »Wunderkind« bei aller Wertschätzung offenbar auch als Konkurrenten, wie etwa aus den Tagebuchnotizen vom 29.7.1896 hervorgeht, worin Schnitzler seiner »Gereiztheit« darüber Ausdruck gibt, »daß ich in meiner Meinung über mich selbst so stark durch die Meinung, die ich bei Hugo über mich vermute, beeinflußt bin;« (in: Lindken, 1987,170). Im Jahre 1909 dann, schien sich das Verhältnis beider zueinander merklich abgekühlt zu haben, denn Schnitzler notierte am 1.1.1909: »Beziehung zu Hugo kühl, humoristisch, bewunderungsvoll. (...) es gibt eine Art Gipfelgrüßen zwischen uns und ein gemeinsames lustiges Spazieren in den Tälern, unsere Wege gehen getrennt« (in: Lindken, 1987, 171).

Selbst das scheinbar so enge Freundschaftsverhältnis zwischen Hofmannsthal und Andrian – letzterer wird in den Briefen Hofmannsthals meist als »mein lieber Poldy« oder gar als »mein liebes Kind« angeredet – war durchaus ambivalent. Rieckmann vermutet, daß nicht zuletzt die Abhängigkeit des psychisch labilen und wenig selbstsicheren Andrian vom Urteil Hofmannsthals zum dichterischen Verstummen Andrians beigetragen hat (Rieckmann, 1985, 93).

Anderer Art hingegen, waren die Spannungen im Verhältnis zu Hermann Bahr. Zweifellos präjudizierte der Förderer Hermann Bahr in hohem Maße das Bild der Jung-Wiener in der kulturellen Öffentlichkeit Wiens, aber auch im benachbarten Deutschland (vgl. Rieckmann, 1985,83f) – mit dem Effekt, daß sich Schriftsteller wie Hofmannsthal und Schnitzler nun fortan stets mit den Vorstellungen, die Bahr einmal von ihnen entworfen hatte, konfrontiert sahen. Rieckmann weist nach, daß die Bahrschen Charakterisierungen seiner »Schützlinge« häufig genug die unverstellte Rezeption ihrer Werke in späteren Jahren behinderten. In extremer Weise äußerte sich dies im Falle Hugo von Hofmannsthals. Bahr, der im jungen Loris immer nur das frühvollendete Genie sehen wollte, gestand in seinen Memoiren unverblümt, er habe Hofmannsthal nie verzeihen können, »daß er nicht mit zwanzig Jahren starb; er wäre dann die schönste Gestalt der Weltliteratur« (*Selbstbildnis*, 1923,279). Bahr hatte Hofmannsthal für die Öffentlichkeit entdeckt. Den bisher weitgehend unbekannten Dichter, von dem bis zu diesem Zeitpunkt lediglich Gedichte, Aufsätze und der Einakter *Gestern* erschienen waren, präsentierte Bahr zum ersten Male einer größeren Öffentlichkeit in dem mit »Loris« überschriebenen Aufsatz, der im Januar 1892 in der Berliner *Freien Bühne* erschien:

»Er hat das Fröhliche, das Leichte, das Tänzerische, von dem die Sehnsucht Nitzsches (sic!) träumte. Was er berührt, wird Anmuth, Lust und Schönheit. Von den suchenden Qualen weiß er nichts (...). In ihm ist kein Ringen und Stürmen und Drängen, kein Zwist von unverträglichen Motiven, kein Hass zwischen erworbenen Wünschen und geerbten Instincten; in ihm ist alles zu heiterer Einheit wirksam ausgesöhnt« (Bahr, 1894,128).

Die Vorstellung von Hofmannsthal als dem unreflektierten Ästheten sollte für die Literaturgeschichtsschreibung bis zur Revision durch Richard Alewyn in den dreißiger Jahren prägend sein (vgl. Rieckmann, 84). Und auch das Bild Schnitzlers in der älteren Literaturgeschichtsschreibung wurde von Bahr vorformuliert. In seinem Aufsatz über »das junge Österreich« heißt es über Schnitzler:

»Er ist ein grosser Virtuose, aber einer kleinen Note. (...) Was er bringt, ist nichtig. Aber wie er es bringt, darf gelten. Die grossen Züge der Zeit, Leidenschaften, Stürme, Erschütterungen der Menschen (...) ist ihm versagt. Er weiss immer nur einen einzigen Menschen, ein einziges Gefühl zu gestalten. (...) Der Mensch des Schnitzler ist der österreichische Lebemann. Nicht der grosse Viveur, der international ist und dem Pariser Muster folgt, sondern das wienerisch bürgerliche Ausgabe zu fünfhundert Gulden monatlich, mit dem Gefolge jener gemüthlichen und lieben Weiblichkeit, die auf dem Wege von der Grisette zur Cocotte ist, nicht mehr das Erste und das Zweite noch nicht« (Bahr, 1894,82).

Daß solche Zuordnungen von den Betroffenen mit unguten Gefühlen aufgenommen wurden, daß es zu Auseinandersetzungen Schnitzlers mit Bahr kam (vgl. Daviau, intr. Letters Schnitzler-Bahr, 1978), daß Hofmannsthal sich in späteren Jahren sogar ausdrücklich von Bahr distanzierte (vgl. Wunberg, 1965,125-132), versteht sich von selbst. Über Bahrs »lange geübte Spezialität (...) neue Talente zu entdecken und der staunenden Mitwelt mit Begeisterung vorzuführen« (Rudolf Lothar in: Wunberg II, 1976,1174) mokierte sich nicht nur der Außenseiter Karl Kraus und die den Jung-Wienern kritisch gegenüberstehende Kritik. Auch die Jung-Wiener selbst teilten nicht immer die Einschätzungen Bahrs. So beispielsweise stieß Bahrs enthusiastisches Urteil über den Autor und Maler Ferry Bératon bei Hofmannsthal auf völliges Unverständnis.

Derartiger Differenzen ungeachtet, ging man bereits im Jahre 1891 daran, sich einen gemeinsamen organisatorischen Rahmen zu schaffen. Spätestens seit dem öffentlichen Auftreten führender Jung-Wiener anläßlich des Ibsen-Empfangs im April 1891 (Kap. 2.3), schien die Zeit reif zu sein für eine Vereinsgründung, die den modernen literarischen Ideen ihren Weg in eine größere Öffentlichkeit bahnen sollte (Rieckmann, 1985,54f). So konstituierte sich am 7. Juli 1891 ein Verein unter dem Namen ›Freie Bühne, Verein für moderne Literatur‹. Zweck der Gründung war die Förderung der »geistigen, literarischen und geselligen Interessen« seiner Mitglieder »durch Abhaltung von Vorträgen aus dem Gebiete der Literatur und der Wissenschaften, sowie durch Veranstaltung von dramatischen Aufführungen, durch Herausgabe und Subvention von Werken und Zeitschriften, durch Anlegung einer für die Mitglieder unentgeltlich benützbaren Bibliothek und eines Lesezimmers, durch Preisausschreibungen und durch Gewährung eines Rechtsbeistandes zur Vertretung der verletzten Interessen der Mitglieder« (Wunberg, 1981,50, Wunberg, 1976,247). Friedrich Fels wurde zum Obmann, Edmund Wengraf und Hermann Fürst zu seinen Stellvertretern, Michael Eduard Kafka und Robert Fischer zu Schriftführern, Jacques Joachim zum Kassierer und Julius Kulka zum Bibliothekar gewählt. Im Ausschuß waren u.a. Arthur Schnitzler, Engelbert Pernerstorfer, Dr. Hugo August Peter von Hofmannsthal, der Vater des Dichters, und Felix Salten vertreten. Auf Vorschlag von Julius Kulka wurde Ibsen zum Ehrenmitglied ernannt. Die *Moderne Rundschau* E.M. Kafkas hielt die Gründung der ›Freien Bühne‹ für »vernünftig und notwendig« und erhoffte sich für Österreich einen »einflußreichen Faktor« (Wunberg, 1981,51). Bereits aus der personellen Zusammensetzung des Vereinsvorstandes ging hervor, was auch die Wiener Tagespresse als selbstverständlich annahm: daß es sich nämlich bei dem neugegründeten Verein um eine Vereinigung von Schrifstellern handelte, die sich unter der Flagge des Naturalismus zusammengefunden hatten, was allein schon die Namensgleichheit mit Otto Brahms *Freier Bühne* in Berlin nahelegte. Bezeichnend genug ist außerdem, daß Schnitzler und der junge Hofmannsthal dem Enthusiasmus der Gründer eher distanziert gegenüberstanden. So spöttelte Hofmannsthal in einem an Beer-Hofmann gerichteten Brief aus Bad Fusch:

»Wie komisch sich hier (...) der Ausschuß der »Wiener Freien Bühne« ausnimmt, davon können Sie dort unten sich gar keine Vorstellung machen. (...) Und jetzt schauen Sie: ein Journalist, noch ein Journalist, mein armer

Papa, Ur-Hjalmar Pernerstorfer, Anatol mit den Lackschuhen (= Schnitzler – D.L.), Salten mit dem Congreßkopf, dann ein Journalist und wieder ein Journalist. Die ganze Actiengesellschaft von Mont-Oriol (Mont Oriol = Titel e. Romans von Guy de Maupassant – D.L.)« (BW Hofmannsthal-Beer-Hofmann, 8.7.1891, 1972,3).

Die erste Veranstaltung des Vereins am 28. Oktober, mit öffentlichen Lesungen aus dem lyrischen Werk u.a. von Dörmann, Schnitzler und Karl Henkell, schien solche Skepsis zu bestätigen. »Viel Beifall, unbedeutender Abend« notierte Schnitzler in sein Tagebuch (JW, 1987,109). Was diesen Abend im Rückblick dennoch bedeutsam erscheinen läßt, war der Vortrag, den Friedrich Michael Fels dort hielt, und der in der *Modernen Rundschau* ausdrücklich als programmatisch gekennzeichnet wurde (Wunberg, 1981,52f, Rieckmann, 1985,58). Rückblickend betrachtet, rückte hier Fels, der als Parteigänger des Naturalismus begonnen hatte (Wunberg, 1981,51), fast unmerklich von jenen Positionen ab, die er noch drei Wochen vor der Gründung der ›Freien Bühne‹ in seinem Aufsatz »Unsere Idealisten« öffentlich vertreten hatte. In diesem Aufsatz hatte er sich gegen Bahrs Forderung gewendet, den Naturalismus »als überwundenen Standpunkt« zu betrachten (Wunberg, 1981,51). Nun, in seinem Vortrag »Die Moderne«, vollzog er faktisch die Annäherung an die von Bahr vertretenen Positionen. In Anlehnung an Bahr, der in seinem Aufsatz über Ibsen letzterem die Vorläuferrolle eines »literarischen Johannes« zugesprochen hatte, der den künftigen Modernen das Mittel zur Überwindung der literarischen Gegenwart gereicht habe, übertrug Fels die an Ibsen entwickelte Vorstellung auf die Moderne schlechthin, indem er feststellte: »Was wir schaffen, ist nur Vorbereitung auf ein künftig Großes, das wir nicht kennen, kaum ahnen; es wird ein Tag kommen, da wir nicht mehr gelesen werden; freuen wir uns, daß der Tag bald komme!« (in: Wunberg, 1981,192). Aus dieser, an Nietzsches Dekadenzbegriff erinnernden Vision schlußfolgerte er: »Das ist das dekadente Bekenntnis eines sinkenden, haltlosen, unsicher treibenden Geschlechtes« (ebd.).

Das von Fels vorgetragene Bekenntnis ist zum Teil auch als Entgegnung auf die Polemik der etablierten Literaturkritik seiner Zeit zu verstehen, die den Jung-Wienern vor allem vorwarf, dekadente Literatur als symptomatische Erscheinung von Verfall und Auflösung zu produzieren (vgl. Rieckmann, 1985,60). Im Anschluß an sein Bekenntnis zur Dekadenz argumentierte denn auch Fels, man habe »immer und stets die Erfahrung gemacht«, »daß jede neue Generation ihren Vätern dekadent erscheint, erscheinen muß«, und, wenn man es genau bedenke, so sei schließlich jeder zivilisatorischkulturelle Prozeß, der sich von der »Ursprünglichkeit des Wollens und Handelns« entferne, als eine Erscheinung von Dekadenz zu betrachten (in: Wunberg, 1981,192). Bemerkenswert für die Entwicklung der Wiener Moderne in der Folgezeit war auch, was Fels über den Naturalismus zu sagen hatte. Den Begriff des Naturalismus identifizierte er umstandslos mit dem Begriff der »Moderne«, die aber »keine einseitige Einzelrichtung« sei, sondern den »verschiedensten und entgegengesetztesten Anschauungen und Bestrebungen« Platz einräume. Naturalist sei, so Fels, »schließlich jeder«, ob er nun die Außenwelt nachbilde (Bahrs »Sachenstände«), ob er sich nun in die Innenwelt versenke und jeder Nuancierung seines Seelenlebens nachspüre (Bahrs »Seelenstände«) oder aber, ob er durch die Eigenart seines Temperaments zur romantischen Umbildung verführt werde (Bahrs Verständnis der Romantik) (in: Wunberg, 1981,194, vgl. Rieckmann, 1985,58). Demnach nehme sich auch der Verein die Freiheit, alles zu bringen, was sich ihm biete, »sei es nun naturalistisch oder neuidealistisch, symbolistisch oder impressionistisch«. Diesem Zugeständnis an den <u>Pluralismus innerhalb der Moderne</u> entsprechend, erhob Fels die Form zum einzig verbindlichen Kriterium innerhalb der Moderne. Entscheidend sei, nach Fels, nicht das, was die ›Freie Bühne‹ ihrem Publikum vorführen werde – dies könne »heute Soziales und morgen Individualistisches und übermorgen ein drittes« sein. Entscheidend sei vielmehr, daß die getroffene Auswahl das biete, »was wir für gut, für künstlerisch gut finden« (in: Wunberg, 1981,196).

Endgültiger Bruch mit den ›Naturalisten‹

Der optimistische Auftakt fand keine Fortsetzung. Bereits im November 1891 legten Engelbert Pernerstorfer, Hermann Fürst und Heinrich Osten ihre Posten nieder. Die Gründe für das Scheitern des Unternehmens nannte Friedrich Fels in einem »Wiener Brief«, der im Februar 1892 in der Berliner *Freien Bühne* erschien: mangelndes Interesse des Publikums und eine unzureichende Organisation. Nicht zuletzt, so Fels, sei es die programmatische Uneinigkeit unter den fünfzehn Ausschußmitgliedern gewesen, die eine wirksame Arbeit verhindert habe. Im Verein fehlte, laut Fels, »der Tyrann«, die von allen anerkannte Autorität, die das Unternehmen tatkräftig hätte betreiben können (Wunberg, 1981,54f). Nichtsdestoweniger wurde der Verein offiziell nicht aufgelöst, sondern auf Antrag Hermann Bahrs in einen ›Verein für modernes Leben‹ umgewandelt. Daß dies eine programmatische Wende bedeutete, wurde spätestens anläßlich der einzigen Theateraufführung deutlich, die der Verein auf Anregung Bahrs im Theater an der Josefstadt ausrichtete. Ursprünglich war dabei an eine Aufführung von Maeterlincks *Les Aveugles,* zusammen mit *Abschiedssouper* aus dem *Anatol-*Zyklus und einer Pantomime – Beer-Hofmanns *Pierrot Hypnotiseur* – gedacht. Zum Mißfallen Schnitzlers wurde der Plan jedoch fallengelassen und stattdessen eine Inszenierung der Maeterlinck-Einakter *Les Aveugles* und *L'Intruse* ins Auge gefaßt. Hofmannsthal wurde mit der Übersetzung von *Les Aveugles* beauftragt, der von Bahr geförderte Maler Ferry Bératon übersetzte *L'Intruse.* Auf den Einladungszetteln waren jedoch sowohl Hofmannsthal, als auch Bératon als Übersetzer von *Les Aveugles* vermerkt, was Hofmannsthal verärgerte und letztlich dazu führte, daß der Plan, *Les Aveugles* zur Aufführung zu bringen, verworfen wurde (Rieckmann, 1985,63f). Nach Überwindung etlicher Hemmnisse finanzieller und bürokratischer Art, fand der Abend schließlich im Theater an der Josefstadt statt. Bahr eröffnete die Aufführung von *L'Intruse* mit einer Conférence nach Pariser Muster, worin er den Symbolismus als »Nervenkunst« propagierte. Friedrich Fels, der über den Abend im Juni 1892 für die *Freie Bühne* berichtete, betrachtete die Veranstaltung als symptomatisch für »neueste künstlerische Strömung in Wien«, und, distanzierte sich merklich von der Entwicklung, welche die Moderne unter der Führung Bahrs nahm. Hatte er noch in seinem »Moderne«-Vortrag ausdrücklich auch nichtnaturalistische Strömungen einbezogen, so bedauerte er nun, daß »Jung-Wien den Sturmschritt eingeschlagen hat, immer mutig hinter Hermann Bahr her« und daß der »Naturalismus hier für gänzlich unfein und unmodern, für ein längst Ueberwundenes gilt« (Rieckmann, 1985,65, Wunberg, 1976,326f). Noch schärfere Kritik übte Edmund Wengraf, der in seinem Aufsatz »Literatur und Leben: Der Symbolismus« in der Wiener *Literatur-Zeitung* gegen Bahr und den Symbolismus polemisierte. Wengraf sprach dem Symbolismus jede Modernität ab und verteidigte den Naturalismus, dessen sozialkämpferische Komponente ihm allein zukunftsweisend schien (Rieckmann, 1985,65). Bei der von Bahr propagierten Kunst, so Wengraf, handele es sich um eine Kunst des »absterbenden Geschlechts«, das die »Abendröthe der alten Kunst« mit der »Morgenröthe der neuen Kunst« verwechsle. Rieckmann macht darauf aufmerksam, daß im Dekadenz-Vorwurf Wengrafs das vorgebildet ist, was in späteren Jahren zum Topos einer bestimmten literaturkritischen Richtung werden sollte, die Jung-Wien als Inkarnation degenerierter Ästheten betrachtete (vgl. Rieckmann, 1985,Kap. 5).

Die Maeterlinck-Aufführung im Mai 1892 war, wie Rieckmann konstatiert, »der Scheidepunkt in der Genesis des Jungen Wien«

(Rieckmann, 1985,65f). Das ›junge Österreich‹, das ursprünglich als naturalistische Bewegung im Zeichen der einigenden Symbolfigur Ibsen aufgetreten war, hatte sich nun in zwei Lager gespalten. Die Naturalisten (Wengraf, Fels, u.a.) vertraten weiterhin öffentlich ihre Sache. Hofmannsthal, Schnitzler, Beer-Hofmann, Salten aber waren es, die sich künftig durchsetzen sollten. Noch ein anderer Griensteidl-Besucher distanzierte sich vom Kreis um Bahr: Karl Kraus. Ab Herbst 1891 hatte er im Café Griensteidl verkehrt. Es spricht einiges dafür, daß auch für ihn die Maeterlinck-Aufführung der Anlaß war, erstmals Kritik an Hermann Bahr zu üben. In seiner Rezension über den Hofmannsthal-Einakter *Gestern*, die im Juni 1892 in der Zeitschrift *Die Gesellschaft* erschien, kritisierte Kraus die von Bahr formulierte »Überwindung des Naturalismus«, indem er gleichzeitig das Werk Hofmannsthals für den Naturalismus zu vereinnahmen suchte. So würdigte er den Einakter *Gestern* als »Naturalismus in klassischer Formvollendung« und »psychologische Studie«, um danach fortzufahren: »Eine Überwindung des Naturalismus aber kann ich in dem Werke nicht entdecken, so sehr sich auch manche Mühe geben, eine solche analytisch ad oculos zu demonstrieren« (Kraus, FS, 1979,15). In der Gestaltung der Hauptfigur Andrea durch Hofmannsthal wollte Kraus vielmehr eine Verurteilung symbolistischer und ästhetizistischer Positionen erblicken, wie sie durch Maurice Maeterlinck repräsentiert würden. An Maeterlinck aber, so Kraus, »hängt Hermann Bahr, der echteste Andrea der Litteratur« (Kraus, FS, 1979,16). Seine Schlußfolgerung war eindeutig: Kraus lehnte jede Abkehr vom naturalistischen Programm ab:

»Doch bei uns in Österreich an eine Überwindung des Naturalismus denken, wäre schneidende Ironie, ein lustiges Paradoxon. Den Naturalismus, den wir noch nicht haben, schon nicht mehr haben: es hieße: weggeben, was man nicht besitzt und wir, wir haben litterarische Schulden!« (Kraus, FS, 1979,16)

Einige Monate später, folgte dann der satirische Seitenhieb auf Bahr: »Hermann Bahr sitzt fleißig im Griensteidl, zupft auf seiner Nervenguitarre und ersinnt – neue Bezeichnungen, neue Sensationen für die Saison und überwindet;« (Kraus, FS, 1979,50).

Derartige Sticheleien gegen Bahr sollten sich noch steigern (»Zur Ueberwindung des Herrn Bahr«, 1893), bis hin zu jener Generalabrechnung mit ›Jung-Wien‹, die Kraus in seinem Aufsatz Die »demolirte Literatur« erstmals 1896 formulierte (vgl. Kap. 4.1).

Der Prozeß der nun auch öffentlich vollzogenen Ablösung Jung-Wiens vom Naturalismus ging einher mit einer veränderten Akzentuierung in der Zusammensetzung des Jung-Wiener Kreises. Als

Angehörige der Clique um Bahr nennt Rieckmann Schnitzler, Hofmannsthal, Beer-Hofmann, Salten, zu denen sich seit 1893 Leopold Andrian gesellte. Enge Beziehungen zu dieser Clique unterhielten Bahr, Gustav Schwarzkopf, Paul Goldmann und der Musiker und Mathematiker Leo Van-Jung. Nicht zum engeren Kreis gehörig, ihm aber locker verbunden, waren Felix Dörmann, Richard Specht, Ferry Bératon, Falk Schupp, C. Karlweis und Peter Altenberg, der Anfang 1893 Verbindung zu dem Kreis aufnahm. An der Peripherie des Kreises waren Robert und Paul Fischer, Heinrich von Korff, Rudolf Lothar, Leo Ebermann, Karl Federn und Friedrich Schi(c)k, der Theaterkritiker der *Wiener Rundschau*, angesiedelt (Rieckmann, 1985, 69).

Zeitschriftengründungen im Umkreis von ›Jung-Wien‹

Nach dem Scheitern des Vereins ›Freie Bühne‹, konzentrierte sich die öffentliche Aktivität der Jung-Wiener zunehmend auf die Publikation ihrer Werke in Zeitschriften und als Buchausgaben. Aber auch hier waren die Möglichkeiten begrenzt. Erste Arbeiten Schnitzlers waren ab 1889 unter dem Pseudonym »Anatol« in der von Fedor Mamroth und Paul Goldmann herausgegebenen Zeitschrift *An der schönen blauen Donau*, einem *Unterhaltungsblatt für die Familie*, erschienen. Hofmannsthal hatte seinen Aufsatz »Zur Physiologie der Modernen Liebe«, eine Rezension des Buches von Paul Bourget, Anfang 1891 in der Zeitschrift *Die Moderne* veröffentlicht, die von E.M. Kafka und Leo Berg in Berlin herausgegeben wurde. Wenig später war es dann die *Moderne Dichtung/Moderne Rundschau*, die als zentrales Publikationsorgan der Jung-Wiener fungierte. Seitdem sie ihr Erscheinen eingestellt hatte (vgl. Kap.2.2), fehlte den Jung-Wienern ihr eigenes Blatt. Die Nachfolgezeitschrift der *Modernen Rundschau*, die Berliner *Freie Bühne für den Entwicklungskampf der Zeit*, kam, wie bereits ausgeführt, wegen ihrer naturalistischen Programmatik nicht in Betracht. Indes kam es in den kommenden Jahren zu einigen Neugründungen. Der Buchhändler und Antiquar Dr. Anton Bauer hatte im November 1890 seine Verlagsberichte als *Wiener Bücher-Zeitung* begrümdet, woraus die Monatsschrift *Wiener Literatur-Zeitung* hervorging. Die Zeitschrift sollte vor allem der zeitgenössischen, modernen Literatur in Österreich den Weg ebnen und war, ihrem Selbstverständnis nach, »eine Bücherzeitung, die keinen Parteistandpunkt einnehmen will, die mit Objektivität auf das Beste in der Zeitliteratur aufmerksam zu machen sich zur Aufgabe stellt« (Zohner, 1931/37,1706). So finden sich neben Beiträgen von Hofmannsthal – der auf Vermittlung von Marie Herzfeld hier veröffentlichte – , Salten und Karl Kraus, auch Autoren wie etwa die Schriftstellerin Emilie Mataja/Emil Marriot (vgl. Kap. 2.). Nach dem Tode Bauers (1893) wurde die Zeitschrift von Edmund Wengraf und Heinrich Osten geführt, wobei sich das inhaltliche Schwergewicht verlagerte. Die Wochenschrift *Neue Revue*, die, mit dem Untertitel »Wiener Literatur-Zeitung« versehen, von Dezember 1893 bis Mai 1898 bestand, hatte sich einem »sozialbetonten Liberalismus« (Zohner, 1707) verschrieben. Der Anteil des Literarischen wurde allmählich immer mehr zugunsten von Politik und Volkswirtschaft zurückgedrängt. Im Juni 1898 schloß sich die *Neue Revue* dann mit der demokratischen, in der künstlerischen Einstellung gemäßigt modernen, von Rudolf Lothar herausgegebenen Zeitung *Die Wage* zusammen. Die Zeitschrift verlor aber ab 1902 an literarischer Bedeutung. Inzwischen allerdings, hatte Hermann Bahr seinen Freunden den Weg gebahnt. Am 1.3.1893 übernahm er eine Stelle als Feuilletonredakteur und Theaterkritiker bei der in Wien erscheinenden *Deutschen Zeitung* und nutzte sie, um den Jung-Wienern weitere Publikationsmöglichkeiten zu schaffen. Anfang 1894 schied Bahr aus der Redaktion der *Deutschen Zeitung* aus und gründete zusammen mit Isidor Singer und Heinrich Kanner eine eigene Zeitung nach dem Vorbild der amerikanischen Zeitschrift *The Nation*: *Die Zeit*, eine »Wiener Wochenschrift für Politik, Volkswirtschaft, Wissenschaft und Kunst«, erschien ab 1.10.1894. Das von Bahr geleitete Feuilleton trug erheblich dazu bei, die öffentliche Anerkennung der Jung-Wiener durchzusetzen. Nicht nur literarische Originalbeiträge von Schnitzler und Hofmannsthal fanden hier ihren Platz, sondern auch die von Jung-Wien intensiv rezipierten Autoren des europäischen fin de siècle. Als Ende 1894 auch noch die *Wiener Allgemeine Zeitung* den Jung-Wienern ein Forum bot, ließ die öffentliche Anerkennung innerhalb der Wiener Kulturszene nicht mehr lange auf sich warten. Zohner weist noch auf weitere neugegründete Zeitschriften hin: die von Rudolf Strauß herausgegebene Halbmonatsschrift *Wiener Rundschau* (November 1896-September 1901) etwa, die vor allem Texte der europäischen Décadence-Literatur brachte, aber auch den anti-ästhetizistischen Aufsatz »Die demolirte Literatur« von Karl Kraus – letzteren allerdings mit einer Anmerkung der Herausgeber versehen, in der es heißt:

»Bekanntlich fällt das Café Griensteidl, in welchem unsere junge Literatur untergebracht ist, demnächst der Zerstörung anheim. Auf dieses Ereignis bezieht sich eine Serie von Artikeln, denen wir Raum geben, weil sie geistreich und weil sie aktuell sind. Wir betonen jedoch, daß wir uns mit dem Standpunkt des Verfassers keineswegs identifizieren« (Zohner, 1711).

Als Arthur Schnitzler am 9. Oktober 1895 seinen ersten großen Burgtheatererfolg mit seinem Schauspiel *Liebelei* erzielte, wurde wenige Monate darauf die von Rolf Baron Brockdorff und Rudolf Strauß redigierte Wochenschrift *Liebelei* begründet, die allerdings nur von Januar bis 20.3.1896 existierte und u.a. die ersten Skizzen Peter Altenbergs veröffentlichte.

Fünf Jahre nach der Gründung der Münchner Sezession, kam es auch in Wien zur Gründung einer »Vereinigung der bildenden Künstler Österreichs« (Mai 1897) als Gegenbewegung zur bestehenden konservativen Künstlergenossenschaft. Ihr Publikationsorgan *Ver Sacrum* (1898-1900), das von Hermann Bahr und dem ehemaligen Burgtheaterdirektor Max Burckhard herausgegeben wurde, räumte u.a. Hofmannsthal und Dörmann die Gelegenheit zur Veröffentlichung ein.

Bahrs Wochenschrift *Die Zeit* wurde im Jahre 1904 abgelöst von der monatlich erscheinenden *Österreichischen Rundschau*. Zu diesem Zeitpunkt hatte Bahr die Zeitung längst verlassen. Er war 1899 in die Redaktion des *Neuen Wiener Tagblatts* übergewechselt und konnte auch dort seinen Einfluß geltend machen. Auch die anderen Wiener Blätter öffneten sich nun der Literatur Jung-Wiens, »die keiner eigenen Organe mehr bedarf, da ihr fortan alle Tages- und Unterhaltungsblätter offenstehen«, wie Zohner schreibt (Zohner, 1714).

Das Verlags- und Theaterwesen im Zeichen ›Jung-Wiens‹

Bahr, der, laut Farkas, »die Absicherung der errungenen Positionen mit strategischem Geschick plante«, um »Enklaven moderner Kunst und Lebensgestaltung als Modelle ganzheitlicher Existenz zu verwirklichen« (Farkas, 1989,38), vermittelte auch zwischen Jung-Wien und dem Berliner S.Fischer-Verlag. Bahrs Empfehlungen waren erfolgreich. Fischer wurde zum Verleger der Mehrzahl der jungen österreichischen Autoren, angefangen mit Andrian, dessen *Garten der Erkenntnis* 1895 im S.Fischer-Verlag erschien, bis hin zu Beer-Hofmann, dessen Erzählung *Der Tod Georgs* Fischer im Jahre 1900 veröffentlichte (Rieckmann, 1985,86).

Allmählich stellte sich auch der Erfolg auf der Theaterbühne ein. Schnitzler hatte als erster von den Jung-Wienern Kontakte zu Wiener Bühnen aufgenommen und ein Jugendstück, den Einakter *Alkandi's Lied* (1889), im Jahre 1891 bei dem mit Bahr befreundeten Burgtheaterdirektor Max Burckhard eingereicht – zunächst einmal erfolglos. Burgtheater-Autor wurde Schnitzler erst mit der erwähnten Aufführung von *Liebelei* (1895). Sein dreiaktiges Schauspiel *Das Märchen* (1891) hingegen, wurde am 1. Dezember 1893 am Deutschen Volkstheater in Wien uraufgeführt. Doch Publikum und Kritik reagierten ablehnend. Schnitzlers Ruhm, aber auch sein Ruf als pornographischer Skandalautor wurde begründet durch die Erstaufführung seines Einakters *Abschiedssouper* aus dem *Anatol*-Zyklus. Die Vorstellung am 14.7.1893 fand statt im Stadttheater von Bad Ischl mit dem Berliner Schauspiel-Star Josef Jarno in der Rolle des Max, und erregte im Publikum einiges Aufsehen. Die Kritik jedoch, reagierte mit nahezu einhelligem Lob. Otto Brahm und sein Deutsches Theater in Berlin, trugen dazu bei, Schnitzler beim deutschen Theaterpublikum einzuführen. Die Stücke *Freiwild* (3.11.1896), *Das Vermächtnis* (8.10.1898) und *Der einsame Weg* (13.2.1904) wurden u.a. hier uraufgeführt. Und Otto Brahm war es auch, der als erster die Premiere des Hofmannsthal-Stückes *Die Frau am Fenster* (15.5.1898) ermöglichte (Mayer, 1993,5).

Zwei Einakter Hofmannsthals – *Der Abenteurer und die Sängerin*, *Die Hochzeit der Sobeide* – wurden am 18.3.1899 am Burgtheater und gleichzeitig am Deutschen Theater in Berlin uraufgeführt (SW,V,3, 1992,502) und errangen sogar den Beifall des konservativen Kritikers Uhl (Castle, 2071), wogegen Felix Dörmanns Stück *Ledige Leute* nach seiner Uraufführung im Carltheater am 3.11.1897 entrüstete Ablehnung erntete. Hofmannsthal war bekanntlich erst in späteren Jahren größere Wirkung im Hinblick auf sein Bühnenwerk beschieden: in der Zusammmenarbeit mit Max Reinhardt und als Opernlibrettist in der Zusammenarbeit mit Richard Strauß.

Was die taktisch-organisatorische Seite des Theaterwesens im Zeichen Jung-Wiens betraf, so betrieb Bahr routiniert die Politik der Einflußnahme qua Zeitungswesen und veröffentlichter Meinung. Auch scheute er keine Intrige, wenn es sich um die personelle Besetzung einflußreicher Posten im Kulturleben handelte. So beispielsweise favorisierte Bahr in der Öffentlichkeit den umstrittenen Burgtheaterdirektor Max Burckhard, von dem er sich eine Förderung der Jung-Wiener erhoffte. Jens Malte-Fischer allerdings, weist nach, daß auch unter der Direktion Burckhards die meisten der von Hofmannsthal, Schnitzler und Felix Dörmann eingereichten Stücke nicht gespielt wurden (J.M.Fischer, 1978,37). Als Burckhard, der sein Amt im Jahre 1890 angetreten hatte, acht Jahre später durch Paul Schlenther abgelöst wurde, konnte dies auch Bahr nicht verhindern. Schlenther, der den Burgtheater-Spielplan mit zeitgenössischen Schwänken und Komödien bestückte, hatte gleichwohl in Bahr einen durchaus hartnäckigen Gegner gefunden. Als die Zensur im Jahre 1898 die Aufführung des Schnitzler-Stückes *Der grüne Ka-*

kadu blockierte, plante Bahr gar juristische Interventionen mit Hilfe von Max Burckhard, der Rechtsanwalt war. *Der grüne Kakadu* hatte schließlich am 1.3.1899 zusammen mit *Paracelsus* und *Die Gefährtin* am Burgtheater Premiere (vgl. Daviau, 1984,144), doch Schlenther setzte das Stück nach acht Vorstellungen ab, weil es den Unmut adlig-höfischer Kreise erregt hatte. Schnitzlers Renaissance-Drama *Der Schleier der Beatrice* wurde zwar von Schlenther angenommen, doch nicht aufgeführt, was Bahr zu einer öffentlichen Protestaktion veranlaßte: gemeinsam mit Julius Bauer, J.J. David, Robert Hirschfeld, Felix Salten und Ludwig Speidel lancierte er einen massiven Angriff auf Schlenther in den führenden Wiener Zeitungsblättern. Die öffentliche Meinung schien gewonnen, doch Schnitzler konnte nun nicht mehr auf eine Aufführung am Burgtheater hoffen. In den folgenden fünf Jahren wußte es Schlenther zu verhindern, daß Schnitzler am Burgtheater überhaupt aufgeführt wurde (Daviau, intr. Letters Schnitzler-Bahr, 1978,22). *Der Schleier der Beatrice* wurde am 1.12.1900 am Breslauer Lobe-Theater uraufgeführt.

Von derartigen praktischen Interventionen abgesehen, entwickelte Bahr in seinen Aufsätzen eigene, z.T. an Wagners Idee des Gesamtkunstwerks angelehnte Konzeptionen von moderner Schauspielkunst: letztere sollte Stimmungen gestalten, keine fixen Illusionen verkörpern (vgl. Bahr, *Dialog vom Tragischen*, 1904, »Zur Entwickelung der modernen Schauspielkunst«, Ausg.1894, 212-218). Derartige Ideen offenbaren Parallelen zum Konzept der Stilbühne, die eine Art von atmosphärischem Gesamtkunstwerk darstellte. In dem von Felix Salten am 17. November 1901 eröffneten »Jung-Wiener Theater zum lieben Augustin« konnte man zum ersten Male einen von Koloman Moser, dem späteren Mitbegründer der ›Wiener Werkstätte‹, entsprechend ausgestatteten Bühnenraum sehen (Castle, 1673). Dieses Theater fungierte übrigens als eine Art von Kabarettbühne, wo u.a. auch Frank Wedekind gastierte: »Alles Junge und Freche sollte hier zu Wort kommen, und gemäß Wagners Forderung nach dem Gesamtkunstwerk sollten alle Künste harmonisch zusammenklingen« (Zohner, 1733).

Die Organisationsstrukturen, die sich die Jung-Wiener in späteren Jahren suchten, entsprachen ihren unterschiedlichen Entwicklungswegen, die sie als Autoren nahmen: von der Gestaltung der großen Oper oder eines künstlerisch-organisatorischen Gesamtentwurfs, wie etwa die Salzburger Festspiele (Hofmannsthal in Zusammenarbeit mit Richard Strauß und Max Reinhardt), bis hin zur Etablierung von kleinen Kabaretts (Salten) oder dem Engagement für das in vieler Hinsicht einzigartige Zeitschriftenprojekt *Die Fackel* (Kraus), reichte das Spektrum ihrer Betätigungen. Daß Leopold Andrian noch im Jahre des Zusammenbruchs der Habsburgermonarchie, 1918, für wenige Monate zum letzten k.u.k.-Generalintendanten für die Wiener Hofbühnen, darunter auch das Burgtheater, ernannt werden sollte, mit Hermann Bahr als seinem ersten Dramaturgen, fügt sich ein in jenes Bild, das der junge Hofmannsthal in seinem Brief an Beer-Hofmann entworfen hatte: die Jung-Wiener hatten sich ihre Welt in die Welt »hineingebaut« – spät und als brüchiges Konstrukt.

3.2 Das »unrettbare Ich« und die Psychologie: Bewußtseins-Krisen bei Schnitzler, Hofmannsthal, Andrian und Beer-Hofmann

Wie oben gezeigt, unterscheidet sich die Jung-Wiener Literatur vor allem durch ihre Innenorientierung von dem außenorientierten Naturalismus Berliner oder Münchner Prägung (vgl. Wunberg, 1976 I,163). Aus dieser Innenorientierung resultiert der von Bahr postulierte literarische »Impressionismus« ebenso, wie die von Hofmannsthal in den Gedichten und lyrischen Einaktern gestaltete und problematisierte »symbolistische Nervenkunst« und die Schnitzlersche Diagnose der männlich-weiblichen Beziehungsrituale. Den Blick in das ›Innere‹ des Subjekts Mensch lenken aber auch die herausragenden Vertreter moderner Wissenschaft in Wien. Ihre Thesen bewegen sich nicht nur parallel zur Literatur der Moderne, sie werden von den Jung-Wiener Autoren selbst aufmerksam registriert und im literarischen Werk rezipiert. Der Physiker Ernst Mach und der ›Vater der modernen Psychoanalyse‹, Sigmund Freud, stehen gleichermaßen für die »Verbindung von Positivismus und Impressionismus«, die, laut Johnston, charakteristisch ist für viele Erscheinungen der Wiener Moderne um die Jahrhundertwende (Johnston, 1974). Und was die Rezeption Machs und Freuds durch die Jung-Wiener Literaten anbetrifft, so trifft zweifellos auf beide zu, was Rainer Hank in bezug auf Mach postuliert, daß nämlich das Interesse der Jung-Wiener nicht geweckt wurde, weil sie eine Theorie anzubieten hatten, sondern, weil sowohl Mach, als auch Freud ein Problem zu formulieren verstanden, »das in der Luft lag« (Hank, 1984,204).

Das Problem besteht in dem, was Wunberg treffend einmal das »Depersonalisierungssyndrom« genannt hat (Wunberg, 1965,28). Hier treffen sich Machs Gedanken mit den Problemstellungen der Jung-Wiener Schriftsteller. In seinen »antimetaphysischen Vorbemerkungen« zu seinem Hauptwerk *Beiträge zur Analyse der Empfindungen* hatte Mach den Kerngedanken seines sensualistischen Positivismus formuliert: die Wirklichkeit löst sich auf in subjektiv wahrgenommene Sinnesgegebenheiten, oder, anders formuliert: Wirklichkeit existiert nur noch als Empfindungskomplex. Mach zufolge, besteht sowohl die innere, als auch die äußere Welt in ihrer Gesamtheit aus »gleichartigen Elementen« der Empfindung und der Wahrnehmung, deren jeweils verschiedene Kombinationen sowohl die äußere Wirklichkeit, als auch die subjektive Welt des Erlebens, Fühlens und Denkens ausmachen (Mach, 1886,16). Ein solcher Elementenkomplex aber, läßt eine eindeutige Abgrenzung zwischen einem Ich und der dieses Ich umgebenden Außenwelt der Objekte etc. nicht zu. Das Ich nämlich, »ist keine unveränderliche, bestimmte scharf begrenzte Einheit« (ebd.,18), sondern zerfällt, ähnlich wie die wahrgenommene Welt, in einzelne Wahrnehmungspartikel und ist nunmehr lediglich ein »Bündel von Empfindungen«, denn: »Nicht das Ich ist das Primäre, sondern die Elemente (Empfindungen)« (ebd.,17).

Mach konkretisiert seine These: der an einen besonderen Körper gebundene Komplex von Erinnerungen, Stimmungen und Gefühlen, der gemeinhin mit ›Ich‹ bezeichnet werde, sei in Wahrheit nur von relativer und höchst labiler Beständigkeit, da diese Elemente im Verlaufe der Jahre ständigem Wechsel unterlägen. Größere Verschiedenheiten im Ich verschiedener Menschen, als im Laufe der Jahre in einem einzigen Menschen eintreten, so Mach, seien kaum vorstellbar. Wenn er selbst sich beispielsweise an seine Kindheit erinnere, so sei er heute versucht, den Knaben von damals für einen völlig anderen Menschen zu halten. Von der Existenz eines »kohärenten Ichs« könne demnach nicht mehr die Rede sein. Der ›Ich‹-Begriff selbst sei allenfalls nur als denkökonomische, ideelle Einheit denkbar. Wirklichkeits-Charakter aber, komme diesem ›Ich‹ nicht zu, woraus der berühmte Machsche Satz folgt: »Das Ich ist unrettbar« (ebd.,18). Da es also in Wahrheit vielmehr auf den »Inhalt« des »Ich« genannten Erfahrungs- und Sinneskomplexes ankomme und nicht auf dieses selbst, da aber dieser Inhalt nicht auf das Individuum beschränkt sei, so bleibt er, laut Mach, »bis auf geringfügige werthlose persönliche Erinnerungen« auch »nach dem Tode des Individuums in andern erhalten« (ebd)

Für Mach stellt sich diese Auflösung der metaphysischen Substanzen als aufklärerische Befreiung dar. Habe man einmal den Gedanken an die Wertlosigkeit des Ichs akzeptiert, so Mach, dann wird man »auf individuelle Unsterblichkeit gern verzichten« und schließlich »zu einer freieren und verklärten Lebensauffassung gelangen, welche Missachtung des fremden Ich und Ueberschätzung des eigenen ausschließt« (ebd.). Daß diese abgeklärte Haltung Machs von den Jung-Wienern nicht geteilt wird, daß letztere vielmehr die Machsche Ich-Dekonstruktion als Katastrophe empfinden (vgl. le Rider, 1990,65), drückt sich in Machs späterer Rezeption durch Bahr ebenso aus, wie in den um die Jahrhundertwende entstandenen Werken Andrians, Hofmannsthals, Beer-Hofmanns und Schnitzlers (s. weiter unten). Die Tatsache, daß sich auch in den Texten Machs gewisse literarische Motive der Moderne finden, wird von den literaturgeschichtlichen Interpreten Machs (Diersch, Wunberg) ebenfalls betont.

So etwa belegt Mach seinen Gedanken von der Unbeständigkeit des Ichs und seiner Selbst-Wahrnehmung mit Beispielen von der Deformation und Verdopplung des Ichs im Traumgedanken oder im Spiegelbild:

»Man kennt sich persönlich sehr schlecht. – Als junger Mensch erblickte ich einmal auf der Strasse ein mir höchst unangenehmes widerwärtiges Gesicht im Profil. Ich erschrak nicht wenig, als ich erkannte , dass es mein eigenes sei, welches ich an einer Spiegelniederlage vorbeigehend durch zwei gegen einander geneigte Spiegel wahrgenommen hatte« (Mach, 1886,3).

Der Gedanke wiederum, daß das Ich-Bewußtsein als bloß transitorisches, flüchtiges Phänomen zu denken sei, das sich an die umgebende Welt und den zeitlichen Moment verliert, ist geradezu paradigmatisch für Hofmannsthal, Beer-Hofmann, Schnitzler und Andrian. In diesem Punkte scheint die Verwandtschaft zwischen Mach und den Jung-Wienern sogar bis ins Detail zurückverfolgbar. Wenn es etwa bei Hofmannsthal in seinen Terzinen »Über Vergänglichkeit« (1894) an einer Stelle heißt: »Und daß mein eignes Ich, durch nichts gehemmt, / Herüberglitt aus einem kleinen Kind, / Mir wie ein Hund unheimlich stumm und fremd./« (SW I,1, 1984,45), dann drängt sich das Machsche Beispiel der eigenen Kindheitserinnerung auf. Freilich erscheint solch enge Parallelität nicht mehr ganz so erstaunlich, wenn man bedenkt, daß Machs *Analyse der Empfindungen* zu diesem Zeitpunkt schon etliche Jahre vorliegt – die erste Auflage erscheint im Jahre 1886, das darin enthaltene Vorwort ist auf November 1885 datiert und mit der Ortsangabe Prag versehen, wo Mach zeitweise als Professor der Experimentalphysik, und in den

Jahren 1879/80 sogar als Rektor der Universität gewirkt hat. In den Kreisen von Jung-Wien dürften seine Thesen allerdings erst seit der zweiten Hälfte der neunziger Jahre rezipiert worden sein, wobei auch hier gilt, was Wunberg in seiner Untersuchung über Hofmannsthal feststellt: daß Mach mit seinem Denken auf einen Tatbestand ziele, der die Jung-Wiener Dichter selbst schon seit Jahren beschäftigt habe, ohne ihn abstrakt philosophisch fassen zu können (Wunberg, 1965,28).

Einem größeren interessierten Publikum wird Mach bekannt, als er eine eigens für ihn eingerichtete philosophische Professur für Geschichte und Theorie der induktiven Wissenschaft an der Wiener Universität übernimmt – gegen den Protest klerikalistischer Kreise und mit Unterstützung liberal gesinnter Gelehrter. Die Machschen Vorlesungen sollen, laut Hank, geradezu ein »Treffpunkt des liberalen Bürgertums« gewesen sein (Hank, 1984,202). Hofmannsthal hat im Jahre 1897 die Vorlesungen Machs ebenso besucht, wie die Veranstaltungen des den Machschen Gedanken nahestehenden Friedrich Jodl (1849-1914) und die philosophischen Vorlesungen von Franz Brentano (1838-1917). Auch das empiriokritizistische Denken des Zürichers Richard Avenarius (1843-1896) dürfte Hofmannsthal gekannt haben, hatte Mach doch wiederholt die Verwandtschaft seines Denkens mit dem von Avenarius betont: auch Avenarius zielt, ähnlich wie Mach, auf eine Ausschaltung der alten metaphysischen Spaltung in Subjekt und Objekt, wobei die Aufhebung dieser Spaltung zur Folge hat, daß das Ich, welches ja, nach Mach, nicht anders strukturiert ist als die Außenwelt, selbst einer Spaltung unterliegt (vgl. dazu Wunberg, 1965,39f).

Doch nicht nur Hofmannsthal studiert Mach, auch Beer-Hofmann liest im Sommer 1898, noch während der Entstehungszeit seiner Erzählung *Der Tod Georgs*, die 1896 erschienenen *Populärwissenschaftlichen Vorlesungen* Machs (Hank, 1984,202). Wunberg und Hank haben in ihren Arbeiten darauf hingewiesen, daß es sich bei den Vorlesungen Machs mit solch spezifisch physikalisch-naturwissenschaftlichen Titeln wie »Zur Geschichte der Akustik« oder »Über die Geschwindigkeit des Lichtes« (beide in *Populärwissenschaftliche Vorlesungen*, 1896) keineswegs um Fachvorträge im engeren Sinne handelt, sondern um Untersuchungen über das Wesen von Erkenntnis (Wunberg, 1965,38). Zudem wird hier eine bestimmte wissenschaftstheoretische Ausrichtung deutlich. Auf der Grundlage eines Methodenansatzes, der experimentell gewonnene Einsichten mit historisch-kritischer Beschreibung von Erkenntnisproblemen kombiniert (Diersch, 1990,30), ja diese zuweilen sogar, wie in den *Populärwissenschaftlichen Vorlesungen* der Fall, mit literarischen Beispielen illustriert (vgl. »Über die Geschwindigkeit des Lichtes«, Mach, 1896,59-77), beabsichtigt Mach eine Zusammenschau von bisher getrennten Spezialgebieten. Den Versuch, einen Zusammenhang zu stiften zwischen den Bereichen Physik, Physiologie und Psychologie, deren Zuständigkeit für Probleme der Sinneswahrnehmung im 19. Jahrhundert ungeklärt war, hatte vor Mach bereits Gustav Theodor Fechner unternommen (Mach, 1886,VI, Hank, 1984,205). Wunberg weist darauf hin, daß die Terminologie Fechners, wonach die Begriffe ›Ich‹, ›Geist‹, ›Seele‹, ›Bewußtsein‹, ›Empfindungen‹ als mehr oder weniger austauschbar gebraucht werden, von Mach in dieser Undifferenziertheit übernommen werden und von daher auch den Hofmannsthalschen Sprachgebrauch prägen (Wunberg, 1965,38f).

Von den Machschen Konzeptionen her, können noch andere diverse Problemstellungen in den Werken Hofmannsthals beleuchtet werden. Der Verlust eines Wertmaßstabes im Hinblick auf den Machschen Gedanken von der Gleichwertigkeit aller Dinge im Spiegel der Wahrnehmung wird im ›Chandosbrief‹ Hofmannsthals ebenso zum Thema, wie die Machsche Skepsis gegenüber ›metaphysischer‹ Wort- und Begriffsbildung, die wiederum auf die Sprachkritik Mauthners und Wittgensteins gewirkt hat (vgl. Kap. 3.4).

Hofmannsthals ›Chandosbrief‹ ist datiert auf das Jahr 1902. Machs *Analyse der Empfindungen* erlebt im Jahr 1900 eine Neuauflage. Diersch weist darauf hin, daß der Machsche Satz vom unrettbaren Ich, der in der Erstauflage von 1886 noch in den Fußnoten steht, erst in dieser Neuauflage und allen weiteren Auflagen nach 1900 in den Haupttext aufgenommen wird (Diersch, 1990,29). Möglicherweise rührt daher die verzögerte Wirkung der Machschen Gedanken auf Bahr. Entgegen seiner sonstigen Gepflogenheit, die jeweils neuesten Geistesströmungen unverzüglich aufzuspüren und bekanntzumachen, reagiert Bahr auf Mach mit einiger Verspätung. Erst in seinem 1903/1904 erschienenen Essayband *Dialog vom Tragischen* (vgl. Wunberg, 1965,25) nimmt Bahr in zwei Aufsätzen ausdrücklich Stellung zu Mach. Im Aufsatz »Das unrettbare Ich« heißt es über Machs *Analyse der Empfindungen*:

»Hier habe ich ausgesprochen gefunden, was mich die ganzen drei Jahre her quält: »Das Ich ist unrettbar«. Es ist nur ein Name. Es ist nur eine Illusion. Es ist ein Behelf, den wir praktisch brauchen, um unsere Vorstellungen zu ordnen. Es gibt nichts als Verbindungen von Farben, Tönen, Wärmen, Drücken, Räumen, Zeiten, und an diese Verknüpfungen sind Stimmungen, Gefühle und Willen gebunden. Alles ist in ewiger Veränderung. Wenn wir von Kontinuität sprechen, so ist es nur, weil manche Veränderung langsamer geschieht. Die Welt wird unablässig und indem sie wird, vernichtet sie sich unablässig. Es gibt aber nichts als dieses Werden (...)« (»Das unrettbare Ich«, in: Wunberg, 1968,190).

Für Bahr ergibt sich daraus der Verzicht auf den Wahrheitsbegriff, und das Bekenntnis zur Selbst-Aufgabe des Ichs in der selbstgeschaffenen Illusionierung.

»Das Ich ist unrettbar. Die Vernunft hat die alten Götter umgestürzt und unsere Erde entthront. Nun droht sie, auch uns zu vernichten. Da werden wir erkennen, daß das Element unseres Lebens nicht die Wahrheit ist, sondern die Illusion. Für mich gilt nicht, was wahr ist, sondern was ich brauche, und so geht die Sonne dennoch auf, die Erde ist wirklich und Ich bin Ich« (Bahr, »Das unrettbare Ich«, in: Wunberg, 1968,192).

Im Gedanken Machs, daß der Ich-Begriff nur eine Illusion und Subjektivität eine Abfolge sich ständig verändernder Bewußtseinszustände darstellt, erblickt Bahr eine »Philosophie des Impressionismus«, wie er im Aufsatz »Impressionismus« (*Dialog vom Tragischen*) schreibt (in: Wunberg, 1968,198). Bahr verwandelt hier die Machsche Elementenpsychologie in eine pointillistische Ästhetik und entwickelt daraus seine ästhetischen Postulate – ein Verfahren, dessen er sich in einem früheren Aufsatz in bezug auf den Impressionismus schon einmal bedient hat (vgl. Kap. 2.1). Obgleich die Bahrschen Schlußfolgerungen von Mach natürlich nicht beabsichtigt waren, ist doch die Machsche Methodik der Bahrschen Vorgehensweise nicht unähnlich. Bei Bahr und Mach gleichermaßen wird das im Impressionismus angelegte Transitorische auf die Theoriebildung selbst angewandt: die Theorien verlieren das Bezugsfeld, aus dem heraus sie entstanden sind und werden mit anderen Bezugsfeldern in Beziehung gesetzt. Auf dieses Weise wird bei Mach die Physik zur Psychologie, bei Bahr die Malerei zur Literatur (vgl. dazu Berger, 1993,216-223).

›Jung-Wien‹ und Sigmund Freud

Die Entthronung des Ichs, die Gleichwertigkeit der Sinnesdaten in der Wahrnehmung, die zu einer Grenzverschiebung von Außenwelt und Innenwelt führt, und der Welt des Wirklichen denselben Wahrhaftigkeitscharakter zugesteht, wie der Welt des Unwirklichen – all diese Gedanken finden sich nicht nur bei Mach, sondern auch bei Freud. Daß beide – Mach und Freud – an derselben Problemstellung laborieren, wird wiederum in Bahrs Aufsatz »Das unrettbare

Ich« deutlich. Bahr erklärt darin, daß ihn, noch bevor er sich der Mach-Lektüre widmete, »ein entsetzliches Buch« fasziniert habe, *Les maladies de la personnalité* von Theodule Ribot (1839-1916). Bahr schreibt:

»hier werden Menschen gezeigt, welche plötzlich ihr Ich verlieren und als neue Wesen eine andere Existenz beginnen, aus der sie manchmal, ebenso plötzlich und rätselhaft, wieder in die erste zurückgestoßen werden; ja es kommen solche vor, die ein dreifaches oder vierfaches Ich haben: das erste verschwindet, das zweite sinkt ihm nach, ein drittes, ein viertes taucht auf, da kehrt das erste zurück und keines kann sich auf das andere besinnen, eines weiß vom anderen nichts, es scheinen eigentlich in der Tat drei oder vier Menschen zu sein, die sich nur desselben Körpers bedienen, um an ihm der Reihe nach abwechselnd zu erscheinen, dann aber plötzlich wieder in leere Luft zu zerrinnen« (in: Bahr, 1968,189).

Wunberg macht darauf aufmerksam, daß Hofmannsthal in einem Brief aus dem Jahre 1904, Bahr um die Übersendung dieses Buches bittet und sein Interesse an einem Stoff bekundet, der ihm gestatte, in die Tiefen des Ich-Bewußtseins hinabzusteigen (Wunberg, 1965,27). Hofmannsthal erwähnt in diesem Zusammenhang auch seine Arbeit an dem schließlich – unvollendeten – Stück *Das Leben ein Traum*, eine Arbeit, die ihn außerdem noch zur Beschäftigung mit den Hysterie-Studien von Freud und Breuer anregt (Mayer, 1993,74). Mach wiederum, erwähnt das Buch von Ribot in der Neuauflage seiner *Analyse der Empfindungen* von 1903 mit ausdrücklicher Zustimmung (Wunberg, 1965,26). Das Thema der Ich-Spaltung und der Auflösung des Ichs wird also um die Jahrhundertwende aus vielfacher Perspektive beleuchtet, wobei zwischen Literaten, öffentlichen Propagandisten vom Schlage Bahrs, Naturwissenschaftlern, Physikern und praktizierenden Ärzten immer wieder Rezeptionsprozesse stattfinden, die dann jeweils die eigenen spezifischen Arbeiten beeinflussen. Die Tatsache, daß sich in Hofmannsthals Besitz ein Exemplar der Erstausgabe von Freuds *Traumdeutung* (1899/1900) befunden hat, paßt in diesen Rahmen (Urban, 1978,39). Wie eng sich aber die wechselseitige Verflechtung zuweilen gestaltet, ja wie sehr die Übertragung von Gedanken in andere Theoriefelder die Art ihrer künftigen Modifikationen zu beeinflussen imstande ist, zeigt der von Worbs recherchierte Fall des Sophokles-Dramas *König Ödipus*.

Hofmannsthal hatte das Sophokles-Drama »mit einiger Freiheit übertragen und für die neuere Bühne eingerichtet«, wie es im Erstdruck der Übersetzung heißt (Worbs, 1983,259). Als das Deutsche Theater in Berlin diese Ödipus-Version in der Regie von Max Reinhardt anläßlich eines Gastspiels im Jahre 1911 mit Alexander Moissi in der Titelrolle, im Zirkus Busch aufführt, ist Sigmund Freud unter den Zuschauern und zeigt sich tief beeindruckt: die Hofmannsthal-sche Übertragung hatte ihn zu psychologischen Deutungen ange-regt, die Freud bei der Lektüre der üblicherweise von ihm benutzten Übersetzung von J.J.C.Donner vorher nicht wahrgenommen hatte, gar nicht wahrnehmen konnte, wie Worbs erläutert, denn: »Hof-mannsthal, mit psychologischen und psychoanalytischen Kenntnis-sen ausgerüstet, überträgt Sophokles in einem Sinne, der eine Freudianische Sichtweise voraussetzt. (...) Was Freud im Zirkus Busch sah, war nicht der König Ödipus des Sophokles, wie er 425 v.Chr. in Athen uraufgeführt wurde, sondern eine Paraphrase der antiken Tragödie im Geiste moderner Psychologie« (Worbs, 1983,262).

Was wiederum die Rezeption Freuds durch Hofmannsthal an-geht, so verweist Worbs auf die griechischen Tragödien Hofmanns-thals (*Elektra, Ödipus und die Sphinx*), deren Helden eine »untragische Ergebenheit (...) in das im Unbewußten verankerte Fa-tum« zeigen (Worbs, MAL,1985,25). Gleichermaßen charakteri-stisch für Hofmannsthal und Freud ist dabei die gewandelte Funktion des antiken Mythos. Wunberg führt aus, daß der antike Mythos in der Kultur des fin de siècle als Requisit, d.h. als ein dem Prozeß transzendenzloser Merkantilisierung und Industrialisierung adäquates Mittel zur Illusionierung gebraucht wird. Darüber hinaus verhilft die Antikefiguration als »Transzendenz-Reservat« (Wunberg) aber auch zu neuer Identifikationsmöglichkeit, stellt sie doch den Versuch dar, sich – in einer längst entzauberten Welt – erneut seiner selbst zu vergewissern (vgl. Wunberg, »Chiffrierung und Selbstchif-frierung des Ich: Antikefiguration um 1900«, 1989, 109-201). Der antike Mythos ist den Zeitgenossen Hofmannsthals und Freuds durch Schule und Bildung vertraut und signalisiert dennoch den Reiz des Fremden. Er bietet sich somit an als »lingua franca« ge-meinsamer Verständigung. Für Freud, so Worbs, stellt der Mythos die Terminologie für einen psychoanalytischen Diskurs bereit, der in den überlieferten Wissenschaftstermini nicht mehr beschreibbar ist (vgl. Worbs, 1983,89f). Doch findet dabei nicht etwa eine simple Remythisierung statt, sondern eine Um- und Neudeutung des anti-ken Mythos, der sich zum modernen Diskurs wandelt, ähnlich wie Nietzsche dies in seinem »Konstrukt des Apollinischen und Diony-sischen« (Wunberg, 1989,197) vorexerziert hat. Freuds »Ödipus«-Schema »führt den Menschen (...) in einen Zusammenhang ein, der ihm die Geborgenheit aller Gemeingültigkeiten vermittelt. Die Ge-wißheit, daß alle Menschen einen Ödipus-Komplex haben, also einem Befund erliegen, aus dem sich die großen und kleinen Insuffizienzen des eigenen Ich ableiten und verstehbar machen lassen, ermöglicht es ihm, die tägliche Existenz zu ertragen« (Wunberg, 1989,197). Bei Hofmannsthal wiederum, findet eine Umwandlung des Ödipus-Mythos im Sinne der Psychoanalyse, wenn auch nicht im Sinne aufklärerischer Therapie, statt: das Schicksal des Ödipus ist als latente Möglichkeit in ihm selbst angelegt und erscheint daher unausweichlich. Hofmannsthal zeichnet die Ödipus-Figur als passiven Helden, der seinem innerpsychischen Profil erbarmungslos ausgeliefert ist. Damit aber entfällt die tragische Konstellation selbst, da eine konflikthafte Konfrontation des Individuums mit einem äußeren Schicksal eben nicht mehr auszumachen ist. Modifiziert wird die antike Vorlage bei Hofmannsthal überdies noch hinsichtlich der Sphinx-Episode. Die Sphinx erscheint Ödipus als weibliches Triebwesen und als solches ist sie, laut Gutjahr, symptomatisch für die Literatur und bildende Kunst um 1900. Der Ödipus-Mythos wird »zu einem Verführungsmythos, bei dem die Sphinx keine Fragen mehr stellt (...) und damit zur Projektionsfläche beliebiger Antworten werden kann« (Gutjahr, 1989,50, vgl. auch Worbs, 1983, 312f).

Daß die psychoanalytische Problematik bei Hofmannsthal aber keineswegs nur an den antiken Mythos gebunden ist, zeigt Hofmannsthals *Märchen der 672. Nacht* (1895).

Jacques le Rider hat den Text recht plausibel aus psychoanalytischem Blickwinkel analysiert (le Rider, MAL, 1991,110, le Rider, 1990, Kap.5). Der Märchenheld, ein ästhetizistisch orientierter »Spätgeborener«, ein Kaufmannssohn, erlebt in traumatischer Weise den Zusammenbruch seiner männlichen Identität und wird durch seinen unbewußten Feminisierungswunsch überwältigt, gegen den sich sein »männlicher« Protest verzweifelt sträubt. Der Text, so le Rider, wird als Traum erzählt, d.h. er setzt verdrängte Motive aus dem Unbewußten frei (MAL,1991,110). Die Einkleidung des Märchens in die orientalisierende Erzählweise, die an die von Hofmannsthal im Jahre 1900 rezensierten Märchen von *Tausendundeiner Nacht* erinnert, korrespondiert außerdem mit einer Äußerung Hofmannsthals in seinem für eine amerikanische Zeitschrift verfaßten »Wiener Brief« von 1922, wo von Wien die Rede ist als der »porta Orientis auch für jenen geheimnisvollen inneren Orient, das Reich des Unbewußten« (GW, 9,2, 192-196). Es liegt daher nahe, die Erzählform des orientalischen Märchens bei Hofmannsthal »als Zeugnis einer Krise der sexuellen Identität« (le Rider, MAL,1991,110) zu interpretieren.

Bedenkt man derartige wechselseitige Inspirationen, berücksichtigt man ferner die Tatsache, daß sich Freud in seinen Schriften –

etwa in der *Traumdeutung* – häufig einer politischen Metaphorik bedient, indem er eine Umdeutung von Begriffen, die ursprünglich auf eine Außenwelt bezogen waren, auf die Innenwelt vornimmt und somit, wie Schorske meint, die typische, aus der Frustration des Liberalismus resultierende Wendung etlicher Wiener Intellektueller, weg von der Politik, hin zur Psychologie vollzieht (Worbs, 1983, 39ff, vgl. auch Schorske, 1982,170-193), so gewinnt folgendes Diktum von Karl Kraus noch an zusätzlicher Dimension. Kraus schreibt in seiner *Fackel* rückblickend (1908/09) über Freud und seine Traumdeutung: »Ihm gebührt das Verdienst, in die Anarchie des Traums eine Verfassung eingeführt zu haben. Aber es geht darin zu, wie in Österreich« (JW, 1987,195).

Literatur und Psychologie – eine »Wechselwirtschaft«

Das Rezeptions-Verhalten der Jung-Wiener in bezug auf Freud und die Psychoanalyse ist bestimmt durch das spezifisch enge Verhältnis zwischen medizinischer Wissenschaft und Literatur seit der zweiten Hälfte des 19. Jahrhunderts. Beiden Bereichen gemeinsam ist das verstärkte Interesse für Psychopathologie. Zwischen Ästhetik und Therapeutik kommt es zu einer »Wechselwirkung« (Odo Marquard, nach Worbs, 1983,57), mit der Folge einer Psychologisierung der Literatur und einer Literarisierung der Psychiatrie. Schriftsteller bedienen sich psychiatrischer Quellen – hier vor allem nimmt die französische Literatur eine Vorreiterrolle ein – und Psychiater wiederum, suchen und finden in der Literatur Belege für die behauptete Wesensgleichheit von Geisteskrankheit und Genialität. Vor allem die psychiatrische Künstler-und Genie-Diagnose brachte es, im Verein mit der sogenannten Degenerations-These, in den letzten Jahrzehnten des 19. Jahrhunderts zu beachtlicher Popularität. Nach J.M.Fischer ist es der französische Psychiater Bénédict Augustin Morel, der in seinem bereits 1857 erschienenen *Traité des dégénerescences physiques, intellectuelles et morales de l'espèce humaine et de ces causes qui produisent ces variétés maladives* den Begriff der Degeneration als erster ins Spiel gebracht hat (J.M.Fischer, 1977,93-111). Nach Morel ist »Degeneration« als »krankhafte Abweichung von einem ursprünglichen Typus« zu verstehen (Worbs, 1983,55). Sie entsteht durch die Vererbung erworbener Eigenschaften und kann bis zum Aussterben eines Geschlechtes führen. Magnan hat Morels These in ein darwinistisches Entwicklungsschema eingepaßt. Und der Turiner Psychiater Cesare Lombroso schließlich, wendet in seinem Buch *Genio e degenerazione* die Degenerationshypothese auf den »genialen«

Künstler an, die in die populäre These von der Gleichsetzung von »Genie« und »Irrsinn« mündet. Aus den genannten Quellen schöpft der dem Naturalismus nahestehende österreichische Journalist und Mediziner Max Nordau, der den Degenerationsbegriff mit *Entartung* übersetzt und 1892 mit dem ersten Band seines gleichnamigen vielgelesenen Werkes hervortritt.

Der Entartungs-Begriff dient Nordau dabei zur Diffamierung der zeitgenössischen Moderne in Literatur und bildender Kunst. In ihr erblickt er »das Syndrom oder Gesammtbild (sic!) zweier bestimmter Krankheits-Zustände, mit denen er wohlvertraut ist, der Degeneration oder Entartung und der Hysterie, deren geringere Grade als Neurasthenie bezeichnet werden« (zit.n.Hank, 19,53). Nordau betreibt die Pathologisierung der Moderne mit den Mitteln einer bis in die neunziger Jahre des 19. Jahrhunderts hinein allgemein verbreiteten biologistisch-deterministischen Diagnostik. Aufschlußreich ist dabei, auf welche Weise er die von Mach und den Jung-Wienern gestaltete »impressionistische Wahrnehmung« des modernen Blicks wertet. Nordau glaubt, »die merkwürdige Vortragsweise gewisser neuerer Maler, der Impressionisten, der Zitterer oder Flimmerer (...)« erklären zu können, »wenn wir uns die Untersuchungen der Charcot'schen Schule über die Sehstörungen der Entarteten und Hysteriker gegenwärtig halten«. Die Maler, so Nordau, seien durchaus aufrichtig, wenn sie behaupteten, die Welt so wiederzugeben, wie sie sie sähen, denn: »Der Degenerierte, der an Nystagmus oder Zittern des Augapfels leidet, wird in der That die Welterscheinung bebend, ruhelos, ohne feste Umrisse wahrnehmen (...)« (zit. Hank, 19,51).

Die Rückführung einer veränderten Wahrnehmungs-Erfahrung auf physiologisch begründete Krankheitsbilder ist durchaus typisch für die Denkweise der älteren Psychiatrie. Es ist bezeichnend, daß derartige Gedanken, wie sie bei Nordau auftauchen, von der europäischen Literatur in der zweiten Hälfte des 19. Jahrhunderts verarbeitet werden. Der Zolasche *Rougon-Macquart*-Romanzyklus, der den fortschreitenden Niedergang einer Familie, basierend auf dem Vererbungsschema der Degeneration zeigt, ist hierfür ebenso Indiz, wie die Hauptmannschen Dramen, aber auch Huysmans Charakterisierung seines dekadenten Helden Des Esseintes in *A Rebours* als letzten kranken Sproß einer degenerierten Adelsfamilie.

Worbs macht in diesem Zusammenhang auf den fatalistischen Zug sowohl des Naturalismus, als auch der gegennaturalistischen Strömungen aufmerksam: beide, so Worbs, bedienen sich des von den Naturwissenschaften entwickelten Degenerationskonzeptes, um die tragische Weltsicht in ein Zeitalter hinüberzuretten, das sich der

Metaphysik entledigt zu haben glaubt. Solcher Szientismus, mit dem man einst der Metaphysik zu Leibe rückte, wird somit unversehens zum Mittel einer Remythisierung des Daseins (Worbs, 1983,57f).

Die Jung-Wiener Schriftsteller haben Teil an diesem medizinisch-literarischen Diskurs: der junge Hofmannsthal studiert Krafft-Ebing und Lombroso, für Schnitzler ergibt sich die Beschäftigung mit der Psychiatrie aus seiner medizinischen Praxis (s. weiter unten), und Bahr befaßt sich in seinen Aufsätzen zum Thema »Seelenstände« wiederholt mit den neuesten medizinischen Forschungen – so etwa mit Freuds *Studien über Hysterie* (1895) und Max Nordaus *Entartung*. Es verwundert kaum, daß die Degenerationshypothese eines Max Nordau bei der Mehrzahl der Jung-Wiener auf Ablehnung stößt: bei Hofmannsthal ebenso (vgl. BW Hofmannsthal-George, 1953,52), wie bei dem von Nordau als pathologisches Beispiel eines Hysterikers zitierten Hermann Bahr (Wunberg, 1976, 604f), aber auch bei Karl Kraus. Nicht die biologistisch-naturwissenschaftliche Schicksalsidee des Naturalismus interessiert die Jung-Wiener, sondern das psychopathologische Phänomen selbst, zu dessen »vorbewußten« Wurzeln vorzudringen sich die naturalistisch-materialistische Methode, nach Bahr, als unzureichend erweist (vgl. »Die neue Psychologie«, Bahr, 1891,101-117, vgl. auch Kap. 2.1). Das Psychopathologische nimmt dabei nicht allein auf der Ebene des Handlungsmotivs literarische Gestalt an, sondern findet Eingang in die dichterische Gestaltung selbst: »Schizophrenie als dichterische Struktur« (vgl. Wunberg, 1965, Worbs, 1983,59). Worbs erblickt in der Tatsache, daß die Degenerationshypothese der vorfreudianischen Psychiatrie bei den Jung-Wienern nicht akzeptiert wird, eine der Voraussetzungen für die Rezeption Sigmund Freuds (Worbs, MAL,1985,23). Freud, der sich gegen die Degenerationshypothese wendet, setzt sich im Zuge der Herausbildung einer eigenständigen Theorie zusehends vom naturwissenschaftlichen Materialismus der älteren Psychiatrie ab, emanzipiert gewissermaßen die Psychologie von der Physiologie. An die Stelle der tradierten Vererbungstheorie und ihrer Degenerationskonzeption setzt Freud spezifische Formen sexueller Erfahrung, die jeweils eine bestimmte Art nervöser Störungen (Neurosen) hervorrufen. Die lebensgeschichtliche Deutung der Neurose als einer im konflikthaften Prozeß erworbenen Krankheit nimmt die Stelle der Vererbungsthese als Deutungsmuster ein (vgl. Worbs, 1983,79f). Gerade hier wird die Spezifik des Freudschen Methodenansatzes deutlich. Freud, der ja mit seinem Anspruch auf wissenschaftliche Erklärbarkeit einem naturwissenschaftlichen Determinismus bis zu einem gewissen Punkte verhaftet ist – Worbs konstatiert auch hier eine Umdeutung naturwissenschaftlicher Begrifflichkeit in bezug auf die Beschreibung psychischer Vorgänge (Worbs, 1983,89) – verbindet die positivistische Beschreibungs-Methodik mit dem hermeneutischen Ansatz einer lebensgeschichtlichen Interpretation psychischer Anomalien. Es ist dieses hermeneutische Verfahren, das die Darstellung seiner Theorie der literarischen Darstellung annähert, wie Freud selbst in seinen Hysteriestudien irritiert feststellt:

»Ich (...) bin bei Lokaldiagnosen und Elektroprognostik erzogen worden wie andere Neuropathologen, und es berührt mich selbst noch eigentümlich, daß die Krankengeschichten, die ich schreibe, wie Novellen zu lesen sind, und daß sie sozusagen des ernsten Gepräges der Wissenschaftlichkeit entbehren. Ich muß mich damit trösten, daß für dieses Ergebnis die Natur des Gegenstandes offenbar eher verantwortlich zu machen ist als meine Vorliebe; Lokaldiagnostik und elektrische Reaktionen kommen bei dem Studium der Hysterie eben nicht zur Geltung, während eine eingehende Darstellung der seelischen Vorgänge, wie man sie vom Dichter zu erhalten gewohnt ist, mir gestattet, bei Anwendung einiger weniger psychologischer Formeln doch eine Art von Einsicht in den Hergang einer Hysterie zu gewinnen« (Freud, GW I, 227).

Freud und Schnitzler

Aus der Literarisierung der traditionellen Form der Krankengeschichte erwächst für Freud ein Rechtfertigungsdruck gegenüber seinen ärztlichen Kollegen und Kritikern, die, »– in dieser Stadt wenigstens – «, seine Krankengeschichten »nicht als einen Beitrag zur Psychopathologie der Neurose, sondern als einen zu ihrer Belustigung bestimmten Schlüsselroman lesen wollen« (Freud, Studienausgabe IV, 88). Daß hieraus das Bedürfnis nach Abgrenzung der eigenen Arbeiten von literarischer Produktion resultiert, ist verständlich und erklärt möglicherweise, warum Freud gerade jene Literatur seiner Zeit ablehnt, die psychoanalytische Erkenntnisse bewußt verarbeitet (Worbs, MAL,1985,23). Zu dieser Ablehnung mag auch Freuds klassizistisch-konservatives Kunstverständnis beigetragen haben, doch läßt beispielsweise das Verhältnis Freuds zu Arthur Schnitzler darauf schließen, daß die äußere Distanzierung voneinander von beiden Seiten betrieben wird. Es fällt dabei auf, daß sowohl Freud, als auch Schnitzler über nahezu identische Voraussetzungen hinsichtlich ihrer medizinischen Ausbildung und ihrer Interessen verfügen. Schnitzler war – vier Jahre nach Freud – Sekundararzt des Psychiaters Theodor Meynert gewesen und zeigt sich, ebenso wie Freud, befremdet von dem in der damaligen Medizin vorherrschenden »therapeutischen Nihilismus« (Johnston) seiner Lehrer (vgl. Kap. 1). Analog zu den von Freud bevorzugten Fragestellungen, entwickeln sich auch Schnitzlers medizinische Fachinteressen. In der von seinem Vater Johann Schnitzler begründeten Fachzeitschrift *Internationale Klinische Rundschau* bespricht Arthur Schnitzler die von Freud 1886 ins Deutsche übertragenen *Neuen Vorlesungen über die Krankheiten des Nervensystems, insbesondere über Hysterie* von Jean-Martin Charcot, bei dem Freud im Winter 1885/86 an der Salpêtrière die neue Behandlungstechnik der Hypnose studiert hatte. Und als Freud 1888/89 eine Schrift von Hippolyte Bernheim über *Die Suggestion und ihre Heilwirkung* übersetzt, ist es wiederum Schnitzler, der das Buch in derselben Fachzeitschrift rezensiert. Die Hypnose findet nicht nur als Handlungs-Motiv Eingang in Schnitzlers *Anatol*-Zyklus und in das Drama *Paracelsus*, sondern wird von Schnitzler selbst häufig auch in seiner medizinischen Praxis angewandt. Schnitzler demonstriert die Wirkung der Hypnose auf den Hypnotisierten vor geladenem Fachpublikum in zahlreichen Experimenten mit Patienten der Wiener Allgemeinen Poliklinik, führt Nasenoperationen mit Patienten durch, die unter Hypnose stehen. Seine »einzige selbständige wissenschaftliche Publikation« (Perlmann, 1987,20) trägt den Titel: *Über funktionelle Aphonie und deren Behandlung durch Hypnose und Suggestion* (1889). Schnitzler führt über Jahrzehnte hinweg ein Traumtagebuch. Trotz seiner Auseinandersetzung mit den Arbeiten Freuds, ungeachtet auch der Tatsache, daß Schnitzler und Freud nicht weit voneinander entfernt wohnen und beide Kontakte zu Mittelspersonen unterhalten, wie etwa zu der Freud-Schülerin und Rilke-Freundin Lou Andreas-Salomé, kommt es zu ersten persönlichen Begegnungen zwischen Schnitzler und Freud erst in den zwanziger Jahren und selbst dann entwickelt sich kein engeres Verhältnis. Eine mögliche Erklärung hierfür bieten die, wenngleich spärlichen, so doch in der Forschung umso eifriger interpretierten Briefe, die Freud an Schnitzler richtet (vgl. etwa Perlmann, 187,21f, Rella, 1981,199-205, Magris, 1981,71-80, Worbs, 1983,179ff). In einem Brief aus dem Jahre 1906 bekennt Freud gegenüber Schnitzler, daß er sich »seit vielen Jahren« der »weitreichenden Übereinstimmung bewußt« sei, »die zwischen Ihren und meinen Auffassungen mancher psychologischer und erotischer Probleme besteht«. Oft habe er sich gefragt, so Freud, woher denn sein Briefpartner »diese oder jene geheime Kenntnis nehmen« könnte, die er, Freud, sich »durch mühselige Erforschung des Objektes erworben« habe (Freud an Schnitzler, 8.5.06, NR, 1955,95). Und in einem Brief aus dem Jahre 1922 legt

Freud Schnitzler gegenüber gar »ein Geständnis« ab, »welches Sie gütigst aus Rücksicht für mich für sich behalten (...) wollen«. Er habe sich, so Freud, »mit der Frage gequält, warum ich eigentlich in all diesen Jahren nie den Versuch gemacht habe Ihren Verkehr aufzusuchen und ein Gespräch mit Ihnen zu führen (...)«. Seine Antwort: »Ich habe Sie gemieden aus einer Art von Doppelgängerscheu.« Es folgt die Erläuterung:

»(...) ich habe immer wieder, wenn ich mich in Ihre schönen Schöpfungen vertiefe, hinter deren poetischen Schein die nämlichen Voraussetzungen, Interessen und Ergebnisse zu finden geglaubt, die mir als die eigenen bekannt waren. Ihr Determinismus wie Ihre Skepsis – was die Leute Pessimismus heißen –, Ihr Ergriffensein von den Wahrheiten des Unbewußten, von der Triebnatur des Menschen, Ihre Zersetzung der kulturell-konventionellen Sicherheiten, das Haften Ihrer Gedanken an der Polarität von Lieben und Sterben, das alles berührte mich mit einer unheimlichen Vertrautheit. (In einer kleinen Schrift vom J. 1920 »Jenseits des Lustprinzips« habe ich versucht, den Eros und den Todestrieb als die Urkräfte aufzuzeigen, deren Gegenspiel alle Rätsel des Lebens beherrscht). So habe ich den Eindruck gewonnen, daß Sie durch Intuition (...) all das wissen, was ich in mühseliger Arbeit an anderen Menschen aufgedeckt habe (...)« (Freud an Schnitzler, 14.5.1922, NR,1955,96f).

Worbs sieht diese »Doppelgängerscheu« Freuds vorwiegend im Biographischen begründet: Freud sieht sich durch Schnitzler mit seiner eigenen verdrängten Neigung zu literarischer Produktion konfrontiert und reagiert mit einer Art von Abwehrverhalten (Worbs, 1983,200). Eine weitergefaßte Deutung gibt Rella. Er weist darauf hin, daß es sich bei dem von Freud genannten Doppelgängertum nicht einfach um Identität handelt, sondern, im Gegenteil um etwas Unheimliches, das die Differenz mit sich selbst meint (Rella, 1981,199-205). Bei aller Betonung der Affinität zu Schnitzler betont Freud in beiden Briefen ja gerade den Unterschied zwischen »mühseliger Arbeit« und »Intuition«, wobei er mit seinem Hinweis auf seine Schrift »Jenseits des Lustprinzips« gleichzeitig andeutet, was er im Spiegel des Schnitzlerschen Werkes zu erkennen glaubt: das Gegenspiel von Eros und Thanatos. Etwaige Belege für diese Beobachtung lassen sich in zahlreichen Werken Schnitzlers finden: die Einschätzung von Schnitzlers Bühnenstück *Der Reigen* als Totentanz-Allegorie durch Interpreten wie Richard Alewyn, sei hier nur als ein Beispiel unter vielen genannt (vgl. Alewyn, 1974,302, Bossinade, 1984,273). Im Ritual der sexuellen Lust, das sich immer wieder zwanghaft wiederholt, zeichnet sich das Profil des Todestriebes ab. Im Reigen der Begegnungen zwischen den Geschlechtern offenbart sich die Wirkung des Unbewußten. Rella zeigt allerdings in diesem

Zusammenhang auf, daß es sowohl Freud, als auch Schnitzler nicht darum zu tun ist, eventuelle Erkenntnisse in einer Sphäre jenseits der Grenze des Bewußtseins zu gewinnen. Im Gegensatz zu den späteren Surrealisten etwa, ist für Schnitzler das Feld der dichterischen Tätigkeit nicht das Unbewußte, sondern das, was er als »halbbewußt« oder »mittelbewußt« bezeichnet. Den späteren Psychoanalytikern, so etwa Reik, wirft Schnitzler vor, daß diese sich allzu voreilig dem Unbewußten zuwendeten, »wo ein Pfad noch mitten durch die erhellte Innenwelt« führe (An Theodor Reik, 31.12.1913, zit. n. Rella, 1981,204). Und auch Freud, der in späteren Jahren das »écriture automatique«-Programm der Surrealisten entschieden ablehnen wird, verharrt, genauso wie Schnitzler, »im Bannkreis des zerrissenen Wortes« (Rella, 1981,204), welches die Krise von Persönlichkeit und Kultur offenbart. Freud steht, ebenso wie Mach, in der liberalen Tradition eines aufklärerischen Ethos. Nicht die Zersplitterung von Person und Persönlichkeit ist sein Anliegen, sondern, im Gegenteil, die therapeutische Wiederherstellung des Patienten durch einen kathartischen Prozeß vernunftgeleiteter Bewußtwerdung über die Ursache seines Leidens. In dieser Hinsicht allerdings, trennen sich die Wege von Arzt und Schriftsteller. Anhand des Schnitzler-Dramas *Paracelsus* macht Wolfgang Neuber auf Schnitzlers Desinteresse an der Ätiologie von Erkrankungen aufmerksam und hebt dessen spielerisch-experimentierenden Umgang mit neuen Behandlungsmethoden, wie etwa der Hypnose, hervor (Neuber, 1989,441-474). Während Freud, so Neuber, sich schon um 1898 von der Hypnose als manipulativer Behandlungstechnik abgewendet und sich stattdessen Breuers kathartische Methode therapeutischer Selbstreflexion zunutze gemacht hat (vgl. auch Briese-Neumann, 1985,45), interessiert den Schriftsteller Schnitzler gerade der manipulative Aspekt der »Implantierung neuer, korrigierender Kausalität ins Unbewußte« (Neuber, 1989,469). Die Verunsicherung des in tradierten Vorstellungen befangenen Menschen durch das erfahrene Unheimliche der Hypnose, wird ihm in *Paracelsus,* ebenso wie in der _Anatol_-Szene _Frage an das Schicksal,_ zum Thema. Darüber hinaus vertritt Neuber die These, daß die von Schnitzler in späteren Jahren wiederholt geäußerte Skepsis gegenüber der psychoanalytischen Schule der Freud-Schüler auf seiner Ablehnung aller »modellierten Teile der Psychoanalyse« (Ödipus-Komplex, die überindividuellen Symbole etc.) beruhe (Neuber, 1989,472). Im Gegensatz zur Psychoanalyse, folgert Neuber, wolle Schnitzler »den Menschen nicht der durch das Modell definierten Normalität angepaßt wissen« (Neuber, 1989,472). Schnitzler sei demnach nicht als Doppelgänger Freuds zu verstehen, sondern als dessen Antipode, insofern seine literari-

schen Werke »dem einzelnen einen Schutzraum vor dem Normierungsbedürfnis der rationalistischen Systemlogik« gewährten (Neuber, 1989,472). Ob dies in solch zugespitzter Weise zutrifft, mag
bezweifelt werden. Zum Vorläufer einer antipsychiatrischen Postmoderne wird man Schnitzler kaum erklären können. Zu konzedieren
ist jedoch, daß Schnitzler in seinen nicht zur Veröffentlichung bestimmten Notizen zur Psychoanalyse das szientistische Selbstverständnis der Psychoanalyse in Frage stellt (vgl. Schnitzler, in:
Urbach, 1976,277-284). Und auch von Hofmannsthal wird die Äu
ßerung überliefert, daß die Psychoanalyse nur das erkläre, was die
Literatur ohnehin längst gewußt habe (vgl. Perlmann, 1987,22,
Mayer, 1993,153). Freud wiederum, bleibt nichts anderes, als auf einer erkenntnistheoretischen Vorrangstellung zu beharren: »die wissenschaftliche Arbeit ist aber für uns der einzige Weg, der zur
Kenntnis der Realität außer uns führen kann« (Freud, GW
XIV,354).

»Literarische Psychologie« und das neue Personen-Konzept

Das eigentümliche Wechselspiel zwischen Annäherung und Abgrenzung, welches das Verhältnis zwischen der Freudschen Psychoanalyse
und den Jung-Wiener Schriftstellern charakterisiert, erscheint noch
plausibler, wenn man sich die Tatsache vergegenwärtigt, daß die
Entstehung von Jung-Wien und die Entstehungsgeschichte der Psychoanalyse »fast bis aufs Jahr genau« (Worbs, 1983,63) parallel nebeneinander verläuft. Der Studienaufenthalt Freuds bei Charcot
(1885/86) bildet den Auftakt für eine Phase, in der Freud in weitgehender Zurückgezogenheit lebend, seine Theoriebildung vorantreibt. Es entstehen jene entscheidenden Veröffentlichungen, die das
Gerüst für die Psychoanalyse darstellen, u.a. die *Studien über Hysterie* (1895), *Die Traumdeutung* (1899/1900) und die *Psychopathologie
des Alltagslebens* (1902/04).

Im Jahre 1902, am Ende dieser Phase, zeigen sich erste Zeichen
gesellschaftlicher Anerkennung. Freud wird zum Professor extraordinarius ernannt, die »Psychologische Mittwoch-Vereinigung« wird gegründet, die ersten Schüler finden sich ein. Alle späteren
Veröffentlichungen Freuds sind, nach Worbs, als Weiterentwicklungen dieser in den Jahren vor 1902 erarbeiteten Grundlagen zu verstehen (Worbs, 1983,63). Definiert man als Anfangspunkt der
literarischen Theoriebildung von Jung-Wien den Aufsatz Hermann
Bahrs über Henrik Ibsen (1887) (vgl. Kap. 2.1.), und versteht Hofmannsthals *Ein Brief* (des Lord Chandos) (1902) als die zusammen

118

fassende Bilanz dieser Epoche, die gleichzeitig eine gewisse Zäsur markiert (vgl. Wunberg, 1976,VIII), so mag man hier eine Parallelentwicklung zur Freudschen Theoriebildung konstatieren. Die Entstehungszeit der zentralen literarischen Werke dieser Epoche scheint die Worbssche These zu stützen: Andrians *Der Garten der Erkenntnis* erscheint im Jahre 1895, ebenso Hofmannsthals *Das Märchen der 672. Nacht*. Beer-Hofmanns *Der Tod Georgs* erscheint im Jahre 1900, ebenso wie Schnitzlers *Leutnant Gustl*. Warum diese Werke, denen man durchaus noch weitere Erzähltexte (Schnitzlers *Frau Berta Garlan*, Hofmannsthals *Reitergeschichte* oder auch Musils *Die Verwirrungen des Zöglings Törleß*) an die Seite stellen könnte, als literarische Gestaltungen mit einigem Recht eine zentrale Rolle beanspruchen können, wird einsichtig, wenn man sich allein ihre ›moderne‹ Gestaltungstechnik vergegenwärtigt: die all diesen Werken gemeinsame Tendenz zur »Entfabelung« (Paetzke, 1992,9), einhergehend mit einer radikalisierten Methode, innerpsychischen Vorgängen literarischen Ausdruck zu verleihen, sei es in der Form der erlebten Rede (*Der Tod Georgs*), sei es als eine Art von »Traumtext« (*Der Garten der Erkenntnis*, vgl. auch le Rider, 1991,110, über *Das Märchen der 672. Nacht*), oder im inneren Monolog (*Leutnant Gustl*) (s. weiter unten). Für diese Erzähltexte gilt das, was auch die dramatischen Werke Schnitzlers und Hofmannsthals aus den neunziger Jahren kennzeichnet. Es fehlen die Großformen ›Roman‹ und ›Drama‹. Stattdessen dominieren Novellen, Prosaskizzen, Einakter und Dramolette. Ihnen allen gemeinsam ist der Verzicht auf die kontinuierliche Entwicklung von Handlungskomplexen, der Aufweis von Diskontinuität im Episodischen und die Gestaltung eines psychologischen Subjekts (vgl. Schmidt-Dengler, 1984,243-264).

Parallel zu Freud findet hier »die Entwicklung einer autonomen literarischen Psychologie« statt (vgl. Worbs, 1984,64). Als dann die ersten entscheidenden Werke Freuds erscheinen, unterscheidet sich ihre Rezeption durch die Jung-Wiener Schriftsteller grundlegend von jener der nachfolgenden Schriftstellergenerationen. Worbs konstatiert, daß Hermann Broch und Robert Musil bereits am Beginn ihrer literarischen Produktivität die Psychoanalyse als annähernd geschlossenes System vorfinden. Mit dem ab 1910 im Expressionismus einsetzenden Einfluß der Psychoanalyse, mit der Ausbreitung der psychoanalytischen Bewegung, die sich gegenüber den älteren Ansätzen als dominierende Richtung innerhalb der Psychologie durchsetzt, werden ihre Ideen öffentlicher Besitz. Im Gegensatz zu den Autoren von Jung-Wien, ist es für die Autoren, die nach Freud schreiben, nicht mehr möglich, Einfluß zu nehmen auf das Grundkonzept der Psychoanalyse (ebd).

Die Jung-Wiener Schriftsteller rezipieren Freud auf durchaus selektive Weise. Hermann Bahr befaßt sich in den Jahren 1903 bis 1907 mit der Psychoanalyse und setzt sich in seinem *Dialog vom Tragischen* (1904) mit Freuds *Studien über Hysterie* auseinander. Eine kontinuierliche Beschäftigung mit der Psychoanalyse scheint aber nicht stattgefunden zu haben. Worbs vermutet gar, »daß sich seine Kenntnisse auf die *Studien über Hysterie* beschränkten« (Worbs, 1983,141). Im Jahre 1903, als Bahr sich mit den Vorarbeiten zu seinem *Dialog vom Tragischen* befaßt, lesen auch Hofmannsthal und Schnitzler die *Studien über Hysterie* (Worbs, 1983,140).

Freuds *Traumdeutung* wird schon kurz nach ihrem Erscheinen von Max Burckhard in der Zeitung *Die Zeit* (6.1.1900) besprochen. Burckhard präpariert dabei das eigentlich Neue der Freudschen Ideen heraus, indem er auf die spezifische »Deutungsarbeit« Freuds verweist, die den »Traum als eine Wunscherfüllung« erkennen lasse (in: Wunberg, 1976,1049).

Daß der Traum als eine Wunscherfüllung zu betrachten sei, postuliert Freud keineswegs als erster. Das eigentlich Originelle besteht jedoch in der von Burckhard konstatierten Deutungsarbeit. Freud weist nach, »daß der Traum nicht nur harmlos und offen zu Tage tretende Bedürfnisse befriedigt, wie dies auch die traditionellen Traumtheorien annehmen, sondern daß sich hinter den verschlüsselten Bildern oftmals unbewußte Wünsche verstecken, deren Ursprung meist erotischer Natur sind« (Perlmann, 1987,50). In seiner Rezension zählt Burckhard die von Freud beobachteten Verschlüsselungsmechanismen der Traumarbeit, wie Verschiebung, Verdrängung, etc. auf. Und er würdigt ausdrücklich das hermeneutische Verfahren Freuds:

»In einem glücklich gewählten Bilde vergleicht der Verfasser den Traum mit einem Rebus, der unsinnig erscheinen mag als zeichnerische Composition, aber sinnreich, wenn man sich bemüht, ›jedes Bild durch eine Silbe oder ein Wort zu ersetzen, welches nach irgend welcher Beziehung durch das Bild darstellbar ist‹« (in: Wunberg, 1976,1050).

Ungeachtet der Tatsache, daß Burckhard in seiner Kritik auch die »Voreingenommenheit« der Freudschen Sichtweise (in: Wunberg, 1976,1049f) bemängelt, – was wiederum die Verärgerung Freuds auslöst –, ist es gerade die Rezeption der *Traumdeutung*, die, Perlmann und Urban zufolge, ihre Wirkung auf die Jung-Wiener Literatur nach 1900 entfaltet. So etwa beobachtet Urban in Hinsicht auf das Werk Hofmannsthals:

»Waren Träume bisher in artifizieller Tradition eingesetzt als innere Bewegung, Unheilsverkünder und Vorausdeutung, als bedrängendes Gewissen und Wegweiser, so werden sie jetzt in lebensgeschichtlicher Bezogenheit auf frühere Konstellationen als deutbare – wenn auch entstellte – Gebilde aufgefaßt und von Hofmannsthal unter dieser Perspektive in dichterische Werke eingearbeitet« (Urban, 1978,39).

Der Aspekt des Entschlüsselns und Deutens in lebensgeschichtlichen Zusammenhängen, die Freudsche Methodik eher, als die spätere Freudsche Theorie mit ihrer Betonung der Persönlichkeits-Komponenten ›Es-Ich-Über-Ich‹, ist in die Literatur Jung-Wiens eingegangen. Auch hier interessiert das eigentlich Neue an Freud. Es besteht weniger darin, die Existenz des Unbewußten angenommen zu haben – das ist bereits seit Ende des 19. Jahrhunderts in Medizinerkreisen der Fall – als vielmehr darin, eine »Mechanik des Unbewußten – Verschiebung, Verdichtung, Symbolisierung – konstruiert zu haben, die es ermöglicht, mit den (...) Mitteln der Vernunft, dem Bereich des Unbewußten Terrain abzugewinnen« (...) (Worbs, 1983,102), wobei diese Mittel – wiederum etwa im Gegensatz zu der in Österreich lange vorherrschenden Schule des Herbartianismus (vgl. dazu Neuber, 1989,441-474) – vor allem den inhaltlich-kausalen Begründungszusammenhang meinen. Mit seiner Theorie zielt Freud daher letztlich auf eine Rekonstruktion der Identität des Ichs – eines Ichs, das bei Mach »unrettbar« zerfällt (vgl. auch Briese-Neumann, 1985,45). Allerdings berührt weder die Rekonstruktionsabsicht Freuds, noch Machs nüchtern-desillusionierende Verneinung jedes Rekonstruktionsversuches den gemeinsamen Schnittpunkt beider, wie er sich mit den oben genannten literarischen Werken der Wiener Moderne trifft: dieser besteht vielmehr in der Entgrenzung und Dissoziierung des aus der Literatur der Goethezeit und des Realismus überkommenen Persönlichkeitskonzepts. Das Konzept der Person (Titzmann, 1989,36ff) erfährt in der Literatur der Wiener Moderne eine geradezu kopernikanisch anmutende Umwälzung – und diese Wende wird in Schnitzlers *Anatol*-Szene »Die Frage an das Schicksal« reflektiert. Anatols Freund Max äußert im einleitenden Dialog der Szene sein Erstaunen über Anatols Kunst, ein weibliches Medium – Anatols Geliebte – in Hypnose zu versetzen: Anatol erscheint ihm als »Zauberer«. Seine Fähigkeit, Persönlichkeit und Empfindungen der Geliebten im Zustand der Hypnose nach Belieben zu manipulieren, ist ihm »unheimlich« (A.S.,GW/*Die Dramatischen Werke*, 1,1972,30). Daraufhin versetzt Anatol: »(...) Nicht unheimlicher als vieles, auf das man erst im Laufe der Jahrhunderte gekommen. Wie, glaubst du wohl, war unseren Voreltern zumute, als sie plötzlich hörten, die Erde drehe sich? Sie müssen alle schwindlig geworden sein!« (ebd.).

Der arglose Max hat das Resultat des durch die Erkenntnisse von Psychologie und Machschem Empiriokritizismus ausgelösten Paradigmenwechsels beobachtet: hervorgerufen durch das suggestive Verfahren der Hypnose, löst eine Person ihr Ich auf in verschiedenartige Identitäten, was die Frage aufwirft, worin denn eigentlich dann noch der unveränderliche Kern eines individuellen Ichs bestehen soll. Das ›Unheimliche‹, das Max empfindet, ist eben jene Entfremdung von sich selbst, die das vorher als natürlich angenommene Selbstverständnis der Persönlichkeit grundlegend in Frage stellt. Dem Ich ist gleichsam der Boden seiner vormaligen Sicherheiten entzogen worden. In seinen späteren Dramen wird Schnitzler diesen Prozeß fortschreitender Verunsicherung immer wieder zeigen: der Boden der sozialen Konvention erweist sich seinen Figuren als ebenso schwankend, wie der Boden scheinbar unhintergehbarer Wahrheiten, auf den sich seine Figuren vergeblich in der verbalen oder auch erotischen Interaktion zu retten versuchen. Aber es hilft nichts: den Schnitzlerschen Figuren bleibt der Schock der neuen kopernikanischen Wende nicht erspart. Sie werden »schwindlig«, durchlaufen einen Prozeß, in dessen Verlauf die alten Grenzen ihrer personalen Identität eingerissen werden und sie selbst zur Selbstfindung, d.h. Konstitution einer stets als vorläufig gedachten neuen Identität aufgerufen sind. Denn auch ihre Selbstfindung vollzieht sich in immerwährender Krisenhaftigkeit, aus deren erfolgreicher Bewältigung allenfalls eine nur temporäre Stabilisierung der neuerrungenen Persönlichkeit resultiert. »Die Person lebt gefährlich: der Prozeß kann gelingen (Selbstfindung/Selbstverwirklichung) oder scheitern (Selbstverlust); nach der Krise ist die Rückkehr in die scheinbare Selbstverständlichkeit jedenfalls unmöglich« (Titzmann, 1989,49). In Maxens Paradigmenschock versteckt sich noch ein anderer Hinweis: seine Charakterisierung Anatols als »Zauberer« verweist auf die Herrschaft, die derjenige ausübt, der die Identitäten anderer nach Belieben zu manipulieren in der Lage ist. Der manipulative Aspekt als Ausdruck des »Unbehagens in der Kultur« (Freud) läßt wiederum an die Äußerung Hofmannsthals von der Politik als Magie (vgl. Kap. 1.) denken, er verweist aber auch auf die von Bahr vorgenommene Analyse des Antisemitismus als Opiat des kleinen Mannes (vgl. Kap. 3.1).

Der Manipulateur aber, ist der Ästhetizist, der gewissermaßen beide Seiten der Identitätsproblematik erfährt: seine Depersonalisation im Machschen ›Bündel von Empfindungen‹ geht einher mit jenem entgrenzenden Blick, der die Außenwelt gleichsam aufsaugt, sie in das eigene Innere vereinnahmt und dabei beherrschbar macht (vgl. dazu: Doppler, »Der Ästhet als Bösewicht -?«, MAL,12,1, 1979,

1-18). Anatol, der seine weiblichen Medien im (hypnotischen) Blick bannt, macht sie zum Spielball seiner augenblicklichen Launen. Die Frauen dienen ihm lediglich als Stimulantien seiner Nerven und erfüllen dieselbe Funktion wie die Luxusobjekte in seiner Wohnung (vgl. auch Kap. 3.3).

Die Identitätsproblematik als erzählerische Gestaltung bei Andrian und Beer-Hofmann

Es sind diese beiden Seiten der Identitäts-Problematik, die ihren Ausdruck in Andrians *Der Garten der Erkenntnis* und Beer-Hofmanns *Der Tod Georgs* finden. In beiden Werken erleben sich die jeweiligen Hauptprotagonisten als gespaltene und dissoziierte Persönlichkeiten, die unfähig sind zur definierenden Grenzziehung zwischen Innenwelt und Außenwelt, Traum und Realität.
Von dem Helden in Andrians Erzählung heißt es:

»Damals (er ging ins zwölfte Jahr) war der Erwin so einsam und sich selbst genug, wie niemals später; sein Körper und seine Seele lebten ein fast zweifaches Leben geheimnisvoll in einander; die Dinge der äußeren Welt hatten ihm den Wert, den sie im Traume haben; sie waren Worte einer Sprache, welche zufällig die seine war, aber erst durch seinen Willen erhielten sie Bedeutung, Stellung und Farbe« (*Der Garten der Erkenntnis*, 1970,4).

Im *Garten der Erkenntnis* wird eine Art von Bericht erstattet über den Verlauf der Identitätskrise des Fürstensohnes Erwin, in jeweils unterschiedlichen Phasen seines kurzen Lebens (vgl. U.Renner, 1981). Obgleich die Erzählung scheinbar am tradierten Muster einer Bildungs-Biographie orientiert ist, findet eine solche nicht statt. Das Muster wird ad absurdum geführt: der Protagonist erfährt auf seinem Weg zu seinem frühen Tod weder die Entwicklung zu einer individuellen Persönlichkeit, noch irgendeine Art von ›Erkenntnis‹, wie am Ende der Erzählung nochmals ausdrücklich betont wird. »Der Erwin«, wie die Hauptfigur in geradezu intimer Weise, »wie man zu Bekannten von Bekannten redet« (Felix Salten) vom unsichtbaren Erzähler im Text benannt wird (vgl. Andrian/Perl, 1970, 85f., J.M.Fischer, 1978,146), ist zweifellos mit autobiographischen Zügen seines Verfassers ausgestattet. Seiner Herkunft aus dem österreichischen Hochadel entsprechend, wird er im »Convict« erzogen, unternimmt mit seinem Hofmeister weite Reisen, lebt gewissermaßen in »Kosmopolis«, »wie damals die Welt jener genannt wurde, die von Nizza nach Venedig, von Venedig nach Meran unterwegs waren und nur in der ›Saison‹ in Wien sich aufhielten« (J.M.Fischer,

1978,146). Auch die als Lebenskonflikt empfundene homosexuelle Neigung Andrians findet sich in der Erzählung angedeutet. »Der Erwin« unterhält Beziehungen vor allem zu jungen Männern: zu einem schwindsüchtigen Offizier, zu seinen Jugendfreunden – Beziehungen, die von kurzer Dauer sind und durch Trennung oder den Tod des Betreffenden ihr Ende finden. Die einzige Frau, mit der er zeitweise zusammenlebt, trägt androgyne Züge, ihre Schönheit ist die »Schönheit der späten Büsten, bei denen man einen Augenblick zweifelt, ob sie uns einen jungen asiatischen König zeigen oder eine alternde römische Kaiserin« (*Der Garten der Erkenntnis*, 1970,32). Auch sie vermag den Protagonisten nicht aus seiner Einsamkeit und einer zur Schizophrenie tendierenden Selbstentfremdung zu befreien. »Dieses Leben«, so heißt es an einer Stelle, »war wie eine fremde Arbeit, die er verrichten mußte, es machte ihn müde (...)« (*Der Garten der Erkenntnis*, 1970,5).

»Der Erwin« befindet sich in der vertrackten Situation des Ästhetizisten (vgl. Kap. 3.3), dem sich die Erscheinungen der Außenwelt nur als Spiegel der eigenen Innenwelt präsentieren und der gerade deshalb keinen Zugang zum äußeren ›Leben‹ erlangt. »Ego narcissus« lautet das erste der drei dem Buch vorangestellten Motti, welches den in der Literatur des fin de siècle häufig gebrauchten Mythos vom Jüngling Narzissus zitiert, dessen Verliebtheit in sein eigenes Spiegelbild tödlich endet. J.M. Fischer erblickt sowohl in Erwin, als auch in seinem Verfasser Andrian »die klinisch korrekte Ausprägung dessen (...), was Freud unter dem Begriff des Narzißmus faßt« (J.M.Fischer, 1978,151). Der Narziß Erwin, so Fischer, konstituiere sein Ich als einen »anderen«, den anderen aber als sein »alter ego« (ebd.). So etwa bannt Erwin – ähnlich wie Anatol in der Hypnose – seine Geliebte in ein statisches Bild, das die Wunschvorstellungen ihres Betrachters widerspiegelt. Von ihr heißt es: »sie glich einer Triumphsäule ihres eigenen Lebens, der das Unzählige eingeprägt war, was man von ihr erhofft und in ihr gefunden hatte (...)« (*Der Garten der Erkenntnis*, 1970,32). Die Vereinnahmung des Anderen (der Frau) in die eigene Wunschvorstellung korrespondiert mit der Abspaltung eigener Sehnsüchte und Ängste als das Andere (vgl. auch Scheible, 1984,32-49). Es ist die Figur des »Fremden«, die in der Erzählung dieses Andere verkörpert: »Im niedrigen Gesicht des Fremden war Sanftmut und Bosheit, Furchtsamkeit und Drohung und das ganze Leben, aber wie im Leben zugleich« (ebd., 35).

Der »Fremde« ist eines der Leitmotive von Andrians Erzählung: als moderner Nachfahre des Doppelgängers aus der Literatur der Romantik taucht er auf im literarisch-psychologischen Terrain der dissoziierten Ich-Identitäten: als unheimliches alter ego des Protagonisten, als Verkörperung der anderen sozialen Welt, die bei Andrian (wie auch bei Schnitzler) in der Wiener Vorstadt beginnt (vgl. Kap. 1), als Inbegriff der verdrängten Ambivalenzen von Verlockung und Bedrohung, und, schließlich, als Todesbote. Und er findet sich nicht nur in der Erzählung Andrians, sondern auch in Hofmannsthals *Märchen der 672. Nacht*, in dessen *Reitergeschichte*, aber auch in Musils *Verwirrungen des Zöglings Törleß*, oder etwa bei Thomas Mann (u.a. »Der Weg zum Friedhof«, 1900).

All die genannten Werke sind gekennzeichnet durch »eine im einzelnen schwer dingfest zu machende traumhafte Atmosphäre, die selbst dort vorherrscht, wo die Gestalten nicht in einem Traum befangen sind« (Scheible, 1984,33). Scheible definiert diese Atmosphäre als »eine Realität, die sich jedem Zugriff der Gestalten – durch die Tat wie durch den Begriff – entzieht« (Scheible, 1984,34). Der Traum, so Scheible, wird zum Medium der Kunst, sofern diese vermitteln soll »zwischen einem in Abstraktionen sich auflösenden Weltverständnis und einem nicht minder abstrakten, an den Menschen und Dingen vorbeirauschenden Lebensstrom« (Scheible, 1984,37). Der Traum nämlich, löst alle Begriffe in Bilder auf, transformiert selbst die Beschreibung abstrakter Relationen in Bilder. Letztere ›bedeuten‹ nicht mehr, sondern bilden vielmehr eine Eigenwirklichkeit.

Konsequenter noch als bei Andrian, und getreu der Machschen Lehre von der prinzipiellen Gleichwertigkeit aller Erfahrungsbereiche, fließen die Wirklichkeits-Ebenen von Traumbildern und vorgestellter fiktionaler ›Realität‹ in Beer-Hofmanns Erzählung *Der Tod Georgs* ineinander, ohne daß eine Hierarchie der Wirklichkeitsebenen erkennbar wäre. J.M. Fischer bemerkt, daß der Autor seinem Leser dabei bewußt die Orientierung erschwere, indem er Paul – dieser nämlich, und nicht etwa der im Titel genannte Georg, ist der Hauptprotagonist der Erzählung – am Ende des ersten Kapitels einschlafen läßt, um die Erzählung im zweiten Kapitel fortzuführen, wobei dem Leser suggeriert wird, daß inzwischen acht Jahre verstrichen seien. Am Ende des zweiten Kapitels wird jedoch enthüllt, daß die erzählte Handlung im Traum stattgefunden hat, und daß die erzählte Zeit etwa nur um eine halbe Stunde weiter vorgerückt ist. Das dritte Kapitel wiederum, erweckt zunächst den Eindruck, als handele es sich um die Fortsetzung des Traums, entpuppt sich dann aber als eine in der fiktiven ›Wirklichkeit‹ stattfindende innere Reflexion des Erzählhelden Paul (J.M. Fischer, 1978,198f). Das komplizierte Geflecht aus Traum und Wirklichkeit, realer Zeit und Phantasiezeit wird einmal durch ein Netz von variantenreich sich wiederholenden Leitmotiven (vgl. weiter unten), andererseits durch die in der Erzählung durchgängig angewandte Form der erlebten Rede zusammengehalten. Während im *Garten der Erkenntnis* formal noch überwiegend aus der auktorialen Perspektive erzählt wird, wobei allerdings der unsichtbare übergeordnete Erzähler die Sichtweise der Hauptfigur bestätigt (vgl. Paetzke, 1992,12), nähert sich die Erzählweise im *Tod Georgs* dem an, was Hermann Bahr Jahre zuvor schon in seinen Essays gefordert hatte: »eine Methode zur Objektivierung der inneren Seelenstände« (Bahr, »Die neue Psychologie«, 1894,111). Naheliegend scheint hier zunächst die Verwendung der »Ich-Form« zu sein. Doch selbst sie erweist sich, laut Bahr, als unzureichend, wenn es sich darum handelt, »das Unbewußte auf den Nerven, in den Sinnen« zu objektivieren, noch bevor dieses Unbewußte den Status des Bewußtseins erreicht hat (Bahr, 1894,112, vgl. auch Kap.2.1). Gefordert ist also eine Methode, die der Machschen Ich-Zersplitterung ebenso Rechnung trägt, wie der psychologischen Erforschung des Vor- oder Unterbewußten. Diese Forderung scheint in der Form der erlebten Rede, wie sie Beer-Hofmann im *Tod Georgs* und Schnitzler in seinen frühen Erzählungen verwendet, ebenso erfüllt, wie in der Form des inneren Monologs, den Schnitzler erstmals in seiner Monolognovelle *Leutnant Gustl* einsetzt. Als Vorbild dient ihm dabei der Roman *Les Lauriers sont coupés* (1888) des französischen Symbolisten Edouard Dujardin (Schnitzler/Briefe, 1981,842,Anm.4, Janz/Laermann, 1977,111, Perlmann, 1987,135). Perlmann verweist in diesem Zusammenhang auf den in der Forschungsliteratur konstatierten literaturhistorischen Wandel des narrativen Diskurses, der, am Ende des 19. Jahrhunderts einsetzend, sich in der Wendung vom Erzählmodus zum Reflektormodus ausdrückt, und mit der Gestaltung eines weitgehend unstrukturierten Bewußtseinsstroms bei James Joyce seinen vorläufigen Abschluß erfährt (Perlmann, 1987,135f).

Die Begriffe ›Erlebte Rede‹ / ›Innerer Monolog‹ werden – so etwa von Scheible – häufig als Synonyma gebraucht, ja Scheible spricht im Zusammenhang mit Beer-Hofmanns Roman *Der Tod Georgs* von der »Technik des Inneren Monologs bzw. der erlebten Rede, deren sich der Autor (...) noch vor Schnitzler« bedient (Scheible, 1984,94). Perlmann hingegen, plädiert in Anlehnung an Bissinger (1953) für die Abgrenzung der beiden literarischen Formen: »im Gegensatz zur erlebten Rede, wo der Erzähler passagenweise hinter der Figur verschwindet, um mit Hilfe der Verben des Denkens, Fühlens und Empfindens innere Abläufe zur Darstellung zu bringen, senkt sich der Erzähler im inneren Monolog in die Figur und suggeriert dramatische Unmittelbarkeit« (Perlmann, 1987,135). Hank wiederum, entscheidet sich für die Bezeichnung ›Innerer Monolog‹, wenn in der 1.Person Singular erzählt wird, und bevorzugt die Bezeichnung ›style indirect libre‹, wenn, wie im *Tod Georgs* der Fall, in der 3.Person Präteritum erzählt wird (Hank, 1984, 196). Im übrigen ist es ihm, wie auch Scheible, weniger um die Bezeichnung selbst, als um die Funktion der angewandten Erzähltechnik zu tun. Insofern erlauben sowohl der innere Monolog, als auch die erlebte Rede, die »Differenz zwischen Erzähler und Erzählgegenstand« tendenziell aufzuheben (Scheible, 1984,93), »von dem Sagen von Dingen loszukommen, und endlich Dinge und Menschen scheinbar selbst reden zu lassen« (Beer Hofmann an Hofmannsthal, 5.7.1898, BW, 1972,74). Beide Formen vermitteln dem Leser eine Innenansicht von Verlauf und Eigenlogik psychischer Prozesse, die sich im Bewußtseinsinnenraum des Helden abspielen. Sie erlauben ihm, einen Blick auf die Wahrnehmungsbedingungen des erzählten Ichs zu werfen, den Prozeß seiner Identitätskrise als entgrenzenden Auflösungsprozeß nachzuzeichnen. Die »personale Erzählsituation«, die er bereits in der 1892 entstandenen und 1894 erstmals veröffentlichten Novelle *Sterben* von Arthur Schnitzler weitgehend verwirklicht sieht, ist auch für Rieckmann ein Charakteristikum der Moderne (Rieckmann, 1985,172). Die Auflösung der Ich-Identität im Machschen Bündel von Empfindungen findet, ähnlich wie in der Novelle von Schnitzler, in Beer-Hofmanns Erzählung *Der Tod Georgs* ihren Ausdruck in einer »Kunst der Ichlosigkeit«, die »als Konsequenz einer äußersten Subjektivität« (Kampits, 1990,98-110) fungiert. Freilich fehlt diesem gleichsam an die »Sensationen seiner Nerven« sich verlierenden Subjekt jedes Kriterium, sich im Wechsel unterschiedlicher Bewußtseinsmodalitäten, wie Träume, Assoziationen, Reflexionen, Erinnerungen und Visionen, als identisch zu behaupten. Ein Beispiel hierfür ist die in die Traumhandlung des zweiten Kapitels als Vision eingeschobene Tagtraum-Phantasie Pauls vom Untergang des mythischen Hierapolis-Tempels (vgl. Hank,1984 und 1990). Angelehnt an die Antiken-Tableaus der literarischen Décadence und unter Bezug auf zeittypische kulturphilosophische Entwürfe, wie sie sich als »Angstlust des Bürgertums am Matriarchat« (Hank, 1990,63) etwa in Bachofens *Mutterrecht* ausdrücken, werden Ich-Auflösung und Ich-Entgrenzung als rauschhafter Taumel im Spannungsverhältnis von Eros und Tod heraufbeschworen. Und als ebenso unkontrollierbar, wie die Mächte des Unbewußten in der Hierapolis-Vision, erweist sich auch das Innenleben des träumend-tagträumenden Protagonisten. Paul ist passiv seinen Träumen, Phantasien und Assoziationen ausgeliefert. Sein Ich verliert sich gleichsam im Bilderstrom unterschiedlicher Bewußtseinsinhalte (vgl. Hank, 1984,196ff), wobei der innere Bilderreichtum mit äußerer Handlungsarmut einhergeht (Hank, 1990,62, Paetzke, 1992,9): Paul träumt vom qualvollen Sterben seiner jungen Frau. Nach dem Erwachen freilich, stellt sich heraus, daß Paul nie verheiratet war. In der bewußten Nacht stirbt, von Paul unbemerkt, im angrenzenden Zimmer vielmehr sein Freund Georg. Eine Zugfahrt, die Paul unternimmt, um den Sarg des toten Freundes nach Wien zu überführen, wird ihm zum Anlaß für weitere assoziative Reflexionen. Einige Wochen später unternimmt er einen Spaziergang im Park von Schönbrunn, in dessen Verlauf er zu einer Art von abschließendem Fazit gelangt. Die eigentliche Handlung des Romans spielt sich also im Inneren einer einzigen Person ab.

Paul ist ein geistiger Verwandter des Fürstensohnes Erwin. Wie dieser, so unterwirft auch er die ihm begegnende Außenwelt der alles verschlingenden Wahrnehmung des Ästheten. Was dies in letzter Konsequenz bedeuten kann, ist bereits im *Garten der Erkenntnis* angedeutet, wo es an einer Stelle heißt:

> »Manchmal überkam den Erwin eine große Neugier nach den Menschen, die seiner Ahnung von ihrer Verschiedenheit und seiner Ahnung von der Mannigfaltigkeit des Daseins entsprang; er empfand sie als den Wunsch, vom Zufall der Straße geleitet, aus den Zügen, Gebärden und Worten der Menschen ihr Leben zu entnehmen.(...)« (*Der Garten der Erkenntnis*, 1970,30f).

Was »der Erwin« bloß erwägt, realisiert Paul im – geträumten – Verhältnis zu seiner Frau. Sie, die dem fin-de-siècle-Typus der »femme fragile«, bzw. der noch vorbewußten, kindhaften »femme enfant« nachgebildet ist, wird von Paul nicht als eigenständige Person wahrgenommen, sondern dient ihm lediglich als Reservoir eines noch nicht durch Reflexion gebrochenen Lebens, dessen sich Paul in geradezu vampiresker Weise bemächtigt. Da ihm selbst, ebenso wie dem Erwin, der Zugang zum unmittelbaren, authentischen Dasein versagt ist, sucht er sich am »Leben« seiner Frau schadlos zu halten. Doch, indem er das naive Lebensgefühl seiner Frau in den eigenen Wahrnehmungs- und Reflexionszusammenhang hineinzieht, zerstört er es gleichzeitig: »er nahm ihr den Glauben an einen gütigen Gott (...) und ließ ihr nichts als verzehrende Sehnsucht nach dem Glauben;« er »lehrte sie, ihr eignes Leben mit Zweifeln und fragenden Augen zu sehen. (...)« (*Der Tod Georgs*, Ausg. 1963,535).

Parallel zur Zerstörung von tradierten Sinn-Sicherheiten verläuft der Prozeß der Anverwandlung der »femme fragile« an die Struktur der eigenen Person – eine Dynamik, die Scheible mit dem Begriff des »psychischen Imperialismus« belegt (Scheible, 1984,101): »Aber je mehr er ihr nahm, desto mehr ward sie sein. Leer und haltlos sank sie ihm zu (...)«, heißt es weiter. Paul, der die Verpflichtung fühlt, »daß er ihr etwas zu geben schulde für das, was er ihr genommen« (Der Tod Georgs, 1963,535), macht seine Frau mit der sensiblen Wahrnehmungsweise des Ästheten bekannt, indem er ihr die flüchtige »Schönheit alltäglicher Dinge« ebenso vor Augen führt, wie die materiellen und geistigen Kleinodien vergangener Zeiten. Daß dies ein ungleicher Tausch ist, wird ihm an ihrem Sterbelager klar: »Sie sah ihn an, dann schien sie verächtlich den Blick von ihm zu wenden. Wie ein Betrüger kam er sich vor; um Unermeßliches ging der Handel, und seine Bettelware sollte Wert für sie haben?« (ebd., 564). Eine Wahrnehmung, die sämtliche wahrgenommenen Gegenstände relativiert und nivelliert, kann kein wirklicher Ersatz sein für sinnstiftende Totalität. Sie reicht nicht aus, um das Werte-Vakuum (Broch), das Pauls Zerstörungswerk hinterlassen hat, erneut zu füllen, mehr noch: der ästhetizistischen Anschauung unterworfen, verfällt auch das eigene Leben der Frau selbst, einem Prozeß, den Hank als »Mortifikation« bezeichnet. Der Wunsch des narzißhaften Erwin, der im Anderen nur das Eigene erkennen will, findet im Schicksal Pauls seine idealtypische Erfüllung: Paul hat die frühere Selbst-Identität seiner Frau zerstört, vermag es aber nicht, ihr eine gleichwertige neue Identität zu bieten, sondern weist ihr stattdessen lediglich die Funktion eines Spiegels seiner selbst zu. Da ihre Identität sich somit der seinen gewissermaßen aufopfert – Scheible stellt hier den Bezug her zum christlich-romantischen Erlösungsgedanken – ergibt sich daraus ihr Tod als folgerichtige Konsequenz:

»Und woran immer er auch dachte – an ihren Blick und ihren Gang, an den Klang ihrer Stimme, wenn sie im Dämmern neben ihm saß und sprach – hinter allem fand er nur sich wieder; (...) Es schien, als hätte sie es ihm leichter machen wollen; nur sich selbst brauchte er zu lieben, dann mußte er auch sie liebhaben, so sehr war sie erfüllt von ihm. Und nun starb sie« (ebd., 563).

Die im Text als Selbstreflexion Pauls gewertete »Schuld« des Hauptprotagonisten besteht eben darin, durch den Blick des Ästheten »getötet« zu haben – man erinnere sich an diesen Zusammenhang an das Gedicht Hofmannsthals über George (vgl. Kap. 3.1)!

Diese »Schuld« ereignet sich allerdings im Traume. Der anschließend auf der fiktiven Realitäts-Ebene als faktisch präsentierte Tod des Freundes Georg, kehrt das im Traum vorgestellte Verfahren um. Während dort die scheinbar unbegrenzte Allmacht des ästhetischen Blicks bis hin zur letzten tödlichen Konsequenz demonstriert wird, so macht hier das Faktum des tatsächlich eingetretenen Todes deutlich, »daß es eine Außenwelt gibt, deren Eigenständigkeit durch das

Bewußtsein nicht gänzlich aufgezehrt werden kann« (Scheible, 1984,131). Den Protagonisten Paul zwingt der Tod Georgs zur Einsicht in die Grenzen des Wahrnehmungsvermögens, weil dieser Tod das einzige ist,»was von seinem Bewußtsein nicht einholbar und daher auch nicht auf ein bloßes Bewußtseinsphänomen reduzierbar ist« (Scheible, 1984,130). Nach Scheible findet diese Wahrnehmungsbegrenzung ihren Ausdruck in der rhetorischen Figur der Ellipse: »das Ereignis, das dem Roman den Titel gibt, bleibt ausgespart« (Scheible, 1984,131).

Das Ornament als Identitäts-Ersatz und poetisches Prinzip

Die im zweiten Kapitel gestaltete Eisenbahnfahrt Pauls, in deren Verlauf die moderne Wahrnehmung von Geschwindigkeit reflektiert wird (vgl. Hank, 1984, Scheible, 1984), wertet Scheible als kompensatorische Reaktion auf die Einsicht in die Begrenztheit der ästhetischen Wahrnehmung: die in der Fortbewegung per Eisenbahn stattfindende perspektivische Erweiterung des Gesichtsfeldes vermittelt dem Protagonisten Paul die Illusion, das Feld des eigenen Wahrnehmungsbereiches doch noch auf die gesamte Außenwelt ausdehnen zu können. Sprachlich-stilistisch wird dieses Bemühen im *Tod Georgs* im Verfahren der ornamentalen Verknüpfung von Leitmotiven erkennbar. J.M. Fischer, Scheible und Hank betonen übereinstimmend, daß der formalen Logik des Ornaments die Funktion eines poetischen Prinzips zukommt. Diesem Prinzip liegt ein Gedanke zugrunde, den Henry van de Velde und Gustav Klimt für die bildende Kunst des Jugendstils postulieren: das Ornament, das in der Tradition lediglich als schmückendes Beiwerk eines Gegenstandes gedient hatte, emanzipiert sich nun als ornamentale Linie von seinem substantiellen Träger und damit von seiner Funktion als einem der inhaltlichen Bedeutung unterworfenen Zeichen. Mehr noch: die entfesselte ornamentale Linie überwuchert nun ihrerseits den eigentlichen Gegenstand, so daß dessen konventionelle Bedeutung und Funktion nicht mehr erkennbar ist (vgl. Hank, 1984,226). Mit der Wirkung ornamentaler Strukturen auf die »Empfindungen« des Wahrnehmenden hat sich Ernst Mach bereits im Jahre 1871 beschäftigt (Mach, *Populärwissenschaftliche Vorlesungen*, »Die Symmetrie«, 1896,100-116) und kommt zu dem Schluß, daß »die angenehme Wirkung regelmäßiger Gestalten, der Vorzug, welcher den geraden Linien, namentlich den vertikalen und horizontalen vor beliebigen anderen eingeräumt wird,« auf einer »Wiederholung der Empfindung« beruhe, und daß, umgekehrt, »diese

Wirkung bei symmetrischen Gestalten auch nur da eintritt, wo es eine Wiederholung der Empfindung gibt« (Mach, 1896,108).

Bei Beer-Hofmann erscheint dieses so verstandene Ornament einerseits auf der Ebene des erzählten Gehalts, andererseits als formales Erzählprinzip selbst. Für den vereinzelten und vereinsamten Protagonisten im *Tod Georgs* steht das Ornament für die Sehnsucht nach einem umfassenden Lebens- und Sinnzusammenhang (vgl. Hank, 1984, Scheible, 1984). Paul findet dieses Ornament in der Lektüre der orientalischen Märchen von »Tausend und eine Nacht«. Der Lebensweg der dort beschriebenen Figuren ähnelt, wie Hank und Scheible beobachten, dem formalen Verknüpfungsprinzip der Jugendstillinie:

»In gewundenen labyrinthischen Wegen lief ihr Leben, mit dem anderer seltsam verkettet. Was einem Irrweg glich, führte ans Ziel; was sich planlos launenhaft zu winden schien, fügte sich in weise entworfene vielverschlungene Formen, wie die künstlich erdachten, golddurchwirkten Arabesken auf der weißen Seide der Gebetsvorhänge« (*Der Tod Georgs*, Ausg. 1963,532).

Die von Hank konstatierte »Sehnsucht nach dem Leben als Arabeske« (Hank, 1984, 227) – auch Hofmannsthal läßt seinen Kaufmannssohn im *Märchen der 672. Nacht* in ganz ähnlicher Weise die ornamental »verschlungenen Wunder der Welt« preisen (SW, 1975,XXVIII, 13-30) – birgt freilich auch eine andere Seite in sich: wie die entgrenzende Wahrnehmung des Ästheten, so kann auch die vermeintlich allumfassende Arabeske keinen authentischen Zugang zur Lebenstotalität eröffnen. Auch die alles verschlingende Bewegung der ornamentalen Linie erreicht einmal einen Punkt, wo sie nicht als willkommene Erweiterung von Welterfahrung, sondern als deren erdrückende Beengung erfahren wird. Paul ersehnt die Arabeske, aber er hat auch gute Gründe, sie zu fürchten:

»So flocht sich wundervoll und beängstigend ein Netz um ihn, engmaschig und alle Freiheit ihm nehmend. Alles war mit allem unlösbar verknotet, Gewesenes stand neben ihm aufrecht wie Lebendiges, und er lebte wie in dumpfen menschenüberfüllten Räumen. Alle Herrlichkeit der Welt war funkelnd aufgestapelt an den Wänden und hing in reichen Gewinden von der Decke herab, und er sah, daß es schön war und kannte den Wert. Aber fensterlos und versperrt engte sich der Raum, und alles was in gepreßtem Gewühl sich um ihn drängte, nahm ihm selber den Atem und stahl ihm seine Lebensluft« (*Der Tod Georgs*, 1963,551).

Was Paul ersehnt und erleidet, wird ihm selbst zur Wahrnehmenspraxis: auch Pauls Blick strukturiert das Wahrgenommene zum Ornament. Sein relativierender Blick entkörperlicht die Gegenstände und faßt ihre Umrißlinien als dekorative Intarsien im flächigen, zweidimensionalen Tableau: Pauls Frau erscheint ihm »fast körperlos«, ihr Bild erscheint als flächiger Umriß inmitten einer Naturlandschaft, die ebenfalls als »narzissenübersäte Tapete« vorgestellt wird (ebd., 534). In der Wahrnehmung Pauls wandelt sich Natur zur »nature morte« des künstlichen Dekors.

Dem ornamentalisierenden Blick als erzählerischem Gehalt entspricht das erzählerische Prinzip auf der Textebene, wobei das Leitmotiv die Rolle der ornamentalisierenden Linie einnimmt. Ein Geflecht von immer wiederkehrenden sprachlichen Wendungen durchzieht den Text als »sprachlich Identisches, das sich über die verschiedenen erzählten Gehalte hinweg durchhält« (Hank, 1984,228). Die zuweilen leicht abgewandelten sprachlichen Bilder und Wendungen stiften die Bezüge der unterschiedlichen Bewußtseinsmodi zueinander. Als strukturierende Elemente treten sie an die Stelle der im *Tod Georgs* fehlenden formalen Unterscheidungskriterien zwischen den Bewußtseins-Ebenen von Traum, erzählter Wirklichkeit und Vision. Der Machsche Wiederholungs-Effekt, die »angenehme Wirkung regelmäßiger Gestalten«, stellt sich beim Leser unweigerlich ein: J.M. Fischer zählt innerhalb des Textes allein siebzig mindestens einmal wiederholte Motive und Wendungen (J.M.Fischer, 1978,200). Die Vielfalt dieser sprachlichen Bezüge und Verweise läßt den Text zum ornamentalen Gewebe werden, das den erzählerischen Gehalt überlagert, ihn fast bedeutungslos erscheinen läßt. Hank sieht hierin eine ornamentale Ästhetik begründet. »Die Fülle der sprachlichen Verweise bleibt ohne Bedeutungsbezug«, sie ist spielerischer Selbstzweck: ein ornamentales »Rankenwerk, das alles mit allem verbindet«, ohne daß eine übergeordnete Bezugsinstanz erkennbar wäre, die den jeweiligen sprachlichen Leitmotiven ihre Funktion und Bedeutung verliehe (Hank, 1984,230,231). So aber, entpuppen sich die jeweiligen Bilder als beliebig austauschbar. Sprachliche Wendungen, wie etwa die in immer wieder geringfügigen Abwandlungen auftauchende Formel von der »schlanken, knabenhaften Gestalt« der Frau (*Der Tod Georgs*, 1963,525), gerinnen zu starren Klischees (vgl. ebd., 534,605 etc.).

Der Schluß des Romans bietet jedoch eine überraschende Wendung. In der Parkszene von Schönbrunn versucht Paul, aus dem Netz der einander relativierenden Bezüge auszubrechen. Der Tod seines Freundes Georg und die Erinnerung an seinen Traum veranlassen ihn, seine ästhetische Existenz selbstkritisch zu überdenken. Paul gelangt schließlich zu einer neuen Sinngebung, indem er sein Leben in den übergeordneten Überlieferungszusammenhang des jüdischen Volkes eingliedert. Am Ende der Erzählung verläßt Paul den

Garten ästhetizistischer Wahrnehmung: »Paul trat durch das Gittertor des Schloßhofes ins Freie. (...) Er schritt (...) der Stadt zu« (ebd., 623). Auf seinem Wege schließt er sich einem Trupp Arbeiter an, die miteinander in einer »fremden Sprache« sprechen. »Langsam ging er hinter ihnen, unbewußt in den schweren Takt ihrer Schritte verfallend« (ebd., 624). Das Unternehmen einer »Erlösung« des Ästheten aus seiner isolierten, subjektbezogenen Existenz, sein Bemühen, die Relativität bloß subjektiver Stimmungen zu überwinden zugunsten von verbindlicher Erkenntnis, führt ihn zur Selbstpreisgabe an eine kollektive Tradition. Paul findet in seinem Bekennntnis zur Tradition des jüdischen Volkes einen übergeordneten Halt, der den wechselnden Zufälligkeiten stimmungshafter Wahrnehmung enthoben ist. Sein Bekenntnis, so scheint es Paul, beruht zudem auf keiner willkürlichen Entscheidung, sondern ergibt sich mit einer Notwendigkeit, die im Erzähltext als biologistische Schicksalhaftigkeit erscheint. Pauls Konversion wird motiviert mit einer ihm bereits vorgegebenen Identität des »Blutes«: »Aber was diese Abendstunde ihm gegeben, blieb; immer in ihm und nur in ihm; dem Blut in seinen Adern nicht bloß vergleichbar – sein Blut selbst, das zu ihm geredet hatte; und darauf zu horchen, hatte diese Stunde gelehrt« (ebd., 621).

Die Konversion Pauls fußt nicht eigentlich auf religiöser Überzeugung. Seine Reflexion über das Judentum enthält zuweilen sogar durchaus religionskritische Züge, so etwa, wenn er die Leidensgeschichte des jüdischen Volkes als ideologisch instrumentalisierte darstellt:

»Und vor ihnen viele, deren Sterben ein großes Fest, anderen bereitet, war. (...) Flammen, die königliche Hände entfacht – – – sie selbst an Pfähle geschnürt, das Feuer erwartend, schuldlos Sünden sich erdichtend und ihre Qualen »Strafe« nennend, nur daß ihr Gott ein Unbezweifelter, Gerechter, bleibe« (ebd., 621f).

Die ideologische Funktion von Religion legitimiert sich in den Augen Pauls durch den Zweck der Bewahrung eines unbezweifelbar Absoluten. Glaube erscheint somit einerseits als Einsicht in den Determinismus von Abstammung, andererseits als zweckgebundenes Mittel zur Herstellung eines totalen Sinnhorizonts.

Für Scheible stellt die im *Tod Georgs* vorgestellte Konversion den »hilflosen Versuch des Ästheten« dar, »den verlorenen Anschluß an die Außenwelt wiederzugewinnen« (Scheible, 1984,166). Hank wiederum, läßt offen, ob es sich bei dieser Konversion um eine endgültige Stabilisierung des Subjekts innerhalb eines Traditionszusammenhangs handelt, oder ob die bei Beer-Hofmann vollzogene Flucht in den

Kollektivismus bloß als »narzißtische Absicherung« des passiv disponierten Ästheten fungiert (Hank, 1984,166f). Die Zeitgenossen Beer-Hofmanns neigen eindeutig letzterem zu. Für Arthur Schnitzler ist die Konversionsszene des letzten Kapitels Ausdruck einer vorgespiegelten Pose. In einem Brief an Beer-Hofmann heißt es: »Im vierten Kapitel steckt übrigens irgendwo ein frecher Schwindel – das dürfte Ihnen nicht unbekannt sein. Sie setzen sich sozusagen plötzlich an eine andre Orgel, die auch herrlich klingt – aber das beweist nichts« (an Beer-Hofmann 2.3.1900, SBW, 1981,381). Der »freche Schwindel« besteht für Schnitzler darin, daß Beer-Hofmann eine Lösung des ästhetizistischen Dilemmas gleichsam durch einen herbeigezauberten »deus ex machina« herbeizwingt, das Willkürliche dieses Verfahrens jedoch zu verschleiern sucht, indem er es als notwendige Konsequenz ästhetizistischer »Reflexionsstimmung« präsentiert. Scheible hat diese Verschleierungstechnik als erzählerisches Dreistufenmodell analysiert, dessen Zweck darin besteht, »Paul aus Stimmungen in Erkenntnis gleichsam hineingleiten zu lassen« (Scheible, 1984, 149).

Leutnant Gustl: ›Die Identität auf der Couch‹

Der Erzähler Schnitzler vermeidet eine solche Erkenntnisfalle. In seiner Monolognovelle *Leutnant Gustl* stellt sich erst gar nicht die bei Andrian und Beer-Hofmann so drängende Frage nach der Möglichkeit verbindlicher Erkenntnis. Die Bewußtseinskrise des Protagonisten in Schnitzlers Novelle wird gewissermaßen von umgekehrten Voraussetzungen her entwickelt. Während den Figuren bei Beer-Hofmann und Andrian von Anfang an auferlegt ist, einen Zusammenhang von Subjekt und Welt erst herzustellen, verharrt Leutnant Gustl scheinbar noch im ›vormodernen‹ Status vollständiger Integration in den Traditions- und Wertezusammenhang seiner militärischen Kaste. Doch gerade innerhalb dieses vom Protagonisten selbst unbefragten Wertezusammenhangs wird die moderne Problematik der Entfremdung von Ich und Welt offenbar. Das Ich des Leutnants ist, ebenso wie die Subjekte bei Andrian oder Beer-Hofmann, unfähig, sich den Einflüssen der Außenwelt gegenüber als autonome Instanz zu behaupten. Wie das Ich bei Mach sich an die Empfindungselemente verliert, so erscheint auch Leutnant Gustl den äußeren gesellschaftlichen Zwängen völlig ausgeliefert, ohne daß diese Selbst-Verdinglichung vom Ich durchschaut würde (vgl. Günther, 1981,99-116).

Aus der Verunsicherung, die der Leutnant erfährt, folgt nämlich keineswegs seine innere Distanzierung von den Anforderungen, die dieses Wertesystem an ihn stellt. Die Krise, die nicht bestanden wird, sondern sich per Zufall löst, ändert nichts an seiner unreflektierten Haltung. Nach wie vor befürwortet er jene Normen, die ihn beinahe in den Tod getrieben hätten. Anlaß für die innere Krise des Leutnant Gustl ist ein banaler Vorfall. Im Gedränge einer Menschenmenge – in einer Situation also, die als moderne Großstadtszene dadurch gekennzeichnet ist, daß die traditionellen sozialen Abgrenzungen in der Anonymität der Masse zunehmend ihre Bedeutung verlieren – wird der Leutnant von einem einfachen Bäcker angerempelt. Leutnant Gustl fühlt sich in seiner Ehre gekränkt. Es ist ihm aber nicht möglich, diese Ehre auf dem üblichen Wege des Duellierens wiederherzustellen, da der niedrige soziale Rang seines Beleidigers eine Duellforderung nicht erlaubt. Leutnant Gustl glaubt daher, dem militärischen Ehrenkodex durch seinen Selbstmord Genüge tun zu müssen. Am Morgen nach dem Vorfall erfährt er jedoch, daß der Bäckermeister noch in derselben Nacht an einem Schlaganfall verstorben ist. Da es nun ausgeschlossen scheint, daß die vermeintliche Ehrverletzung der Öffentlichkeit bekannt wird, ermöglicht ihm der Tod des Bäckers, den Vorfall zu ignorieren. Die Erleichterung über die lebensrettende Wendung zeitigt aber keinen Lerneffekt. Der erste Gedanke des Leutnants gilt vielmehr einem bevorstehenden Duell, das zwischen ihm und einem Arzt angesetzt ist. Der letzte Satz der Novelle – »Dich hau' ich zu Krenfleisch« (SWE, I,366) – signalisiert unmißverständlich, daß der Protagonist in der erzählten Zeitspanne vor seinem vermeintlichen Tod keine ›therapeutische‹ Entwicklung vollzogen hat. Derartige Parallelen zu den psychologischen Kategorien ›analytischer Diskurs‹ und ‹Therapie‹ bieten sich an. Schnitzler, der wenige Monate vor der Skizzierung seiner Novelle Freuds *Traumdeutung* gelesen hatte (Janz/ Laermann, 1977,129, Worbs, 1983,238), protokolliert hier gleichsam den Bewußtseinsstrom eines fiktiven k.u.k.-Leutnants innerhalb eines begrenzten Zeitraums – präzise von 21.45 Uhr bis 6 Uhr (vgl. Worbs, 1983,237). Der Zwischenfall in der Menge löst bei dem Protagonisten eine Verunsicherung aus, die sich in einer Flut von Gedanken und Emotionen ausdrückt und ihn zur »assoziativen Durchwanderung seines bisherigen Lebensweges« (Worbs, 1983, 238) nötigt. Das ganze Psychodrama dieses Leutnants wird nach und nach vor den Augen des Lesers aufgerollt: die Ich-Schwäche des Leutnants, die aus seiner sozialen Herkunft resultierenden Minderwertigkeitskomplexe, seine kompensatorische Aggressivität, die sich in reaktionärem Militarismus und haßerfülltem Antisemitismus äußert, kurz: die seelische Misere des armen Teufels, die hinter der äußeren Renommier-Fassade des kaiserlich-habsburgischen Offiziers verborgen ist. Konsequenter noch, als in Beer-Hofmanns Erzählung, wird in der vorgestellten Selbstentlarvung des Leutnants eine Strategie totaler Distanzlosigkeit (Perlmann, 1987,135) erkennbar, die dem Leser die mikroskopische Innenschau (Worbs) eines Ich-Bewußtseins ermöglicht. Im inneren Monolog des Leutnants entfaltet sich ein assoziativ gelenkter Bewußtseinsstrom, der an die Freudsche »Traumarbeit« erinnert. Nichtsdestoweniger verläuft dieser Bewußtseinsstrom nicht völlig chaotisch. Eingeblendete Orientierungsmarken, wie beispielsweise Zeitangaben, sorgen für eine maßvolle Koordinierung der Selbstreflexion des Leutnants. Letztere allerdings, unterläuft ihm gewissermaßen wider Willen, denn Gustl ist ja eigentlich unfähig, seine Situation bewußt zu reflektieren (vgl. Janz/ Laermann, 1977,115). Wollte man das dissoziierte Ich des Leutnants, in dem sich soziale Außenwelt und psychische Innenwelt kaleidoskopartig spiegeln, in Freudscher Terminologie beschreiben, so bestünde dieses Ich aus einem Konglomerat verdrängter unterbewußter Regungen, halbbewußter Erinnerungen, sowie Versatzstücken eines normsetzenden Über-Ichs. Schnitzler, so Worbs, analysiert seine Figur nach dem Muster des Patienten, der »auf der Couch dem Analytiker unter Aussetzung der Zensur seine innersten Gedanken freigibt, Verdrängtes ins Bewußtsein aufnimmt, Unbewußtes im ständigen Kreisen um bestimmte Kernmotive, (...) anklingen läßt« (Worbs, 1983,239). Bei aller Parallelität, lassen Worbs und Janz/ Laermann aber auch keinen Zweifel daran, daß es sich bei der Kunstform des inneren Monologs eben nicht um Psychotherapie handelt, sondern um eine genuin ästhetisch intendierte Erfahrung, die sich jenseits psychoanalytischer Zielsetzungen bewegt. Die im Verhältnis Psychotherapeut-Patient gegebene »Übertragungssituation, die dem inneren Monolog fremd bleiben muß«, sieht Worbs allerdings in der Rezeptionsgeschichte der Schnitzlerschen Novelle als spiegelbildliche Umkehrung verwirklicht. Die empörte Reaktion der zeitgenössischen nationalen und antisemitischen Presse, sowie die Tatsache, daß Schnitzler »seines Offizierscharakters verlustig erklärt wurde, da er mit seiner Novelle die Ehre und das Ansehen der österr. u. ung. k.u.k. Armee herabgesetzt habe« (nach Worbs, 1983,239), zeigt, daß Schnitzler ein gesellschaftliches Tabu verletzt hatte. Gesellschaftskritik aber, hat Schnitzler, wie Worbs nachweist, bei den Vorarbeiten zu seiner Novelle ursprünglich nicht beabsichtigt. Es ist ihm zunächst vielmehr um das psychologische »Experiment« zu tun (Worbs, 1983,240), um die sukzessive Aufdeckung einer Charaktermaske und »Lebenslüge«, wie sie schon Ibsen in seinen Dramen thematisiert hatte. Insofern berührt der Tabubruch nicht nur die Tatsache, daß hier die Doppelmoral des Offiziersstandes entlarvt wird. Er erstreckt sich vielmehr prinzipiell auf jene als Skandalon empfundene Wahrnehmungsperspektive, die auch der Freudschen Psychoanalyse eigen ist, und die der offiziösen Moral des 19. Jahrhunderts zuwiderlaufen mußte. »Die Wendung nach innen verletzte eine Grundregel des sozialen Anstands: daß jeder versucht, in seinem sozialen Handeln sein Selbstbild mit dem, was andere von ihm erwarten, zur Deckung zu bringen« (Janz/Laermann, 1978,112). Aus dem Verhältnis zwischen einem stets labilen »Selbstbild« und einer ebenso fragwürdigen öffentlichen Rolle aber, resultieren die prekären Rollenspiele in den Texten der Wiener Moderne.

3.3 Die Krise der Rollenspiele und die veränderte Spielwelt: Sozial- und Geschlechterrollen im freien Fall von Schein und Eigentlichkeit

Der im literarischen Text sich äußernde Gedanke, daß ein individualisiertes Subjekt seine ihm zugewiesene soziale Rolle als problematisch erfährt, ist keine Originalerfindung der Moderne um 1900. Insofern ist die im Werk Arthur Schnitzlers als »Bewußtseinskritik« (Perlmann, 1987,60) anzutreffende Dekuvrierung gesellschaftlicher Normen – sei es der militärische Ehrbegriff, oder die bürgerliche Geschlechter-Moral – für sich betrachtet, nicht neu. Charakteristisch für die ›moderne‹ Gestaltung aber, sind die veränderten Bedingungen, unter denen die fiktionalisierten Rollenspiele stattfinden. Letzteren wird nämlich im Prozeß der antimetaphysischen Theoriebildung um die Jahrhundertwende gewissermaßen der erkenntnistheoretische Boden entzogen. Damit der Schein als Schein, die Rolle als Rolle durchschaut werden kann, bedarf es einer haltbaren Vorstellung von dem, was Nicht-Schein, d.h. Wirklichkeit oder ›wahres Ich‹ zu sein hat. Die qualitative Unterscheidung von Wirklichkeit und Illusion löst sich aber im Machschen Elementenkomplex ebenso auf, wie die Differenz von Ich und Welt von Mach als unhaltbar erklärt wird (s. Kap. 3.2). Dem Ich, das keine reale Einheit darstellt, kommt, nach Mach, allenfalls der Charakter einer »provisorischen Fiktion« zu (*Beiträge zur Analyse der Empfindungen*, 1886,19, Günther, 1981,110). Es existiert also »nur als verstelltes« und seine Äußerungen »sind ihm folglich nicht mehr absolut zurechenbar«. »Die Forderung nach Wahrhaftigkeit wird also ebenso unsinnig wie das Ich, an das sie zu richten wäre« (Günther, 1981,110). Diese Konsequenz hat, wie Günther nachweist, schon Nietzsche ge-

zogen, der in seiner Abhandlung »Über Wahrheit und Lüge im au-
ßermoralischen Sinne« (1873) die »funktionale Notwendigkeit des
Sprachspiels der Verstellung« im Interesse gesellschaftlicher Selbster-
haltung betont.

Der prinzipielle Scheincharakter von Welterfahrung (Erleben)
und intersubjektiver sprachlicher Verständigung wird in den Texten
der Wiener Moderne immer wieder zum Thema. Nicht zufällig ist
die Figur des Schauspielers ein zentrales Motiv in zahlreichen Aufsätzen Bahrs, in den Essays und einigen Gedichten Hofmannsthals.
Am Beispiel des Schauspielers, dem eine scheinbar unbegrenzte
Wandlungsfähigkeit zur Existenzbedingung geworden ist, exemplifiziert etwa Hofmannsthal die Problematik einer ›kernlosen‹ Identität,
die sich in immer wechselnde Identifikationen auflöst, wobei sich
jede dieser Identifikationen als flüchtige, letztlich unbefriedigende
Erscheinung herausstellt. Über die berühmte Schauspielerin Eleonora Duse schreibt Hofmannsthal:

»Hier nimmt eine Seele Masken vor, die über die Maskenspiele hinaus ist.
Hier ringt eine namenlos große Kraft, eine königliche, priesterliche Seele
um die Möglichkeit, sich geradewegs herzugeben und findet nur Gleichnis-
se. (...) Eine so große Schauspielerin ist sie geworden, daß sie dahin kommen mußte, die Grenzen ihrer Kunst als eigenstes Leid in ihre Seele
hinüberzunehmen. (...) Sie spielt Theater, und die Niedrigkeit der erfunde-
nen Begebenheiten, die Lügen der bemalten Leinwand, die Erbärmlichkeit
der ganzen Sache brennt auf ihr wie ein vergiftetes Gewand. (...)« (»Die
Duse im Jahre 1903«, GW, 3,2, 61f).

In Schnitzlers Einakter *Der grüne Kakadu* (1898) verwischen die
Grenzen zwischen Rollenspiel und einem als Wirklichkeit vorgestell-
ten Handlungskonstrukt fast bis zur Unkenntlichkeit, wobei dieser
Prozeß im Stück selbst als Programm formuliert wird, äußert doch
eine der Figuren: »(...). Wirklichkeit geht in Spiel über – Spiel in
Wirklichkeit« (GW 3,1982, 33).

Der Handlungsplot des Einakters entfaltet sich vor der historischen Folie der Französischen Revolution. Einige heruntergekom-
mene Schauspieler fristen ihre Existenz, indem sie in einer Pariser
Spelunke vor hochadligem Publikum eine Art von Stegreifspiel auf-
führen, dessen publikumswirksamer Reiz gerade darin besteht, die
Rollen der vorgestellten Mörder, Gauner und Aufrührer so real wie
möglich erscheinen zu lassen. Die Spannung zwischen »gespielter«
Revolution innerhalb des Lokals und »real« stattfindendem Aufruhr
draußen vor der Wirtshaustür, die Spannung zwischen Komischem
und Tragischem, Groteske und Tragödie, verliert im Verlaufe der
Handlung gewissermaßen ihr dramaturgisches Gleichgewicht und

kippt um in ein, sowohl von den Spielfiguren auf der Bühne, als auch vom Zuschauer im Theater nicht mehr durchschaubares Maskenspiel. Ein bloß ›gespielter‹ Mord entpuppt sich als die vom späteren Mörder im Spiel unwissentlich antizipierte reale Tat, eine Eifersuchtsgeschichte wird uminterpretiert in einen Revolutionsmythos, ein Mörder wird zum Helden wider Willen. »Spielebene und Spiel im Spiel sind eins geworden« (Perlmann, 1987,54). Realität ist nirgends. Auch die am Schluß von außen ins Wirtshaus einbrechende Revolution wird vom Prozeß der Illusionierung ergriffen, auch ihr eignet keine andere Qualität von Wirklichkeit. Die »Sphäre latenter Bodenlosigkeit« in Schnitzlers Einakter erscheint als Vorwegnahme der absurden Dramatik Ionescos und der »vexierende(n) Schein/Sein-Dialektik des Pirandello-Theaters« (Mennemeier, II, 1988). Sie einseitig als »Zeitkritik«, den Einakter selbst aber als »anti-illusionistische« Kritik an der »allseitigen Bereitschaft zur Illusion« aufzufassen (Perlmann, 1987,53f, vgl. auch Scheible, 1976), läßt außer acht, daß eine »anti-illusionistische« Perspektive bei Schnitzler nicht mehr gegeben ist. Günther beobachtet in Schnitzlers Roman *Der Weg ins Freie* (1908), daß »die Einsicht ins Sprachspiel der Verstellung (...) nicht mehr zum autonomen Ich, sondern in den Tod« führt (Günther, 1981,113). Entsprechendes könnte man auch für die Mordtat im *Kakadu*-Einakter oder die Protagonistin der späteren Monolognovelle *Fräulein Else* (1924), oder auch für den Selbstmord der Johanna in Schnitzlers Drama *Der einsame Weg* (1903) formulieren. Schnitzlers Protagonisten stülpen sich Masken über, täuschen sich selbst und ihre Umwelt zum Zwecke der eigenen Selbstbehauptung. Ihre Lebensäußerungen sind gewissermaßen nur geliehen, ihre sprachlichen Wendungen sind Äußerungen eines anderen, das durch sie hindurch spricht (vgl. Mennemeier, 1988); auf dieselbe Weise, wie etwa Leutnant Gustl zum Sprachrohr der in seinen Militärkreisen üblichen Ehrbegriffs-Phrasen wird. Ein mögliches Ich, das, als das qualitativ Andere, hinter allen Masken existierte, ist jedoch nicht auszumachen. Auf der Suche nach diesem Ich, verirren sich die Protagonisten immer nur in neue, ähnlich geartete Maskenspiele. Dem ad infinitum sich vollziehenden Wechsel der Identitäts-Masken entspricht auf der gestalterischen Ebene die Reihungstechnik, die in den *Anatol*-Szenen, sowie im Drama *Der Reigen* den schematischen Ablauf des erotischen Spiels koordiniert. Ihr Strukturprinzip beschrieb Schnitzler in einem Brief an Otto Brahm wie folgt: »Statt festaneinandergefügte Ringe an einer Kette stellen meine einzelnen Akte mehr oder minder echte an einer Schnur aufgereihte Steine vor – nicht durch verhakende Notwendigkeit aneinandergeschlossen, sondern am gleichen Bande nachbarlich aneinandergereiht« (Schnitzler an Brahm, 1.10.1905, SBW, 1981,520). Die in der Reihung abschnurrende Mechanik des Maskenwechsels »ohne verhakende Notwendigkeit«, die auf der Motivebene »Rollendistanz nur als Effekt endogener sozialer Beziehungen« zuläßt, mündet zudem in das von Nicole Terwort beobachtete Phänomen, »daß es in Schnitzlers typisierter Welt keine Individuen gibt« (Terwort, 1992,12). Anatol, der »leichtsinnige Melancholiker«, verkörpert ebenso einen Typus, wie seine wechselnden Geliebten, die ihm als Projektionen seiner eigenen Verhaltensmuster dienen. Den männlichen und weiblichen Protagonisten, die sich im *Reigen* nach feststehendem Muster paaren, werden entindividualisierte Attribute (Soldat, Dirne, junger Herr etc.) zugeordnet, die ihre Anonymität unterstreichen. Dennoch »ergeben sich immer wieder Augenblicke, in denen die Spieler aus der Rolle fallen«, indem sie sich auf die Suche nach unverwechselbaren, individuellen Zügen ihres jeweiligen Partners begeben (Terwort, 1992,18). Dieses Bemühen ist aber von vorneherein zum Scheitern verurteilt, da jede dieser Figuren von der Furcht vor Entlarvung ihres Spiels beherrscht wird. Liebe und Treue erweisen sich auf ebensolche Weise als Fiktion, wie die gesellschaftlichen Konventionen, die sämtliche Figuren zu beachten vorgeben, obwohl sie alle dagegen verstoßen (vgl. auch Perlmann, 1987,41ff).

Mechanismen des Rollenspiels:
Experiment, »Proverb«, barockes Welttheater

Der Mechanismus des erotischen Rollenspiels wird im *Reigen* allein vom Zuschauer, nicht aber von den Protagonisten selbst durchschaut. In der nach dem Muster einer Komödie in fünf Akten gestalteten Brieferzählung *Die Kleine Komödie* (1895) wird der Mechanismus von den Protagonisten bewußt gehandhabt, ja sogar noch potenziert in der »totalen Uneigentlichkeit des Rollenspiels, in dem es keine Wirklichkeit mehr gibt« (Geißler, MAL, 1986,61). Alfred, ein wohlhabender junger Mann des Anatol-Typs, und Josefine, ehemalige Schauspielerin und Alfreds Mätresse, die den Typus der »Mondänen« verkörpert, sind ihres angestammten Rollenspiels überdrüssig geworden. Um sich neue Genußmöglichkeiten zu eröffnen, beschließen beide unabhängig voneinander, in jeweils andere Rollen zu schlüpfen. Alfred kostümiert sich als armer Künstler, Josefine entscheidet sich für die Rolle des »süßen Mädels« aus der Wiener Vorstadt. Beide lernen sich kennen, »betrügen sich gemäß der gewählten Rolle« (Aspetsberger, 1981,168), und stellen nach ihrer

»Rückverwandlung« fest, daß sie »bei der kleinen Komödie wirklich auf ihre Kosten gekommen« (GW I,206) seien. An die Stelle von Wirklichkeitserfahrung als (vermeintlich) authentisches Erleben, ist die geschäftsmäßig kalkulierte Illusionierung getreten, deren Gelingen sich nach den Kategorien einer Kosten-Nutzen-Rechnung bemißt (vgl. J.M.Fischer, 144). Im Bewußtsein der beiden Protagonisten besitzt die kalkulierte Illusionierung zudem noch den Vorteil, daß sie für die Beteiligten völlig risikolos ist: Alfred und Josefine kehren nach ihren Abenteuern im ärmlichen Milieu der Vorstädte stets wieder in ihr behagliches Zuhause zurück, sind der Verpflichtung enthoben, sich auf ihre gewählte neue Rolle wirklich einlassen zu müssen (vgl. Aspetsberger, 1981,168ff). Das Rollenspiel der Protagonisten erfährt noch eine zusätzliche Erweiterung durch die brieflichen Mitteilungen, die beide Protagonisten an ihre Freunde richten »und damit gleichsam zur öffentlichen Spielregel machen, was von ihnen als Liebe individuell maskiert wird« (ebd., 170). Die Dimension des Rollenspiels als »Totalität solcher Beliebigkeit« wird zum akzeptierten Weltbild der Figuren. Doch, ähnlich wie in *Leutnant Gustl*, bedient sich der Autor auch hier einer »Aussparungstechnik«, die, indem sie ausschließlich die Figuren selbst reden läßt, das Gesagte als fragwürdig qualifiziert und dem Ungesagten Bedeutung verleiht. Es ist die Form, die bei Schnitzler, laut Aspetsberger, in den Gehalt umschlägt, so »daß dieser innerhalb der dargestellten Welt gleichsam ausgespart werden kann« (ebd. ,170). Ein Charakteristikum dieser so verstandenen Form ist das Experiment. Seine Funktion bei Schnitzler erklärt sich, nach Geißler, aus der spezifischen Rolle, die dem Experiment in der zeitgenössischen Wissenschaft um 1900 als Mittel zum Gewinn von Erkenntnissen zukommt: in ihm scheint sich das Objektivitätsideal zweckfreien Wissens zu manifestieren, jenseits aller überlieferten Traditionen und Verbindlichkeiten der Lebenswelt (Geißler, MAL, 1986,49-62). In dem Maße aber, in dem das Objektivitätsideal allein gesicherten Wissens Eingang in die Welt der Erfahrung findet, schwindet deren eigener Sinn, werden deren Zusammenhänge brüchig. Dies ist die Welt, welche die »Modernen« am Ausgang des 19. Jahrhunderts vorfinden. »Es ist eine große Spielwelt, in die sich der Mensch versetzt fühlt: beherrscht von den Spielregeln uneinsehbarer Konventionen einerseits und zurückgeworfen auf ein isoliertes leeres Subjektsein als Registrierapparat für objektive Informationen oder als Bezugssubjekt zur Herstellung immer neuen objektiven Wissens« (ebd., 54f). Den Naturalisten, wie etwa Zola, dient das Experiment noch zur Beglaubigung eines übergreifenden theoretischen Rahmens, wie etwa der deterministischen Milieutheorie. Dieser Rahmen aber ist, durch die empiriokritizistischen Tendenzen im Gefolge Machs, längst nicht mehr existent. Schnitzler »muß seine Menschen und die gesellschaftlichen Zustände seiner Zeit den Experimenten ohne theoretische Vorgabe aussetzen«, was, nach Geißler, »zu einer Fülle unterschiedlicher Experimentalsituationen« führt (ebd., 55), wobei »Norm und Trieb« die Spielwelt der Schnitzlerschen Werke konstituieren (Geißler, 1986,59). Die Dynamik von Rollen-Begrenzung und Rollen-Entgrenzung, denen die Figuren etwa in *Die Kleine Komödie* unterworfen sind, aber auch die Konstruktion fiktiver Vorbedingungen, die den Handlungsrahmen beispielsweise in *Leutnant Gustl* bestimmen, wäre somit von der Situation des Experiments her zu begreifen. Hingegen wird in Schnitzlers Einakter *Paracelsus* das Experiment selbst zum Thema, wobei die Rolle des experimentierenden Wissenschaftlers problematische Züge aufweist: in seinem Bestreben, das Spiel zu beherrschen, ist es ihm eben auch um Machtausübung über die ihm zur ›Therapie‹ anvertrauten Menschen zu tun (vgl. Perlmann, 1987,45f, Schiffer, 1984,329-357).

Zum Experimentalcharakter seiner Einakter bekennt sich aber auch Hofmannsthal. In indirekter Anlehnung an Alfred de Mussets lustspielhafte *Comédies et Proverbes* (1887-88), deren Handlung aus einem Sprichwort resultiert (vgl. Hofmannsthal, Briefe an M.H., 1967, Anm.50 d.Herausgebers), charakterisiert Hofmannsthal seinen Einakter *Gestern* als »Thesenstück«, wie sein Brief an Marie Herzfeld vom 5./6.8.1892 anklingen läßt:

»Meine Lieblingsform (...) wäre eigentlich das Proverb in Versen mit einer Moral; so ungefähr wie »Gestern« nur pedantesker, menuetthafter: im Anfang stellt der Held eine These auf (so wie: das Gestern geht mich nichts an), dann geschieht eine Kleinigkeit und zwingt ihn, die These umzukehren (»mit dem Gestern wird man nie fertig«); das ist eigentlich das ideale Lustspiel aber mit einem Stil für Tanagrafiguren oder poupées de Saxe« (Hofmannsthal, Briefe an M.H., 1967,29).

Als »Proverb in Versen mit einer Moral« erscheint das »Sprach-Spiel als Grundform des Einakters« (Neumann, 1993,185). Es gestaltet sich als Spannungsverhältnis einer vom Protagonisten vorgetragenen These zu der verrinnenden Spiel-Zeit und wird durch das »Ineinanderwirken von Rede, Gegenrede und dialogischem Ganzen« strukturiert (Neumann, 1993,185). Hofmannsthals Einakter stellen somit den Versuch dar, »das Momentane in seiner zuletzt nicht auflösbaren Spannung auf das Ganze hin als Moment der Krise auszudrükken«, indem sie das »unrettbare Ich« an die Erfahrung der Zeit binden (Neumann, 1993,184, vgl. auch Vogel, »Schattenland des ungelebten Lebens. Zur Kunst des Prologs bei H.v.H.«, 1993, 165-

181). Die Einakterstruktur bei Hofmannsthal und Schnitzler betont das momenthafte ›Umschlagen‹ der Reagenzien im Experiment ebenso, wie sie ›Zuständlichkeiten‹ beschreibt. Die nach dem Modell der dramatischen Szene gestalteten Einakter sind demnach nicht als »Drama im kleinen«, sondern als »ein Teil des Dramas, der sich zur Ganzheit erhoben hat« zu verstehen. Ihre Spannung beziehen sie nicht aus dem im Drama gestalteten zwischenmenschlichen Geschehen, sondern aus der Situation, »in welcher die Entschlüsse der dramatis personae die Ursprungslage immerfort abwandeln und dem Endpunkt der Auflösung zutreiben« (Szondi, 1959,78). Wie bei Schnitzler, so arbeitet auch das Hofmannsthalsche »Experiment mit verschiedenen Zeichenordnungen« (Neumann, 1993,184) nicht mit Individualitäten, sondern mit absichtsvollen Typisierungen seiner Protagonisten, wie Hofmannsthals Erwähnung des Puppenspiels im Brief an Marie Herzfeld zeigt.

Im Gegensatz zu Schnitzler aber, verkörpern die Figuren seiner Erzählungen und Einakter bzw. Dramen keine zeitgenössischen Sozial-Rollen, sondern abstrakte Zuordnungen: der Kaufmannssohn und seine Diener im *Märchen der 672. Nacht* sind Typisierungen äußerer hierarchischer Machtverhältnisse, sie stehen aber auch für innerpsychische Typen von Bewußtseinszuständen, Triebstrukturen, Wunsch- und Angstprojektionen. Hofmannsthal bedient sich milieutranszendierender Auffassungsformen, welche die Erscheinungen der Welt zu integrieren suchen (Aspetsberger, 1981,175) in einem »Leitbild der Kongenialität«, will sagen: Hofmannsthal sucht – gerade auch im späteren Werk – bewußt nach Anknüpfungspunkten, die den zeitgenössischen Diskurs an andere Kunstformen, überlieferte Epochen und ihre Kunstwelten anschließen (Aspetsberger, 1981,176f). Daß es sich hierbei eben nicht nur um die schlichte Verkleidung ›moderner‹ Themen in das Gewand einer beliebigen historischen Epoche handelt, zeigen seine psychologischen Antikendramen ebenso (vgl. Kap.3.2), wie sein Rückgriff auf die Gestaltungen des Barockzeitalters (vgl. Bauer, »Die Wiederkunft des Barock und das Ende des Ästhetizismus«, 1977,206-222).

Die bewußte Verwendung barocker Konstellationen schon im Frühwerk (*Der Tor und der Tod*, 1893) ergibt sich zunächst aus der Intention Hofmannsthals, die Problemstellung ästhetizistischen Daseins als beispielhaftes »Gerichtsspiel« (Aspetsberger) in Szene zu setzen. Der von Hofmannsthal angestrebte »Proverb«-Charakter, sowie die in eine ›Erkenntnis‹ mündende Experimental-Situation ist in dem durch das Exemplum belehrenden Jesuitendrama der Gegenreformation vorgebildet. Zudem stellt der barocke Welttheater-Gedanke gewissermaßen eine Spielwelt par excellence dar. Nicht nur

Hofmannsthal, auch Bahr hat dies bemerkt. In seinem *Wien*-Buch von 1907 setzt Bahr den »Sinn der Barocke« in Bezug zum modernen Ästhetizismus, indem er auf das Theater Calderóns und den Gedanken vom »Leben als Traum« verweist. Nach Bahr leistet Calderón auf exemplarische Weise die Vermittlung zwischen »Weltverschuldung, Weltverleugnung, Weltverneinung« und »Weltbejahung« – Kategorien, die von Bahr mit der Symptomatik der Moderne aufgeladen werden:

»Der zornigste Haß des Lebens, seinen Wahn erkennend, es als sinnlos, unwirklich, leeren Schein überwindend, dann aber eben als leeren Schein erst neu genießend, mit einer unsäglichen Zärtlichkeit und in der atemlosen Furcht des Künstlers, der weiß, daß es nur ein Spiel ist, und doch auch weiß, daß dieses Spiel sein einziger Ernst ist (...) das Leben ist ein Traum, träumen wir es stolz! Entsagend zu genießen, asketisch üppig zu sein, Böses fromm zu tun, war jetzt möglich. Das Leben ist ja bloß ein Traum« (nach Bauer, 1977,208).

Im »Barocken« aber, bietet sich für Hofmannsthal auch die Möglichkeit zur Gestaltung einer Ästhetizismuskritik, wie sie schon im Proverb-Stück *Gestern* angedeutet, und im *Kleinen Welttheater* ausgeprägt wird. In späteren Werken erschließt sich die Affinität zur barocken Struktur zunehmend aus Hofmannsthals Verständnis der Dichtung als einem »Ritual der Sittlichkeit« (Hermann Broch, 1974,89). Die von Broch genannten drei Hauptmomente Hofmannsthalscher Dichtung, der »Dreiklang Leben, Traum und Tod« (Broch, 1974,89) verweisen auf diese Affinität (Bauer, 1981,216), lassen aber erkennen, daß es Hofmannsthal dabei nicht um historischen Nachvollzug, sondern um eine von den konkreten historisch-religiösen Voraussetzungen abstrahierte Allgemeingültigkeit zu tun ist. In seinen beiden Aufsätzen (»Das alte Spiel von Jedermann« / »Das Spiel vor der Menge«) zum *Jedermann. Das Spiel vom Sterben des reichen Mannes* (1911) erklärt Hofmannsthal, er wolle mit »diesem allen Zeiten zugehörigen und allgemein gültigen Märchen«, das »nicht einmal mit dem christlichen Dogma unlöslich verbunden« sei, der eigenen Zeit mit ihren »unsäglich gebrochenen Zuständen ein ungebrochenes Weltverhältnis« gegenüberstellen (GW 3, 89-106, nach Mayer, 1993,67). Die Rückbesinnung auf das Barock schließlich, vollzieht sich bei Hofmannsthal und anderen Zeitgenossen, so etwa Richard Kralik, im Rahmen einer allgemeinen kulturellen und nationalen Selbstvergewisserung in der zeitgenössischen Literatur- und Kunstgeschichtsschreibung. Sie setzt ein in den Jahrzehnten nach 1900 und ist geprägt vom Gedanken des Gesamtkunstwerkes im Sinne Richard Wagners, wird aber andererseits bestimmt vom

Versuch erneuter nationaler Identitätsstiftung angesichts der Erfahrung des Zusammenbruchs der Donaumonarchie im Jahre 1918 (vgl. dazu Bauer, 1981). Bei all diesen Rekonstruktionsversuchen zur Herstellung von Totalität besteht auch bei Hofmannsthal kein Zweifel daran, daß der Verlust des metaphysischen Horizonts auch durch die Wiedereinführung der barocken Spielwelt nicht mehr eingeholt werden kann.

Geschlechterrollen

Die Prämisse prinzipieller Unsicherheit von Identität, die den literarischen Rollenspielen der Wiener Moderne eignet, betrifft nicht zuletzt die Funktion der Rolle selbst. Sie kann weder aus der barocken göttlichen Weltordnung abgeleitet werden, noch ergibt sie sich, wie im naturalistischen Roman (Zola) oder Drama (Hauptmann), als Notwendigkeit aus dem Determinismus von sozialem Milieu und Vererbung, sondern erscheint, wie bei Schnitzler, als eine von den literarischen Protagonisten selbst häufig unbegriffene Zufälligkeit, bar jedes übergeordneten Begründungshorizonts. Darüber hinaus fungieren bestimmte Rollenbilder als Projektionen sowohl auf der Meta-Ebene eines generellen zeitgenössischen ›modernen‹ Diskurses, als auch auf der Ebene der literarischen Darstellung innerhalb einzelner fiktionaler Texte selbst. Anschaulich wird dies hinsichtlich der Geschlechterrollen. Ihre spezifischen Ausprägungen innerhalb der Literatur der Wiener Moderne bestimmen sich nach Rahmenbedingungen, die hier lediglich in Einzelpunkten skizziert werden können (vgl. dazu u.a. Nike Wagner, 1987, le Rider, 1985 und 1990, Farkas, 1989).

Der allgemeine weltanschauliche Diskurs um die Jahrhundertwende ist – nicht nur in Wien – zu einem großen Teil gekennzeichnet durch die geradezu obsessive Verwendung der Begrifflichkeit ›männlich‹ – ›weiblich‹. Diese Begrifflichkeit wird zum Signum einer »dualistischen Realitätswahrnehmung« (vgl. Farkas, 1989), wie sie etwa bei solch unterschiedlichen Autoren wie Hermann Bahr, Otto Weininger oder Karl Kraus auftaucht. Sie ist aber auch eingebettet in monistische Weltentwürfe (vgl. Wunberg, »Österreichische Literatur und allgemeiner zeitgenössischer Monismus um die Jahrhundertwende«, 1986,104-111). »Mann« und »Weib« erscheinen als Chiffren einer zeitgenössischen »Sexualisierung« in bildender Kunst, Literatur und Psychiatrie (vgl. Franz X.Eder, 1993, 159-178). Diese Sexualisierung findet statt in einer Gesellschaft, die, wie u.a. in den Memoiren Arthur Schnitzlers und Stefan Zweigs nachzulesen ist, durch übersteigerte Prüderie und eine ebenso ausgiebig praktizierte doppelte Moral gekennzeichnet ist. Mit erotischer Bedeutsamkeit aufgeladen wird dabei vor allem ›das Weib‹. Die Frau als Typus erscheint als klischierte Verkörperung des Naturhaften, Triebhaften und Erotischen schlechthin, während dem ›männlichen Prinzip‹ der Bereich des Artifiziellen von ›Kunst/Logos‹ zugeordnet wird. Die Bewertung dieses geschlechterdualistischen Schemas fällt, je nach Standpunkt, unterschiedlich aus: während der antisemitische Frauenhasser Otto Weininger durch ›das Weib‹ und ›den Juden‹ – letzterer wird ebenfalls als ›weiblich‹ charakterisiert – die Weltordnung gefährdet sieht, fordert Karl Kraus die erotische Befreiung des ›Weibes‹ gemäß seiner vermeintlichen Bestimmung als ausschließliches Triebwesen (vgl. Kap. 4.1). Zur Typologie gesellt sich die Allegorie. Früh schon wird das ›Weib‹ zum Sinnbild für die Moderne überhaupt erklärt. Eugen Wolff definiert die Moderne in einem Aufsatz aus dem Jahre 1888 als

»ein *Weib*, ein *modernes*, d.h. vom modernen *Geiste* erfülltes Weib, zugleich Typus, d.h. ein *arbeitendes* Weib, und doch zugleich ein *schönheitsdurchtränktes*, idealerfülltes Weib, d.h. von der materiellen Arbeit zum Dienste des Schönen und Edlen zurückkehrend, etwa auf dem Heimwege zu ihrem geliebten Kind, – denn sie ist keine Jungfrau voll blöder Unwissenheit über ihre Bestimmung, sie ist ein *wissendes*, aber *reines* Weib, und wild bewegt wie der Geist der Zeit, (...)« (E.W. »Die jüngste deutsche Literaturströmung und das Prinzip der Moderne«, Wunberg, 1971,40).

Dem entsprechend wird dieses Bild von den Kritikern Jung-Wiens polemisch umgewertet. ›Verweiblicht‹ im Sinne von ›verweichlicht‹ erscheint Autoren wie Weininger oder Karl Hauer die moderne Kultur. In der Durchdringung einer als ›männlich‹ charakterisierten Ästhetik scharf umrissener Formen und Konturen mit den vermeintlich ›weiblichen‹ Tendenzen des unterschiedslosen Verwischens von Formen, Stilen und ornamentalen Sprachfloskeln, erblickt auch Karl Kraus die größte Gefahr der Moderne (N. Wagner, 1987, 153, vgl. auch Kap. 4.1). In der Literatur der Moderne selbst, kommt es bei all dem zu einer »überwältigenden Produktion von Weiblichkeitsbildern« (Gutjahr, 1989,45). Das »Rätsel Frau« (ebd.) stellt sich zudem einer Gesellschaft, die durch gegenläufige Tendenzen gekennzeichnet ist. Auf der Ebene gesellschaftlich sanktionierter Moral- und Ordnungsvorstellungen ist das Bemühen zu verzeichnen, Frauen mit dem Argument ihrer vermeintlichen biologischen und intellektuellen Minderwertigkeit aus aller Öffentlichkeit auszuschließen und sie in das Korsett der bürgerlichen Rollenbilder »Ehefrau – Mutter – Hure – Jungfrau« einzuschnüren. Andererseits mehren sich gerade um die Jahrhundertwende die Anzeichen für das Bemühen, tradierte Geschlechterrollen in Frage zu stellen (vgl. dazu: B.Bruns, »Geschlechterkämpfe und psychoanalytische Theoriebildung«, 1993,329-348). Die Gründung des ›Vereins der Schriftstellerinnen und Künstlerinnen in Wien‹ im Jahre 1885 (vgl. Harriman, »Women Writers and Artists in Fin de Siècle-Vienna«, MAL, 26,1/ 1993) markiert dies ebenso, wie die Anfänge der österreichischen Frauenbewegung (vgl. Kap.1). Auf der Ebene des von Frauen beleuchteten Geschlechter-Diskurses in der Moderne wäre etwa die Kritik Rosa Mayreders am »subjektiven Geschlechtsidol« des Mannes (vgl. R.M., *Zur Kritik der Weiblichkeit*, 1905) ebenso zu nennen, wie der Aufsatz von Marie Herzfeld aus dem Jahre 1891, der überschrieben ist mit: »Die Emanzipation des Mannes« (*Moderne Rundschau*, 1.10.1891, Bd.4, Heft 1, 10-14). Ein »möglicher Paradigmenwechsel im Verständnis der Geschlechterrollen« (Gutjahr, 1989,46) wird auch von männlichen Autoren reflektiert, so etwa, wenn Leo Berg 1891 in seinem Aufsatz »Die Romantik der Moderne« davon spricht, daß das alte Männlichkeitsbild in der Moderne durch einen »Stich ins Feministische« abgeschwächt worden sei (Wunberg, 1971,82, Gutjahr, 1989,46). Andererseits wirken die in Literatur und Kunst der Wiener Moderne anzutreffenden »Weiblichkeitsbilder« wiederum auf bestimmte gesellschaftliche Milieus: die in erotischer Promiskuität lebenden ›Künstler-Musen‹ wie Alma Mahler-Werfel, Schauspielerinnen wie Adele Sandrock, Tänzerinnen und Diseusen, bildeten die Vorhut der »grandes und petites amoureuses der Caféhauswelt, die den Männern »das Weib« vorahmten oder die es den Entwürfen der Dichter auch nachahmten« (N.Wagner, 1987,135). Die zunehmende Verunsicherung auch des männlichen Selbstverständnisses führt in der Literatur, nach Gutjahr, zu zwei einander widersprechenden Tendenzen, »nämlich einerseits die Frau im Bild über kategoriale Festschreibungen eindeutig zu typisieren und andererseits die Frau im Bild zu verrätseln, indem gerade ihre Festlegung in einer vieldeutigen Schwebe gehalten wird« (Gutjahr, 1989,46). Den Wiener Modernen stehen dabei die aus der Literatur der französischen Décadence und der »schwarzen Romantik« (vgl. Mario Praz, 1963) entnommenen Frauenbilder zur Verfügung: das vampireske Schreck- und Wunschbild der tierhaft-triebhaften »femme fatale« einerseits, und das durch Maeterlinck (*Princesse Maleine, Mélisande*) geprägte Bild der kränkelnd-blutleeren »femme fragile« andererseits. Die ›femme fatale‹ taucht etwa bei Dörmann in immer wiederkehrenden Variationen sadomasochistischer »Satanella«-Figuren auf. Auch die Gestalt der verführerischen Hexe in Hofmannsthals »kleinem Drama« *Der Kaiser und die Hexe* wäre diesem Typus zuzuordnen. Namenlose ›femme fragile‹-Figuren wiederum, wären in Beer-Hofmanns Erzählung *Der Tod Georgs* zu verzeichnen. Im Frühwerk Hofmannsthals findet sich die ›femme fragile‹, »psychologisch durchinstrumentiert, mythologisch vertieft und seelisch verfeinert« (Brokoph-Mauch, MAL 22, 3/4,244) etwa in *Der weiße Fächer* (1897), *Die Hochzeit der Sobeide* (1899), sowie im Schauspiel *Der Abenteurer und die Sängerin* (1898) (N.Wagner, 1987,139, vgl. auch le Rider, 1985,145ff, Rasch, 1986,74ff, Roebling, 1989, Wuthenow, 1978 etc.). Und auch die »präpubertären kleinen Mädchen« im Werk Peter Altenbergs zählen zur Kategorie ›femme fragile/femme enfant‹ (N.Wagner, 1987,139). Für den Typus der ›femme fragile‹ besitzen die Autoren von Jung-Wien ein historisches Modell. Das 1893 erschienene Tagebuch der jungen russischen Künstlerin Marie Bashkirtseff, die im Alter von vierundzwanzig Jahren an Lungenschwindsucht starb, wird »zum Kultobjekt für eine ganze Generation« (le Rider, 1985,146). Freilich beschränken sich die in der Wiener Moderne gestalteten Frauenrollen nicht auf die Wiederholung der bekannten Vorbilder. Überkommene Typen-Bilder werden abgewandelt oder gar ins konkret-Gesellschaftliche transformiert: die männermordende ›femme fatale‹ mutiert bei Schnitzler zur ›Mondainen‹, deren Status als Schauspielerin und/oder Kurtisane eines wohlhabenden Mannes ihr gewisse erotische Freizügigkeiten gestattet, die der ›anständigen Ehefrau‹ verwehrt sind. Schnitzler ist es auch, der eine ganze Palette ausdifferenzierter Frauentypen entwirft, die Sozialtypen umfaßt, wie die ›Dirne‹ (*Der Reigen*) die ›Ehefrau/ Ehebrecherin‹ (*Zwischenspiel, Das weite Land*, etc.), die ›höhere Tochter‹ (*Fräulein Else*), die ›(inzestuöse) Mutter‹ (*Frau Beate und ihr Sohn*) und das sprichwörtliche ›süße Mädel‹ (*Anatol, Liebelei, Der Reigen*). Das Bild des ›süßen Mädels‹ ist literarisch vorgeprägt, wobei unter anderen Nestroy (*Das Mädel aus der Vorstadt*), Henri Murger (*Scènes de la vie de Bohème*) oder auch Theodor Fontane (*Irrungen und Wirrungen*) Pate gestanden haben mögen. Der Terminus selbst, stammt von Ernst von Wolzogen (vgl. Janz/Laermann, 1977, Urbach, 1968, Perlmann, 1987,63, Brokoph-Mauch, 1989,251). Bei Schnitzler fungiert das ›süße Mädel‹ gleichzeitig als Sozialcharakter und männliche Wunsch-Projektion, die fast immer als Gegenbild zu anderen Frauen auftaucht. Sein ›Gebrauchswert‹ für die ›jungen Herren‹ vom Typus ›Anatol‹ wird bei Janz/Laermann bündig beschrieben: »Für den jungen Herrn der Stadt, dem die Maitresse zu kostspielig oder auch zu langweilig ist, der durch eine Prostituierte seine Gesundheit gefährdet sieht, dem die Beziehung zur verheirateten Frau zu riskant ist, der aber seinerseits die standesgemäße junge Dame noch nicht heiraten kann oder will, empfiehlt sich das süße

Mädel als Geliebte« (Janz/Laermann, 1977,44). Dem ›süßen Mädel‹ ist die Vorstadt-Welt der kleinen Leute zugeordnet und in jener Vorstadt mit ihren anspruchslosen und erschwinglichen Vergnügungen finden auch die Begegnungen von ›süßem Mädel‹, das meist als Näherin oder Handwerkerstochter vorgestellt wird, und dem sozial höhergestellten ›jungen Herrn‹ statt. Das ›süße Mädel‹ bezieht seine Attraktivität vor allem aus der Projektion seiner Partner. Sein Bild suggeriert eine vermeintlich ›natürliche‹ Authentizität des Liebesgefühls, jenseits von kruder Käuflichkeit (Dirne) oder raffinierter Berechnung (Mondaine). Seine Welt erscheint als Schonbezirk unverstellter Eigentlichkeit: »(...) in der kleinen Welt werd' ich nur geliebt; in der großen – nur verstanden« (GW 1,44), erklärt Anatol in der Szene »Weihnachtseinkäufe« seine Leidenschaft zum Vorstadtmädel gegenüber der »bösen Mondainen«, die in diesem Falle als verheiratete Frau auftritt. Letztere teilt übrigens die Projektionen Anatols: am Schluß beneidet sie Anatols kleine Geliebte aus der Vorstadt um den »Mut«, ihre Liebe zu realisieren. Und Josefine in der *Kleinen Komödie* erhofft sich bekanntlich von der Verkleidung als ›süßes Mädel‹ eine Auffrischung ihrer Liebesfähigkeit. Daß freilich auch dieser Typus eine gespielte Rolle ist, erweist sich in Schnitzlers *Reigen*, wo das ›süße Mädel‹ in den erotischen Begegnungen mit dem verheirateten Mann und dem Dichter eine wohlkalkulierte Naivität an den Tag legt. Bei den männlichen Protagonisten wiederum, besteht, ungeachtet aller Verklärung ihrer Angebeteten, keinen Zweifel daran, daß eine solche Liebe nur als vorübergehende »Episode« (Anatol) zu betrachten ist. Zerstörerische Konsequenzen zeitigt eine solche »Liebelei« nur dann, wenn einer der beiden Partner aus seiner Rolle ausbrechen will. Die Tragik des Mädchens Christine in Schnitzlers *Liebelei* besteht darin, daß Christine die Rolle für das Eigentliche nimmt, die »Liebelei« mit »Liebe« verwechselt.

Neben den – fast immer tödlich endenden – emanzipatorischen Ausbruchsversuchen ›lebensnah‹ gestalteter Frauen- und Mädchenfiguren, stehen die historisierten Heroinenfiguren im Kostüm der Renaissance, wie etwa in Schnitzlers *Der Schleier der Beatrice* oder *Die Frau mit dem Dolche* und in Hofmannsthals *Die Frau im Fenster.* Im Zeichen der Renaissance-Deutungen von Nietzsche und Jacob Burckhardt stehend, erscheint die Renaissance als mythische Epoche des unreflektierten Tatmenschen, als Ausdruck der Wunschprojektion seitens des nach-gründerzeitlichen Bürgertums (vgl. Perlmann, 1987,77). Entsprechend phantastisch nehmen sich auch die Visionen aus, die in das Bild der Renaissancefrauen hineinprojiziert werden (vgl. U.Weinhold, 1984,235-273). Sie gehorchen meist dem überlieferten Schema von ›femme fatale‹ und ›femme fragile‹, erfahren aber, ebenso wie die aus dem antiken Mythos entlehnten weiblichen Figuren, psychologische Vertiefung als dissoziierte Persönlichkeiten in der Gestaltung eines ödipalen Konfliktes (vgl. Brokoph-Mauch, MAL, 22,3/4, 1989,241-255). Hofmannsthals *Elektra* verkörpert auch den klinischen Fall einer »Hysterica« (vgl. Worbs, 1983,280ff). Und auch die Mutterfiguren in Hofmannsthals *Rosenkavalier* oder in Schnitzlers *Frau Beate und ihr Sohn* sind durch diesen Konflikt gekennzeichnet. Ob Geschlechter-, Sozial-, oder mythologische Rollen: allen gemeinsam ist die Teilhabe am Spiel der Verstellung. Wo aber keine Authentizität mehr ist, existiert auch keine authentische Sprache. Wo die Sprache nur als Mittel zur Selbstbehauptung in der Verstellung eingesetzt wird, verliert sie ihre Verständigungsfunktion, ja sogar die Funktion adäquaten Bezeichnens. Die Identitäts- und Gestaltungskrise der Wiener Modernen ist gleichzeitig auch eine Sprachkrise. Hofmannsthal hat sie paradigmatisch formuliert.

3.4 Die Krise der Sprache: Hugo von Hofmannsthal, »Ein Brief« (1902)

»Dies ist der Brief, den Philipp Lord Chandos, jüngerer Sohn des Earl of Bath, an Francis Bacon, später Lord Verulam und Viscount St.Albans, schrieb, um sich bei diesem Freunde wegen des gänzlichen Verzichtes auf literarische Betätigung zu entschuldigen« (SW,XXXI, 1991,45).

Mit dem ersten Satz seines vieldiskutierten ›Chandosbriefes‹ versetzt Hofmannsthal seinen Leser bereits hinein in die modernen Aporien dichterischer Gestaltung: die »Spielkonstruktion« des angekündigten Textes besteht gerade darin, daß letzterer von einer unsichtbaren Autoren-Instanz als real beglaubigtes Dokument vorgestellt wird, gleichzeitig aber vom Leser als fiktional durchschaut wird. Der solcherart bewerkstelligte Versuch, den »Brief« als »Dichtung über Dichtung auszuweisen« (Bomers, 1991,18) mündet in einen fiktiven Brief eines gleichfalls fiktiven Briefschreibers, gerichtet an eine ›reale‹ historische Persönlichkeit. Diese freilich, ist keine beliebige Person der Geschichte. Daß Hofmannsthal nicht zufällig Francis Bacon zum Adressaten seines fiktiven Briefes macht, wird in der Forschungsliteratur mehrfach hervorgehoben (vgl. Bomers, 1991,30ff, Wunberg, 1965,106ff, le Rider, 1990,67), gilt Bacon doch als Begründer des englischen Empirismus und als einer der Inauguratoren naturwissenschaftlichen Denkens am Schnittpunkt von Renaissance und Aufklärung. An Bacon, der den historischen Beginn des modernen Prozesses von Aufklärung und Wissenschaftsmethodik markiert, wendet sich ein fiktiver Lord Chandos, dessen Krisis gewissermaßen gleichzeitig Konsequenz und Ende dieses Prozesses signalisiert. Chandos beginnt seinen Rechtfertigungsbericht an Bacon mit einem Rückblick auf eine von schriftstellerischer Produktivität geprägte Vergangenheit. Damals, so Chandos, schien ihm »in einer Art von andauernder Trunkenheit das ganze Dasein als eine große Einheit« (SW,XXXI 1991,47). Die eigene Identität schien ihm in dieser als naturhaft empfundenen Totalität wie selbstverständlich aufgehoben. »Überall war ich mitten drinnen, wurde nie ein Scheinhaftes gewahr: Oder es ahnte mir, alles wäre Gleichnis und jede Kreatur ein Schlüssel der andern, (...)« (ebd., 48). Dann aber, findet der Umschlag statt: das vormalige Allmachts- und Totalitätsgefühl ist nun einem Gefühl von »Kleinmut« und »Kraftlosigkeit« gewichen. Chandos erfährt eine abgründige Sprachkrise, indem sich ihm religiöse und »irdische Begriffe« entziehen. Das Auseinanderfallen der vormaligen Einheit hat einen Zustand des Verstummens bewirkt: »Es ist mir völlig die Fähigkeit abhanden gekommen, über irgend etwas zusammenhängend zu denken oder zu sprechen« (ebd.). Ein radikaler Zweifel an der Sinnhaftigkeit von Sprache hat von Chandos Besitz ergriffen. Er empfindet ein »unerklärliches Unbehagen«, sich abstrakter Begriffe, wie »Geist«, »Seele« oder »Körper« zu bedienen. Die Sprache verweigert sich ihm, die »abstrakten Worte« zerfallen ihm »im Munde wie modrige Pilze« (ebd., 49). Vormals unbefragte »Urteile«, die »im hausbackenen Gespräch« »mit schlafwandelnder Sicherheit abgegeben zu werden pflegen« entlarven sich ihm nun in ihrer bloß konventionellen Scheinhaftigkeit und ihrer Verstellungs-Funktion, denn: »dies alles erschien mir so unbeweisbar, so lügenhaft, so löcherig wie nur möglich« (ebd.). In einer Art von Machschem Dekonstruktionsprozeß verändert sich die Perspektive seiner Wahrnehmung. Chandos entwickelt einen mikroskopischen Blick, in dem die Dinge zu Atomen zerbröseln: »Es zerfiel mir alles in Teile, die Teile wieder in Teile, und nichts mehr ließ sich mit einem Begriff umspannen« (ebd.). Die Worte haben ihren Dingbezug verloren, kreisen in selbstbezüglicher Weise um sich selbst, »sie gerannen zu Augen, die mich anstarrten und in die ich wieder hineinstarren muß (...)« (ebd.).

Die Sprachkrise des Lord Chandos nahm ihren Ausgang als Zerfall einer Sprache des unreflektierten Urteilens. Bomers bezeichnet sie als Sprache des Empirikers und des »profanen Positivisten« (Bomers, 1991,55), die sich im Nachplappern konventioneller Begriffsurteile äußert. Indem Chandos nun diese Sprache selbst dem kritischen Verfahren der wissenschaftlichen Aufklärung unterzieht, also gewissermaßen die Baconsche Methodik auf deren eigene Begrifflichkeit anwendet, zerstört er sie. »Der Entzug der »irdischen Begriffe« bedeutet deshalb letztlich den Verlust der logisch-empiristischen Weise der Weltwahrnehmung, und das ist recht eigentlich der Prozeß eines Weltzerfalls – die Paralyse des baconistischen Weltbildes« (Bomers, 1991,49). Die »destruktive Progression des Denkens« (ebd., 60) reißt aber auch jeden erneuten Versuch begrifflicher Aneignung in den Strudel einer sich unendlich fortsetzenden Dynamik. So offenbart sich die Sprachkrise letztlich als Sinnkrise »einer Krise des Verständnisses vom Dasein des Menschen in der Welt« (ebd., 62, vgl. auch Wunberg, 1965,111). Chandos gelangt demnach zur Einsicht, daß seine Sprachkrise nicht durch neue Begriffsbildung rückgängig gemacht werden kann. Resignierend fügt er sich in die als »geistlos« und »gedankenlos« charakterisierte Alltäglichkeit. Nichtsdestoweniger erfährt er zeitweise unversehens freudige und belebende Augenblicke, die dem Zugriff sprachlicher Begriffsbildung entzogen sind und auch nicht willentlich herbeigeführt werden können. In diesen »guten Augenblicken« wird ihm »eine sonderbare Bezauberung«, eine »mich und die ganze Welt durchwebende Harmonie« (SW,XXXI, 1991,52) zuteil, die sich an die Wahrnehmung alltäglicher, unscheinbarer Gegenstände knüpft. Es sind Augenblicke der Epiphanie, in welchen die Dinge »mit einer überschwellenden Flut höheren Lebens wie ein Gefäß« erfüllt sind. In diesen qua Sprache nicht beschreibbaren Zuständen »ist mir dann, als bestünde mein Körper aus lauter Chiffern, die mir alles aufschließen. Oder als könnten wir in ein neues, ahnungsvolles Verhältnis zum ganzen Dasein treten, wenn wir anfingen, mit dem Herzen zu denken« (ebd.). Diese neue mystische Erfahrung von Ganzheit, bedeutet jedoch nicht etwa die Rückkehr zum alten Zustand unreflektierter Totalität. War letztere durch den ›Schlüssel‹ dichterischer Sprachmächtigkeit charakterisiert, so ist diese Chiffre für einen Zustand sprachlosen Staunens, dem nichts mehr selbstverständlich scheint und, da prinzipiell fragwürdig, demnach auch nicht mehr in der dichterischen Sprache der Selbstverständlichkeit formuliert werden kann (Mayer, 1993,118). Das adäquate Ausdrucksmedium für diese Erfahrung ist demnach nicht im Diesseits der gesprochenen Sprachen zu finden, sondern mag allenfalls im radikal Anderen des Todes aufscheinen. Chandos schließt den Brief mit der Ankündigung, künftig keine literarischen Werke mehr zu verfassen,

»(...) weil die Sprache, in welcher nicht nur zu schreiben, sondern auch zu denken mir vielleicht gegeben wäre, weder die lateinische noch die englische noch die italienische und spanische ist, sondern eine Sprache, von deren Worten mir auch nicht eines bekannt ist, eine Sprache, in welcher die stummen Dinge zu mir sprechen, und in welcher ich vielleicht einst im Grabe vor einem unbekannten Richter mich verantworten werde« (SW,XXXI, 1991,54).

Das Paradoxon, daß Wahrheit nur im Verstummen des Todes ausgesagt werden kann, sowie die paradoxe Art der Argumentation, welche die Möglichkeiten des Mediums Sprache mit den Mitteln eben dieser Sprache bestreitet, verweist auf das Problem der Meta-Sprache bei Ludwig Wittgenstein und den Neopositivisten des späteren ›Wiener Kreises‹: um über die Sprache überhaupt Aussagen treffen zu können, benötigt man so etwas wie eine Meta-Sprache. Um deren Bau zu bestimmen aber, wäre man gezwungen, sich ebenfalls der Sprache zu bedienen – ein schier unlösbares Problem. Und, ähnlich wie Hofmannsthal in seinem *Brief,* gelangt auch Wittgenstein am Ende seines *Tractatus* zu dem Schluß, daß Sprache allenfalls zum Gemeinten hinführe, das Gemeinte selbst aber, nicht durch Sprache vermittelbar sei: »Meine Sätze erläutern dadurch, daß sie der, welcher mich versteht, am Ende als unsinnig erkennt, wenn er durch sie – auf ihnen – über sie hinausgestiegen ist« (*Tractatus logico-philosophicus,* Schriften 1, 1980, 6.54). Und wie eine Reminiszenz an die Begrifflichkeit Bahrs mutet es an, wenn Wittgenstein anschließend davon spricht, daß der Leser »diese Sätze überwinden« müsse, um zum eigentlichen Verständnis zu gelangen (ebd.).

Auch Robert Musil behandelt die Problematik von stummem Erleben und sprachlichem Ausdruck in seiner *Törleß*-Erzählung, um sie danach im *Mann ohne Eigenschaften* weiter zu vertiefen (vgl. dazu Hans Höller, 1988,47-68). Hofmannsthal selbst, nimmt in seinem *Brief* indirekten Bezug auf die Sprachkritik Fritz Mauthners, der in seinem dreibändigen Werk *Beiträge zu einer Kritik der Sprache* (Leipzig, 1901-1902) die Ansicht vertritt, daß Sprache als Instrument, die Außenwelt zu erkennen und zu interpretieren, untauglich sei. Vielmehr behindere die Sprache selbst die Wahrnehmung von Welt. Nach Mauthner ist der Sprache prinzipiell die Funktion der täuschenden Illusionierung und Verstellung eigen. Da nämlich sprachliche Strukturen immer auf die Welt projiziert werden – und nicht etwa umgekehrt – erhalten wir stets ein verzerrtes Bild der Wirklichkeit. Ähnlich wie Hofmannsthal, vertritt auch Mauthner, der heftig gegen den »Wortaberglauben« seiner Zeitgenossen polemisiert, die Konzeption einer gottlosen Mystik und fordert das selbstdisziplinierende Schweigen angesichts des ohnehin nicht Sagbaren. Hofmannsthals Sprachskepsis und Mauthners Sprachverzweiflung sind keineswegs vereinzelte Äußerungen. Johnston verweist noch auf die Kritik des katholischen Sprachanalytikers Adolf Stöhr (1855-1921) an der »glossomorphen Philosophie« unechter Kategorien, sowie auf den Mach-Schüler Richard Wahle (1857-1935), der in seinen Schriften ebenfalls antimetaphysische Begriffskritik betreibt (Johnston, 1974).

Die Diskrepanz zwischen sprachlichem Ausdruck, begrifflichem Denken und der sich einer sprachlichen Definition entziehenden Wirklichkeit ist als Thema und Gestaltung gleichermaßen bestimmend für die Autoren im Wien der Jahrhundertwende (Kampits, 1986,120-126). Das dem Helden im ›Chandosbrief‹ widerfahrene Verstummen trifft jedoch für die literarische Produktivität seines Autors nicht zu. Desungeachtet findet die Geste des Verstummens Eingang in die Gestaltung selbst: der Tanz Elektras im Augenblick ihrer sprachlosen Entrückung und mystischen Verzückung ist hierfür ebenso Indiz, wie die Funktion des »erhöhten Augenblicks« etwa im späteren *Rosenkavalier*-Libretto (vgl. auch: Pestalozzi, »Der Mythos des erhöhten Augenblicks bei H.v.H.«, 1988,13-33), oder eben die Affinität Hofmannsthals zu den außersprachlichen Ausdrucksformen Ballett, Pantomime und Musik (Mayer, 1993,119). Mit dem *Brief* sucht Hofmannsthal die Machsche Schlußfolgerung vom »unrettbaren Ich« zu überwinden: das dissoziierte Ich rekonstruiert sich im »mystischen Elan« (le Rider), indem es eine mit dem Ich symbolisch im Einklang stehende Welt des Augenblicks herstellt (vgl. le Rider, 1990,67). Somit wandelt sich der ›Verlust‹ von Einheit in der Machschen Dekonstruktion in einen ›Gewinn‹: die sprachliche Welt der falschen Totalität – nicht von ungefähr erinnert die Charakterisierung des Chandos vor dem Einsetzen der Krise an die Entgrenzungsphantasien des Äthetizisten etwa im frühen »Lebenslied« – wird vertrieben zugunsten der unverstellten, weil sprachlosen Offenbarung von Welt im Ich.

4. Außenseiter in der Wiener Moderne: der Kritiker (Karl Kraus) und das Idol (Peter Altenberg)

Die neuen Gestaltungskonzepte der Jung-Wiener Schriftsteller stoßen keineswegs nur bei den wertkonservativen Kritikern des zeitgenössischen Literaturbetriebs auf Ablehnung. Die Kritiker von ›Jung-Wien‹ sind auch im Kreise der ›Modernen‹ selbst auszumachen.

Karl Kraus, der dem Kreise Jung-Wiens in seiner frühen Jugend selbst angehört hat, argumentiert in seiner späteren Kritik an den Schriftstellern um Hermann Bahr allerdings nicht etwa vom Standpunkt jener zeitgenössischen Kritiker aus, die im Dienste gesellschaftlicher Konventionen stehend, Schnitzler einen »Pornographen« nennen und dessen *Leutnant Gustl* als »ehrverletzend« empfinden. Vielmehr befindet er sich – im Verein mit dem Architekten Adolf Loos und dem Komponisten Arnold Schönberg – »auf der Suche nach einer Modernität, die den Modernismus zurückweist«, indem er sich gegen den vermeintlichen Ästhetizismus der Jung-Wiener und das Ideal des Gesamtkunstwerkes wendet (le Rider, 1985,250). Im Rahmen dieser Oppositionsstellung erhält auch die Position Peter Altenbergs ihre Bedeutung. Altenberg, der schreibende Bohémien, der sein Leben zum Kunstwerk stilisiert, wird erst von den Griensteidl-Schriftstellern als Dichter entdeckt und gefeiert (vgl. 4.2). Fortan dient er ihnen als positive Projektionsfigur, als exemplarisches Künstler-Idol. Bewundert wird Altenberg aber auch von dem alle Griensteidl-Betriebsamkeit verabscheuenden Karl Kraus: zahlreiche Texte von Peter Altenberg erscheinen in der *Fackel*. Mit dem Blick auf Altenberg äußert sich Kraus lobend über scheinbar dieselbe Haltung – die der impressionistischen »Unverläßlichkeit« (Kraus, 1967,89) –, die er im Hinblick auf die Autoren um Hermann Bahr verdammt. Die Beantwortung der naheliegenden Frage, ob solches Urteilen eine Aporie darstellt, ergibt sich aus der näheren Betrachtung Kraußcher Kritik.

In Karl Kraus finden die Schriftsteller um Hermann Bahr einen kongenialen Kritiker. Seine Bildungs-Genese entspricht der ihren. Karl Kraus, wie Hofmannsthal im Jahre 1874 geboren, besucht das humanistische Gymnasium, die Wiener Theater und – parallel dazu – das Café Griensteidl seit dem Herbst 1891. Den Tag seiner Maturierung (6.7.1892) feiert er gemeinsam mit dem Abiturienten Hofmannsthal (JW, 1987,127). Wie Hofmannsthal, verfaßt er Rezensionen und satirische Glossen in diversen Zeitschriften und Zeitungen, u.a. in der *Wiener Literatur-Zeitung,* der *Wiener Rundschau,* der *Zeit* und dem Wiener Journal *Liebelei,* wo er unter dem Pseudonym »Crêpe de Chine« veröffentlicht. Hofmannsthals *Gestern* bespricht er im Juni 1892 in der von Conrad und Bleibtreu geleiteten naturalistischen Zeitschrift *Die Gesellschaft.* Und im Januar 1893 erscheint dort seine Rezension von Schnitzlers *Anatol.* Im Gegensatz zu Hofmannsthal und Schnitzler, tritt Kraus von Anfang an nicht als Dichter, sondern – nach einigen mißglückten Versuchen, sich als Schauspieler zu betätigen, – als Journalist und Theaterkritiker an die Öffentlichkeit. Wenn er auch zunächst die Erstlingswerke seiner damaligen Griensteidl-Bekannten überwiegend wohlwollend beurteilt (vgl. Kap. 3.1), so ist doch seine Skepsis gegenüber ihren antinaturalistischen Bestrebungen unüberhörbar. In seiner Rezension des Hofmannsthal-Einakters *Gestern* ist noch das Bemühen erkennbar, Hofmannsthal als »naturalistisch« zu vereinnahmen (vgl. Kap. 3.1). Schnitzlers *Anatol*-Szenen hingegen, sind für ihn ein Beleg dafür, daß ihr Autor, »der es doch wahrhaftig nicht nötig hätte«, mit »diesen neurotisch »überwindenden« Kaffeehausdekadenzmodernen« »kokettiert« (Kraus, FS I,1979,69). Allein der Szene »Abschiedssouper« bescheinigt er, »ein kleines Kabinettstück flotter Realistik« zu sein, da es Schnitzler an dieser Stelle gelungen sei, »wahrhaftige Menschen zu schaffen« (Kraus, FS I, 1979,70). In diesen ersten Jahren bereits, führt Kraus in seine Kritiken jene Motive und Themen ein, die seine erste größere satirische Skizze »Die demolirte Literatur« ebenso prägen sollten, wie sein späteres Werk. In einer Rezension aus dem Jahre 1893 über zwei Gedichtbände von Felix Dörmann und Richard Specht geißelt er die »Komödiantenkunst« beider als posenhafte Attitüde einer vermeintlichen »Décadence« (Kraus, FS I, 1979,89f). Und in einem Brief, in dem sich der junge Karl Kraus gegenüber dem älteren Arthur Schnitzler bitter über dessen »ceremonielle Höflichkeit« anläßlich eines Zusammentreffens im Kaffeehaus beklagt, heißt es: »Ich hasse und haßte diese falsche, erlogene »Decadence«, die ewig mit sich selbst coquettiert; ich bekämpfe und werde immer bekämpfen: die posierte, krankhafte, onanierte Poesie« (Brief vom 19.3.1893, Urbach, LuK, 1970,517).

Zur Kritik an der unwahren Pose gesellt sich die Kritik am Typus des korrupten Journalisten-Schriftstellers. Ihn sieht Kraus in Hermann Bahr verkörpert.

Im Mai 1893 publiziert Kraus in der *Gesellschaft* einen Aufsatz, der, in parodistischer Anlehnung an Bahrs Essay über die »Überwindung des Naturalismus«, den Titel trägt: »Zur Überwindung des Hermann Bahr«. Bahr erscheint darin in der Rolle des ästhetizistischen Verführers junger Schriftstellertalente:

»aber die verheerende Wirkung, die dieser Mann in unserer jungen Litteratur ausübt, ist größer, als man zumeist denkt. (...) Man sieht es an unsern patschuliwedelnden Decadencepintschern und artigen Bologneserhündchen, wie korrumpierend Hermann Bahrs ganz absurde Sensationsriecherei und Originalitätshascherei auf junge Talente einwirkt. Man soll diesem verderblichen Einflusse ordentlich die Spitze bieten« (Kraus, FS I, 1979,105 Anm.).

Offenkundig ist hier die Anspielung auf den von Hofmannsthal verfaßten Prolog zu Schnitzlers *Anatol,* worin sich das Bild vom »Bologneserhündchen« findet: besagten Prolog, der von Kraus als Programmatik einer ästhetizistischen Empfindungskunst gelesen wird, hatte dieser übrigens schon in seiner *Anatol*-Rezension satirisch kommentiert. Nun, in seiner Abrechnung mit dem »Obermacher« Bahr, greift er diese Kritik wieder auf, und erweitert sie, indem er die Literatur Jung-Wiens als geschäftsmäßig betriebene Moderichtung denunziert. Für Kraus ist Bahr »der Tagschreiber, der als Litterat überhaupt nicht mehr ernst zu nehmen ist, der im Dienste eines Tagesblattes kritzeln muß, was ihm zum Kritzeln gegeben wird« (Kraus, FS I,1979,108). Bahr ist der Mann, der für gänzlich Unbegabte, wie den Maler Ferry Bératon, »jederzeit Reklame macht« (ebd., 108), der Mann, »von dem es sprichwörtlich geworden, daß er die »Richtungen« nur so aus dem Hemdärmel herausschüttele und jeden Tag eine zum »Überwinden« brauche« und bei dem sich folglich, nach Überwindung des Naturalismus, bereits die Überwindung des Symbolismus ankündige (ebd., 108). In dieser frühen Bahr-Schelte kündigt sich an, was in den späteren Aufsätzen der *Fackel* und den Essaybänden zum hervorstechenden sprachlich-stilistischen Charakteristikum bei Kraus werden sollte: die Methodik des parodierenden Zitierens, wobei das »feindliche Zitat« (Stern, 1985,168), in dem sich seine Gegner selbst sprachlich zur – entlarvenden – Darstellung bringen, die Grundlage der Krausschen Satire, bzw. Polemik bildet. Im Aufsatz über Bahr montiert Kraus gleich

mehrere dieser »feindlichen Zitate« gleichsam zu einem ideellen Stil-
panorama der von der Bahrschen Diktion beeinflußten Diskurssspra-
che Jung-Wiens. Kraus entnimmt seine Zitate unter anderem dem
Aufsatz Bahrs über den jungen »Loris«, wo der »caressante« Hände-
druck des letzteren verglichen wird mit der »leise(n), zähe(n)
Schmeichelei verblaßter alter Seide« (Bahr,1894,126). Seine Monta-
ge überzeugt nicht zuletzt durch die virtuose Anwendung jener
»Kunst des entlegenen Zitats« (Hoppe, zit.n. Kosler, 1975,40), die,
vom jungen Hofmannsthal selbst ausgiebig praktiziert, in der Zusammenstellung von Bekanntem mit dem scheinbar Abwegigen,
Entfernten, besteht. Kraus charakterisiert seinen Gegner Bahr in
dessen eigener Diktion also wie folgt:

»Es ist um ihn, in den halben, heimlichen Konturen, die sich nur noch
nicht recht trauen, ein blauer Überzieher, kurz aber straff gespannt, wie der
Beraton in ihn hineinfahren würde, nur mit der strengeren Grazie der Formen. Der Haarwuchs ist üppig und mit einer geflissentlich koketten Stirn-
locke. Er hat die fallenden Schultern der raffinierten Kulturen, wie sie der
junge Loris haben würde, wenn er sie wirklich hätte, der sie aber nicht hat
– und eine weiche, streichelnde, unwillkürlich karessante Hand, welche
sich wie die zähe Schmeichelei verblaßter, alter Seide fühlt, die mir aber lieber ist. Er hat eine ganz neue Art, wenn er schwefelt, einen ganz eigenarti-
gen Stil, der wie Übersetzung aus dem Lateinischen ist, wenn er sich das
Parfüm abgewöhnen möchte« (Kraus, FS I, 1979,113).

Dieses zitatbezogene Verfahren des Satirikers Kraus fußt, nach
Stern, auf der Überzeugung, daß ein sprachliches Gebilde nicht nur
als Mitteilung eines Sachverhaltes fungiert, sondern zugleich die
moralische und existentielle Beschaffenheit seines Autors verrät –
und zwar ohne daß dies von letzterem beabsichtigt wäre (Stern,
1985,169). Entsprechend zitiert Kraus in seiner Skizze »Die demolirte Literatur« die Schlüsselbegriffe und Schlagworte der Jung-Wiener Schriftsteller zwecks »Demolierung« der jungen Autoren als
Dichter-Persönlichkeiten.

»Die demolirte Literatur«

Der bevorstehende Abriß des Café Griensteidl (vgl. Kap.1) gerät
ihm dabei zum Sinnbild seiner polemisch-satirischen Demontage
der zeitgenössischen Literatur (vgl. auch Brandys, 1989,117-128),
die zugleich die Entstehungs- und Rezeptionsbedingungen dieser Literatur umfaßt. Das Café Griensteidl, »der Sammelpunkt von Leuten, die ihre Fähigkeiten zersplittern wollen« (Kraus in: Wunberg,

1976,654), steht für das »literarische Verkehrscentrum« (ebd., 647)
der sich in schneller Folge abwechselnden literarischen Moderich-
tungen. Solch geschäftige Dynamik macht auch vor den Kellnern
nicht halt:

»Franz, der mit Grillparzer und Bauernfeld verkehrt hatte, erlebte es noch,
wie der Naturalismus seinen Siegeslauf von Berlin in das Café Griensteidl
nahm und als kräftige Reaction gegen ein schöngeisterndes Epigonenthum
von einigen Stammgästen mit Jubel aufgenommen ward. Seit damals gehört
das Café Griensteidl der modernen Kunst, eine neue Kellnergeneration
stand bereit, sich mit dem complicirten Apparat von Richtungen, die in der
Folge einander ablösten, vertraut zu machen;« (ebd., 648).

Auf den »consequenten Realismus« folgt der »Symbolismus« (ebd.,
648) und diesem wiederum, so Kraus, eine neue Abgeklärtheit, die
»Goethe copirt« (ebd., 649). Kraus wendet sich polemisch-satirisch
gegen die »Stimmungsmenschen« (ebd., 648), die »Selfmade-men
der Unnatürlichkeit« (ebd., 653), gegen »selbständige Poseure«
(ebd., 653) und diejenigen, die, den Worten ihres Mentors Bahr folgend, eine »Kunst der Nerven, von den Nerven auf die Nerven«
(ebd., 649) betreiben und der »gemeinen Deutlichkeit der Dinge
entfliehen« (ebd., 648). Er wendet sich gegen »jene Menge von Ken-
nern, welche die Posen erst aus zweiter Hand haben und auf die Af-
fectationen subabonniert sind« (ebd., 651) und er wird nicht müde,
die Lebensferne der Griensteidl-Schriftsteller zu betonen: »Eines der
wichtigsten Schlagworte aber war »Das Leben«, und allnächtlich
kam man zusammen, sich mit dem Leben auseinanderzusetzen oder,
wenn's hoch ging, das Leben zu deuten« (ebd., 648), denn: »Nicht
um Leben aufzunehmen, treten diese Nachempfinder dann und
wann aus dem Schneckengehäuse ihres angeblichen Ich heraus, nur
um dessen coquette Windungen andächtig zu betrachten« (ebd.,
655).

   In seiner Schmähschrift, die 1896 zum ersten Male gedruckt
wurde und bis zum Jahre 1901 fünf Auflagen als – mehrfach erwei-
tertes – Pamphlet erreichte (Zohn, 1990, 33, vgl. auch die Textfas-
sungen in Wunberg, 1976), nennt der Verfasser keine Namen.
Nichtsdestoweniger attackiert er die ganze Autorengeneration von
Jung-Wien: allen voran Hermann Bahr. Der »Herr aus Linz« (Kraus,
in: Wunberg, 1976,648), der »verwegene Sucher neuer Sensationen«
(ebd., 649), der seinen »Jüngern« verbietet, »von dem «Kaiserfleisch
des Naturalismus« zu essen« und ihnen »dafür die »gebackenen Du-
caten des Symbolismus« « empfiehlt (ebd.), verstehe es, »uncontro-
lirbaren Thatsachen den Schein des Erlebten zu geben, Dinge, die er
gerade anbringen will, tiefursächlich zusammenzuhängen« (ebd.,

650). Bahr sei, so Kraus, »ein ungemeiner Zettelkasten, den nicht er, sondern der ihn hat« (ebd.), ein »kritischer Bummler« im Zeichen eines »seichte(n) Impressionismus«, dessen »Mangel an Humor« eine »seltene Standpunktlosigkeit verkleidete« (ebd., 650f). Auch die übrigen Jung-Wiener werden von Kraus nicht günstiger beurteilt. »Einer«, der »noch ins Gymnasium gieng (sic!)« – gemeint ist der junge Hofmannsthal – werde von Bahr als ein »Goethe auf der Schulbank« gefeiert:

> »man beeilte sich, den Jüngling für das Kaffeehaus zu gewinnen, und seine Eltern selbst führten ihn ein (...) Seine Bewegungen nahmen bald den Charakter des Ewigen, seine Correspondenzen den des »Briefwechsels« an. Er gieng (sic!) daran, ein Fragment zu schreiben und war es seiner Abgeklärtheit schuldig, seine Manuscripte für den Nachlass vorzubereiten (...)« (ebd., 652).

In einem jungen »Freiherrn«, der »seine Manierirtheit bis auf die Kreuzzüge zurückleitet« (Andrian), weckt Bahr, so Kraus, ebenfalls »das Bewusstsein seiner Sensitivität«, woraus denn in Verbindung mit einer »mit Kalksburg übertünchte(n) Phantasie« die Novelle »Der Kindergarten der Unkenntniss« entsteht (ebd., 652). Kraus attestiert den Jung-Wienern eine »affectierte Beziehung zur Kunst«, ein großes »Interesse für lebemännische Alluren« und ein sich an den nichtigsten Alltäglichkeiten entzündender »Bedarf an Stimmungen« (ebd., 654). »Der am tiefsten in diese Seichtigkeit taucht und am vollsten in diese Leere aufgeht«, ist »der Dichter, der das Vorstadtmädel burgtheaterfähig machte« (Schnitzler). Letzterer hat sich »eine kleine Welt von Lebemännern und Grisetten zurechtgezimmert, um nur zuweilen aus diesen Niederungen zu falscher Tragik emporzusteigen« (ebd.). Wiederum ein anderer (Beer-Hofmann), ist »stets auf Schönheit und möglichste Exactheit einer jeden Pose bedacht« (ebd., 655). Ein »gut gelegter Faltenwurf ist ihm Erlebniss« (ebd., 655): »So drapirt (sic!) er sich selbst sein Milieu und tapeziert sich gemächlich sein Leben aus« (ebd.).
Zu den Angegriffenen gehören Felix Salten und Felix Dörmann, Ferry Bératon und Richard Specht, Leo Ebermann, Leo Feld und andere, die Kraus auf ähnlich skizzenhafte Weise teilweise mit ihren eigenen Schlagworten charakterisiert. Die Skizze endet mit einer auf die Moderne bezogenen Endzeit-Vision vom »grossen Exodus« der Künstler aus dem Café Griensteidl. Schon »pocht« der »Demolirarbeiter« an die Fensterscheiben. Eilig werden »alle Literaturgeräthe (sic!) zusammengerafft: Mangel an Talent, verfrühte Abgeklärtheit, Posen, Grössenwahn, Vorstadtmädel, Cravatte, Manierirtheit, falsche Dative, Monocle und heimliche Nerven« (ebd., 664). Die Grien-

Kraus kritisiert Lebensferne und Epigonentum

steidl-Dichter selbst, werden nun genötigt, »aus dumpfer Ecke« in das Tageslicht zu treten, sich »dem Leben« zu stellen, »dessen Fülle sie bedrücken wird«. Dieses Leben, so Kraus, »wird die Krücke der Affectation zerbrechen« (ebd).

Daß die Skizze »Die demolirte Literatur« Karl Kraus die lebenslange Feindschaft der Jung-Wiener Schriftsteller eingetragen hat, ist nur verständlich: die Auseinandersetzungen steigern sich zeitweise bis hin zu Tätlichkeiten, in deren Verlauf Kraus von Felix Salten in aller Öffentlichkeit geohrfeigt wird (vgl. Schnitzler, Tagebucheintrag v. 15.12.1896, Lindken, 1987,158, sowie Zohn, 1990,12). Für Hofmannsthal und Schnitzler gilt es als ausgemacht, daß Kraus, wie Hofmannsthal einmal rückblickend in einem Brief an Max Rychner formuliert, in seiner Kritik »nichts als ganz kurze Zwecke und Absichten« verfolgt (Kosler, 1975,47. vgl. dazu auch: Urbach, »Karl Kraus und Hugo von Hofmannsthal. Eine Dokumentation«. Teil I, Hofmannsthal-Blätter 6, 1971, 447-458, Teil II, Hofmannsthal-Blätter 12, 1974,372-424, sowie Bilke, 1981,190ff). In seinen Tagebuchaufzeichnungen aus dem Jahre 1909 urteilt Schnitzler:

»Allgemein Ethisches innerhalb des Sexualen hat er mit Witz und sogar Kraft zu sagen gewußt; dem Aesthetischen steht er nicht ganz ohne Verständnis, aber ohne Interesse gegenüber. Das Persönliche verdunkelt ihm jede Fähigkeit wirklichen Urteilens« (...) (Schnitzler, 3.4.1909, Lindken, 1987,157).

Daß es indes verfehlt wäre, die Kraussche Kritik an Jung-Wien auf vorwiegend persönliche Motive zurückzuführen, ist in der Forschungsliteratur mehrfach betont worden (vgl. Kosler, 1975,47ff, Arntzen, 1977,112ff). Kraus läßt die Jung-Wiener Schriftsteller parodistisch Revue passieren. Jeder einzelne von ihnen fungiert dabei als Repräsentant einer Literatur, deren Charakteristikum darin besteht, daß sie nicht Ausdruck einer Künstler-Identität ist, sondern letztere nur simuliert, indem sie den stimmungshaften Schein zum Erlebnis umfälscht. Wo die Gestaltung zur bloßen Veranstaltung verkommt, verflacht selbst das Tragische, wie Kraus in Anspielung auf Schnitzlers Novelle *Sterben* formuliert: »Wenn dann so etwas wie Tod vorkommt, – bitte nicht zu erschrecken, die Pistolen sind mit Temperamentlosigkeit geladen: »Sterben« ist nichts, aber leben und nicht sehen...!« (Kraus, in: Wunberg, 1976,654).

Kraus zeichnet das Bild einer Literatur, die sich in all ihren Äußerungsformen als schein- und lügenhafte Pose zu erkennen gibt, fabriziert von Autoren, die, in Ermangelung eigener Persönlichkeit, sich ständig wechselnde Identitäten zulegen und gewissermaßen eine Existenz des Kostüms führen: sei es als Dandy, wie Beer-Hofmann, sei es als Goethe-Kopie, wie Bahr und Hofmannsthal. Der zweite Vorwurf, den Kraus gegen die Literatur Jung-Wiens erhebt, ist jener ihrer Korrumpierung durch den geschäftsmäßig betriebenen Journalismus. Bahr, den Kraus lebenslang angreifen wird (Zohn, 1990,34), steht gewissermaßen für den Literaten im Zeichen seines journalistischen Verrats, für das feuilletonistische Dilettieren in unterschiedlichen Fachgebieten ebenso, wie für die chamäleonhafte Wandlungsfähigkeit des Tagesschriftstellers. Der Operettenlibrettist Viktor Léon (vgl. Zohner/Castle, 1931-37, 1718) wird bei Kraus zum Repräsentanten des kommerzialisierten Schreibens. Zu seiner Charakterisierung dient ihm dabei das im Bewußtsein des Lesers assoziativ hervorgerufene Wortspiel: »Während seine moderneren Tischgenossen in das geistige Leben Wandel zu bringen bemüht sind, sehen wir ihn dem Handel Eingang in die Literatur verschaffen« (Kraus, in: Wunberg, 661).

Als Prototyp des Journalisten, der die Literatur für seine Zwecke instrumentalisiert, wiederum, erscheint Felix Salten, der, »im journalistischen Dienste hart mitgenommen«, sich »bis heute doch seine Eigenart zu wahren gewusst«, hat, die in der »Verwechslung des Dativs mit dem Accusativ« besteht (ebd., 658) – ein Vorwurf, der sich einfügt in das Bild einer durch den Journalismus degenerierten Sprache, das Karl Kraus, der ›Moralist der Sprache‹, in seiner 1899 begründeten Zeitschrift *Die Fackel* immer wieder seinen Lesern vor Augen führen wird. Arntzen vertritt die These, daß es Kraus von Anfang an um die spezifische Gestalt des modernen Literatur-Journalismus zu tun ist, um »jenes Amalgam aus den Möglichkeiten der Literatur und den Forderungen der Presse, das ein Spezifikum des österreichischen fin de siècle ist« (Arntzen, 1977,114). Aus diesen Aspekten gewinnt, laut Arntzen, die Prosasatire »Die demolirte Literatur« ebenso ihre Intention, wie das 1898 verfaßte Pamphlet »Eine Krone für Zion«, in dem sich Kraus polemisch gegen Theodor Herzl (und dessen politisches Credo: »Wir sind ein Volk, *ein* Volk«) wendet (vgl. dazu Zohn, 1990,41f), wobei er ihm vorwirft, was er bereits an Jung-Wien zu beobachten glaubte: »erstaunlich rasch haben sie (die Jung-Wiener unter dem Einfluß Herzls – D.L.) den Schmerz des Judenthums, den tausendjährigen, bewältigt, der ihnen jetzt zu tausend ungeahnten neuen Posen verhilft« (JW, 1987,210). Die Prosasatire »Die demolirte Literatur« »satirisiert die Literatur Jungwiens als journalisierte«, das gegen Herzl gerichtete Pamphlet »den (literarisierten) Journalismus als politische Scharlatanerie« (Arntzen, 1977,114).

Ornamentkritik als Sprachkritik

Im Zusammenhang mit der Krausschen Polemik gegen die Vermischung und Angleichung von Journalismus und Literatur wird in der Forschung auf die Ästhetizismuskritik hingewiesen, die Kraus gewissermaßen stellvertretend an den Autorenpersönlichkeiten von Jung-Wien – insbesondere an Hofmannsthal – exekutiert. Kosler interpretiert die Krausche Kritik an Hofmannsthal als Kritik an dessen Primat der ästhetischen Konstruktion als Vermittlungsinstanz und als Wendung gegen die marktorientierte Herstellung literarischer Individualität durch die Jung-Wiener. In der »Demolierten Literatur«, so Kosler, »galt es Kraus, diese aufgesetzte Individualität, die sich aus den Formen, nicht aus den Inhalten rekrutierte, als eine falsche zu entlarven« (Kosler, 1975,51). Kosler läßt dabei weitgehend unberücksichtigt, was Bauer in seinem Jahre später erschienenen Aufsatz umso nachdrücklicher betont: daß nämlich Kraus den jungen Hofmannsthal mißverstehe, wenn er ihn umstandslos dem Ästhetizismus zuschlage, sei dieser doch schon früh von der rückhaltlosen Bejahung der ästhetizistischen Position abgerückt, zugunsten der Suche nach neuer ethischer Fundierung (Bauer, 1989,273-278). Daß es sich bei der Krausschen Opposition gegenüber Hofmannsthal indes nicht nur um eine Frage der adäquaten Wahrnehmung der Positionen Hofmannsthals durch Kraus handelt, sondern auch um die von Kraus gegenüber Hofmannsthal einseitig aufrechterhaltene »Einteilung in Parteiungen«, belegt Lengauer (Lengauer, 1985,191-211). Für Kraus, so Lengauer, figuriert Hofmannsthal »als Parteigänger der Secession« und »Ornamentiker der Wiener Werkstätte«, der das literarische Pendant darstellt zu dem von Kraus verabscheuten Ornament der Phrase in den Artikeln der *Neuen Freien Presse*. Als Indizien, die diesen ›Ästhetismus-Verdacht‹ bestätigen, bieten sich Hofmannsthals Veröffentlichungen in publizistischen Organen des Jugendstils an, in der Zeitschrift *Pan* etwa, sowie in *Ver sacrum*. Auch Hofmannsthals Kontakte zum Kreis um Harry Graf Kessler in Weimar, sein Libretto zur Ballett-Pantomime »Der Triumph der Zeit« (1901), sein zweiaktiges Trauerspiel *Pentheus* (1904), wofür er »Kostüme im Geist Aubrey Beardsleys« imaginiert (Lengauer, 1995,194), mögen Kraus entsprechende Angriffsflächen geboten haben. Und als Hinweis, daß Hofmannsthal in den Jahren um 1900 auch die eigenen literarischen Gestaltungsmittel in ähnlich ornamentaler Weise einzusetzen bereit ist, wie dies Beer-Hofmann in *Der Tod Georgs* tut (Kap. 3.2), mag ein Brief Hofmannsthals an Kessler aus dem Jahre 1903 angeführt werden, in dem Hofmannsthal sich über eine mögliche Zusammenarbeit mit dem Tanzchoreographen Edward Gordon Craig äußert (in: Nostiz, JFDH, 1975,412f). Hofmannsthal imaginiert darin ein aus Tanz, bühnentechnischen Mitteln und Dichtung bestehendes Gesamtkunstwerk. In dieses Gesamtkunstwerk soll sich »eine vage lyrisch-dramatische Conception« des Dichters einfügen, dergestalt, daß die einzelnen Gegenstände der tänzerischen Imagination des »stage designers« durch »das armselige Netzwerk von Worten« miteinander verbunden werden zu der »Magie eines Ganzen« (ebd., 413). Die Affinität der Gestaltungsabsicht Hofmannsthals zum kompositorischen Prinzip bei Beer-Hofmann ist zweifellos gegeben: hier wie dort fungiert die literarische Gestaltung als dekorativ-stilisierendes Netz, das die Gegenstände, gleichsam wie Intarsien, in ein Ganzes integriert. Daß Kraus in seiner an unterschiedlichen Stellen geäußerten Hofmannsthal-Kritik auf eben dieses Ornamentale zielt, läßt sich beispielsweise seiner Theaterkritik aus dem Jahre 1899 entnehmen. Unter dem Titel »Die Einacter« behandelt Kraus dort etliche am Burgtheater uraufgeführte Werke Schnitzlers und Hofmannsthals. Die Charakterisierung, die Kraus für Hofmannsthal findet, betont das vermeintlich nur Dekorative seiner Schreibweise. Hofmannsthal wird als »Edelsteinsammler aller Literaturen« bezeichnet, der es gewohnt war, »aus einem mit köstlichem Edelgestein besetzten Glase zu trinken« (*Die Fackel*, Nr.1, April 1899, in Wunberg, 1976,986). Der Einakter *Die Hochzeit der Sobeide* verrät den »Sinn für die Schönheit eines bunten Teppichs« (ebd.), sowie ein nur »decoratives Vergnügen« seines Verfassers (ebd., 987). Letzterer »schmückte« einst »seine Sprache mit Ovidischen Floskeln«, ergeht sich aber »heute« »in leeren Travestien aller möglichen Stile«. Hofmannsthal, so Kraus, »flieht noch immer das Leben und liebt die Dinge, welche es verschönern« (ebd.). Auch Schnitzler wird von Kraus indirekt in diese Ornamentkritik einbezogen. Bezug nehmend auf Schnitzlers Einakter *Die Gefährtin* schreibt Kraus: »Der Gedankengang, der sich in einer kurzen und geraden Linie prächtig erschöpfen ließe, verläuft spiralenförmig, und das armselige Thema wird den verzweifeltsten Drehungen unterworfen« (ebd., 985).

Das Bild von der spiralförmig sich windenden Jugendstillinie wird konfrontiert mit dem Bild der zielstrebigen Geraden, wie es der Architekt Adolf Loos entworfen hatte: als Gegenbild zu den dekorativ umrankten Gebrauchsgegenständen der ›Wiener Werkstätte‹ ebenso, wie als Gegenbild zur kostümierenden Fassadenarchitektur der Ringstraße. Von »Kostümierung« aber, spricht auch Kraus hinsichtlich der Literatur Jung-Wiens. Im Kampf wider Ornament und Phrase weiß er sich einig mit Loos: »Die Verschweinung des praktischen Lebens durch das Ornament, wie sie Adolf Loos nachgewiesen hat, entspricht jene Durchsetzung des Journalismus mit Geistelementen, die zu einer katastrophalen Verwirrung führt. Die Phrase ist das Ornament des Geistes« (*Fackel*, 1909,279/80,8).

Und an anderer Stelle heißt es bei Kraus noch im Jahre 1918: »Adolf Loos und ich, er wörtlich, ich sprachlich, haben nichts weiter getan als gezeigt, daß zwischen einer Urne und einem Nachttopf ein Unterschied ist und daß in diesem Unterschied erst die Kultur Spielraum hat« (JW,1987,314).

Gegen die nivellierende Vermischung der Sphären von Kunst, Handwerk und Geschäft wendet sich auch Loos:

»Wollt ihr ein tintenfaß? Hier ist es: najaden baden um zwei felsenriffe; in einem ist tinte, im anderen streusand. Wollt ihr eine aschenschale? hier ist sie: eine serpentintänzerin liegt vor euch ausgebreitet und an ihrer nasenspitze könnt ihr eure zigarrenasche abstreifen. (...) ich fand das nicht gut. Und da sagten die künstler: seht, er ist ein feind der kunst. Aber nicht, weil ich ein feind der kunst bin, fand ich es nicht gut, sondern weil ich die kunst gegen ihre bedränger in schutz nehmen wollte. Man hat mich aufgefordert, in der sezession auszustellen. Ich werde es tun, wenn die händler aus dem tempel vertrieben sind. Die händler? Nein. Die prostituierer der kunst« (Loos, Keramika, nach le Rider, 1985,249).

Es ist also keineswegs nur ästhetisches Unbehagen, das Loos das Ornament verdammen läßt. Loos betrachtet die Verkünstelung von Gebrauchsgegenständen als »unmoralische Handlung«, als hochstaplerischen »Schwindel«, der dort Kunst suggeriert, wo es sich in Wahrheit gerade um das Gegenteil von Kunst handelt (vgl. dazu Loos, »Die Potemkinsche Stadt«, JW, 1987,311). Derselbe Furor, mit der Loos die wahre Kunst gegen ihre Herabwürdigung durch die Produzenten von Kunsthandwerk verteidigt, veranlaßt Kraus zur Gründung seiner *Fackel* – zwecks Rettung der Sprache gegen ihre Instrumentalisierung und Verkleidung in Presse und zeitgenösssischer Literatur. Die Skepsis gegenüber der Floskelhaftigkeit von Alltagssprache führt bei Hofmannsthal zum Schweigen angesichts des Eigentlichen (vgl. Kap. 3.4). Bei Kraus hingegen, ist dieses Eigentliche die Sprache selbst – vorausgesetzt, sie wird vom Rankenwerk der Phrase befreit. Sein Glaube an die Ausdrucksfähigkeit einer solcherart ›erlösten‹ Sprache wird jedoch nicht explizit formuliert, sondern erscheint als gewissermaßen elliptische Gestaltungsform in den zahlreichen zugespitzten Aphorismen, die Kraus etwa ab 1906 publiziert (vgl. Wagenknecht, 1989,103-115). Im Aphorismus, so die Interpreten Kipphoff (1961) und Kaszynski (1989), offenbart sich eine spezifische Form des Denkens, das als Gegenpart zum ›systemischfortschreitenden Denken‹ begriffen werden kann (Kipphoff, 1961).

Zugleich präsentiert sich im Krausschen Aphorismus ein »Detaildenken, das die Totalität der Wirklichkeit in einer konzisen Form festhält« (Kaszynski, 1989,131). Dem entspricht auch die von Kraus akribisch betriebene Demaskierung einzelner sprachlicher Erscheinungsformen. Die journalistische Phrase, welche die eigentlichen Absichten ihrer Verfasser übertüncht, wird dabei durch die Methodik des Klitterns und Zitierens (vgl. Wagenknecht, 1975,108-117) demontiert. Kraus erhebt diese Methodik zum Programm, denn bereits in der ersten Nummer (1899/1900) der *Fackel* definiert Kraus seine Zeitschrift als entlarvenden Gegenentwurf zu den erklärten Absichten der übrigen Presse: »kein tönendes »Was wir bringen«, aber ein ehrliches »Was wir umbringen« hat sie sich als Leitwort gewählt« (JW, 1987,296). Geplant sei, so Kraus weiter, »nichts als eine Trockenlegung des weiten Phrasensumpfes« (JW, 1987,296). Solche Demontage weitet sich zur umfassenden Medienkritik, so etwa, wenn Kraus jene Artikel der *Neuen Freien Presse*, die sich im redaktionellen Teil über den Verfall der Sittlichkeit empören, konfrontiert mit den eindeutig-zweideutigen Offerten käuflicher Frauen im Anzeigenteil derselben Zeitung, woraus sich hinsichtlich der Funktion des verfälschenden Ornamentalen die Frage ergibt, welche Textsorte zur dekorativen Bemäntelung der jeweils anderen dient. Daß auch die Literatur im Pressebetrieb zur bloßen Funktion von Ornament und Geschäft degradiert wird, zeigt Kraus ausgerechnet am prominenten Beispiel von Arthur Schnitzlers Novelle *Leutnant Gustl*. Dem Erstabdruck der Novelle in der *Neuen Freien Presse* waren bereits Auseinandersetzungen zwischen Arthur Schnitzler und dem zuständigen Feuilletonredakteur Theodor Herzl vorausgegangen; Herzl beabsichtigte ursprünglich, eine Teilung der Novelle vorzunehmen, ließ sie aber dann vollständig in der Weihnachtsbeilage des Jahres 1900 abdrucken, wobei aufgrund eines »technischen Defektes«, in einem Teil der Auflage der Schluß der Novelle fehlte. »Es entbehrt nicht der Pikanterie, daß Schnitzlers Meisternovelle sozusagen unter dem Strich – als Feuilleton – in der renommierten Zeitung erschien und daß sich über dem Strich ironischerweise ein plattes Werbegedicht befand zugunsten des derzeit in Wien stadtbekannten Paprika-Schlesinger, eines ehemaligen Händlers in Paprika und Südfrüchten und späteren Grossisten in Schuhwaren« (Lindken, »Vor- und Nachspiele zu Arthur Schnitzlers' Lieutenant Gustl«, 1992,54). Kraus läßt in seinem in der *Fackel* erschienenen Kommentar denn auch keinen Zweifel daran, welcher Art von Literatur hier die untergeordnete Rolle des schmückenden Beiwerks zugewiesen wurde:

»Von einem Proteste des Dichters (...) gegen diese feinsinnige Placierung und die technische Sorgfalt, die der Novelle von der Neuen Freien Presse gewidmet ward, hat noch nichts verlautet. Dagegen soll der Paprika-Schlesinger sich bei der Administration über die seltsame Zusammenstellung beschwert haben. Die Stimmung, die das Gedicht erzeuge, werde durch den andern Beitrag zerstört. Die Ausfälle Schnitzlers gegen das Militär seien der Firma höchst peinlich gewesen (...)« (nach Lindken, 1992, 55).

Die wahre Kunst in der Welt des Scheins

Die vehementen Angriffe gegen die »Stimmungskunst«, die Kraus unterschiedslos in den redaktionellen Beiträgen der liberalen *Neuen Freien Presse,* in der Reklame, sowie in der Literatur von Jung-Wien aufzuspüren glaubt, werfen die Frage auf nach den Grundlagen seiner Kritik: das unverstellte Eigentliche, das Kraus, scheinbar unberührt von aller Machschen Wahrnehmungs-Relativierung, einfordert, entspricht auf den ersten Blick dem objektivistischen Wahrheitsbegriff des literarischen Naturalismus. Das Bemühen des jungen Kraus, Hofmannsthals Einakter *Gestern* für den Naturalismus zu »retten«, ist hierfür ebenso Indiz, wie seine Hochschätzung des frühen Gerhart Hauptmann oder seine Mitarbeit an der von Michael Georg Conrad geleiteten Monatszeitschrift *Die Gesellschaft* in den Jahren 1892/93. Demgegenüber hat Kosler nachgewiesen, daß sich Kraus bereits in seinen frühen Artikeln vom »Naturalismus als Gesinnung« entfernt (Kosler, 1975,42). Den deutschen Naturalisten erteilt er vollends eine Absage, wenn er in ihnen den philiströsen Journalisten verkörpert sieht. In seinem ehemaligen Mentor Maximilian Harden, der seine Materialien mit literarischen Mitteln zu Phrasen aufbläht, erblickt Kraus den Typus des politisch motivierten Sensationsjournalisten, dessen gezielte Indiskretionen auf die heuchlerischen Moralvorstellungen des Publikums abgestimmt sind und den »Sieg der Information über die Kultur« signalisieren (»Maximilian Harden«, in: Kraus, *Die chinesische Mauer,* 1967,31-51). Und in seinem Aufsatz »Nestroy und die Nachwelt« ironisiert Kraus den literarischen »Naturalismus, der außer den psychologischen Vorschriften noch andere Forderungen für den Hausgebrauch erfüllte, indem er die Dinge beim rechten Namen nannte, aber vollzählig, daß ihm auch nicht eines fehle, während das Schicksal als richtig gehende Pendeluhr an der Wand hing« (*Untergang der Welt durch schwarze Magie,* 1960,236). Gleichwohl sind für Kraus ›Natur‹ und ›Leben‹, deren Herabwürdigung er unermüdlich anprangert, zentrale Begriffe seiner Kritik. Im Gegensatz zum programmatischen Naturalismus aber, ist sein Naturbegriff qualitativer Art: er orientiert sich nicht an deterministischen Milieu- oder Vererbungstheorien, sondern an der Forderung, daß Form und Gegenstand sich kongruent zueinander verhalten sollten. In einer Welt, in der Sprache »vom Subjekt abgetrennt und zum Mittel der Manipulation geworden ist«, offenbart sich Dichtung somit »als letzte Möglichkeit mimetischen Verhaltens: nicht durch Schönheit erlangt sie ihre Vollendung, aber in der Echtheit des Gedankens der eins mit seinem Ausdruck ist« (Kosler, 1975,46). Die Wertmaßstäbe, die Kraus für seine Literatur- und Sprachkritik bereithält, bezieht er aus dem »mystisch angehauchten Begriff des Ursprungs« (N.Wagner, 1987,155), wo, »in einer Art harmonischen Urzustands von Zeichen und Bezeichnetem« (ebd.), das Original herrscht und eben nicht dessen Vermittlung durch die »Pose«. Dieses Ideal sucht Kraus in den Literaturen der Vergangenheit und Gegenwart: bei Shakespeare und Nestroy sieht er es verwirklicht. Von den Modernen wiederum, erscheint ihm Frank Wedekinds *Büchse der Pandora* als dichterischer Ausdruck einer solchen »Urkraft, die hier Stoff und Form zugleich gebar« (zit. nach Wagner, 1987,155). Künstlerische Authentizität wird bei Karl Kraus zum Prüfstein, an dem sich der Künstler und die von ihm geschaffene Literatur gleichermaßen bewähren. An diesem Prüfstein scheitern die Jung-Wiener Schriftsteller, es scheitern Maeterlinck und Heinrich Heine, hingegen bewähren sich daran ausgerechnet Oscar Wilde und Peter Altenberg. Timms vertritt in seiner Kraus-Biographie die These, daß die in den *Fackel*-Ausgaben der Jahre 1907-1914 wiederholt diskutierte Figur des Künstlers ihre Prägung maßgeblich von den Schriften Wildes, in geringerem Maße von Nietzsche, erhalten habe (Timms, 1986,190). Es ist, laut Timms, vor allem die von Wilde bekundete Absicht, das eigene Leben zum Kunstwerk zu machen, die dem Krausschen Gedanken einer Identität von Kunst und Leben nahekommt. Das ›Leben‹, das sich ›als Kunst‹ erst zum Ausdruck seiner selbst bringt, die ›Maske‹, die das ›wahre Gesicht‹ ihres Trägers eher offenbart, als es dessen zufällige Erscheinungsform vermag – das ist jene Authentizität, die auch Kraus meint, wenn er das äußerlich zur Schau getragene Dandytum mit denselben Argumenten ablehnt, mit denen er die verinnerlichte Haltung des Künstlers befürwortet:

»Gewiß, der Künstler ist ein Anderer. Aber gerade deshalb soll er es in seinem Äußern mit den anderen halten. Er kann nur einsam bleiben, wenn er in der Menge verschwindet. Lenkt er die Betrachtung durch eine Besonderheit auf sich, so macht er sich gemein und führt die Verfolger auf seine Spur. (...) Je mehr den Künstler alles dazu berechtigt, ein anderer zu sein, um so notwendiger ist es, daß er sich der Tracht der Durchschnittsmenschen als einer Mimicry bediene« (Fackel, Nr.259/60, 41).

Die ›verkehrte Welt‹ des nur Scheinhaften erfordert die äußerliche Verkleidung des Künstlers, damit dieser in seinem Inneren ungestört sein Anderssein bewahren kann. Dem Paradoxon entsprechend, läßt sich die Kraussche Opposition zu den Dichtern von Jung-Wien herleiten. In der Krausschen Optik verfahren diese so antikünstlerisch wie nur möglich: in unzähligen angenommenen Posen stülpen sie ein Künstlertum nach außen, das ihnen im Inneren fehlt. Ihr vermeintliches Anders-sein entpuppt sich somit als Erscheinungsform gerade jener Welt der Verstellung, von der sie sich abzuwenden glauben. Sie spielen lediglich den Künstler, ohne es zu sein. Auch die Jung-Wiener schätzen Oscar Wilde. Sie schmücken sich mit ihm und unterschlagen dabei, so Kraus, gerade das wesentliche Anderssein des Dichters Oscar Wilde:

»Sein artistisches Vermögen wird zugunsten einer snobistischen Horde konfisziert. Die seiner Moral den Strick um den Hals wünschen, preisen die Art, wie er seine Kravatte geschlungen hat. (...) Die Wege, auf denen er die Schönheit gesucht hat, bleiben verrucht, aber mit den Schönheiten, die er gefunden hat, schmückt sich eine ganze Generation rasierter Jünglinge, deren träumerischer Verschmocktheit ein Roman gewidmet werden müßte: Das Bildnis des Dori (sic!) Gray« (*Die Fackel*, Nr.227/28,1907,7f).

Aus diesem Zusammenhang bezieht das Verdikt des jungen Karl Kraus gegen die »falsche, erlogene Decadence« (s. oben) von Jung-Wien seinen Sinn. Kraus wendet seinen ›Decadence‹-Begriff polemisch gegen den von Jung-Wien. Diese nämlich, so schreibt er in seiner Rezension über Gedichte von Dörmann und Specht, seien Vertreter in »der Manie des Zurschautragens eines nicht vorhandenen Zustandes, der »Decadence«, die sich Gänsefüßchen gefallen lassen muß« (»Wiener Lyriker«, 1893, FS I, 1979,89). Der Decadent im Krausschen Sinne ist hingegen der wahre Künstler, dessen Hervorbringungen auf die zeitgenössische Gesellschaft nur deshalb ›dekadent‹ wirken, weil sie der Unnatur ihres Normensystems ein Potential unverstellter Authenziät entgegensetzen (vgl. Wagner, 1987,176). Ein solches Künstlertum erblickt Kraus in der »poetischen Existenz« (Wagner) eines Peter Altenberg. Und es entbehrt nicht einer gewissen Ironie, daß Schnitzler und Hofmannsthal, die Altenberg gleichfalls schätzen, in ihm den schauspielernden Poseur erblikken (vgl. auch Kap.4.2), während Kraus ihn ausdrücklich gegen diese Einschätzung in Schutz nimmt: »Die bequemste Lösung war die Annahme, er sei ein Poseur: er, der zeitlebens nichts anderes getan hat, als die Konvention der Verstellung durchbrechen« (*Die chinesische Mauer*, 1967,90).

Altenberg verkörpert für Kraus »ein ewiges Temperament« (ebd., 91). Er ist »ein echter Narr« (ebd., 90), der »in der restlosen Ehrlichkeit, die das Unsagbare sagt«, wohl »liebenswerter« ist, »als ein Preziösentum, das vom Sagbaren nur die Form hat« (ebd., 91).

Der Kraussche Authentizitäts- und Natürlichkeitskult findet seinen Ausdruck nicht allein in der Wertschätzung bestimmter Künstlerpersönlichkeiten. Auch die Affinität zu Otto Weininger steht, ebenso wie die Allianz mit Adolf Loos, im Zeichen einer »asketischen Moderne«, deren inhaltliche Bestimmungen hier nur gestreift werden können (vgl. u.a. le Rider, 1990, N. Wagner, 1987). Ob Kraus, Loos, Weininger oder Wedekind: ihnen allen gemeinsam ist ein puristisch-asketisches Ideal eines ethisch geprägten, vorgeblich ›männlichen‹ Original-Schöpfertums, das als Gegensatz begriffen wird zu einem vermeintlich ›weiblichen‹ amoralischen Erotismus und Ornamentalismus. Als zusätzliches Element der Abgrenzung fungiert dann noch der von Weininger, aber auch von Kraus ins Spiel gebrachte Antisemitismus. Bei Otto Weininger, der, erst dreiundzwanzigjährig, einige Monate nach Erscheinen seines Buches *Geschlecht und Charakter* (1903) Selbstmord verübte, finden sich die skizzierten Polaritäten ins Hypertrophe gesteigert. Der asketische Fanatismus Weiningers (le Rider) wertet ›das Weib‹ und alle von ihm als ›weiblich‹ denunzierten Erscheinungen, wie Judentum (dem Weininger selbst angehörte), Sexualität und die Kultur der Moderne, als apokalyptische Bedrohung des ›männlichen‹ abendländischen Geistes (vgl. hierzu Rösner, 1989,497-499, Löffler, 1988,121-133, le Rider, 1985). Kraus wiederum, stimmt den Voraussetzungen Weiningers zu, lehnt aber dessen aggressive Frauenfeindlichkeit ab. Vielmehr feiert er die vermeintlich amoralisch-sexualisierte Natur des »Weibes« als willkommene Inspirationsquelle für den kulturschöpfenden Mann, als »Urquell, an dem sich des Mannes Geistigkeit Erneuerung holt« (*Sprüche und Widersprüche*, zit.n. Wagner, 162). In zahlreichen Aufsätzen der *Fackel* attackiert Kraus die prüde Sexualmoral seiner Zeitgenossen und fordert die erotische Befreiung der Frau im Sinne ihrer vermeintlich natürlichen Bestimmung. Ebenso energisch aber, wendet er sich gegen ihre soziale Gleichstellung, ihre ›Vermännlichung‹ qua Bildung oder gar Berufstätigkeit. Spiegelbildlich dazu, polemisiert er gegen die ornamental-impressionistische ›Verweichlichung‹/›Verweiblichung‹ von Sprache und Literatur im Zeichen Jung-Wiens. Sein puristisches Beharren auf scheinbar naturgegebenen Dualitätsprinzipien mag auch verantwortlich sein für die sich häufig antisemitisch gebärdende Polemik, mit der Kraus, Sohn eines jüdischen Fabrikanten, die Verbindung von Geschäft und Literatur geißelt. Doch nicht nur im Hinblick auf Kraus diagnostiziert hier le Rider eine Abwehrhaltung:

»Der bedingungslose »Ethizismus« der Kraus, Weininger oder Wittgenstein kennzeichnet, verbindet sich indirekt mit dem Aufstand gegen das Judentum des Vaters: die Söhne versuchen, sich von den als typisch jüdisch bekannten sozio-kulturellen Rollen abzuheben, indem sie sich von den Berufen, die mit Geld verbunden werden, abwenden« (le Rider, 202,1993).

Es liegt nahe, dieses Erklärungsmuster auch auf die zahlreichen sprachpuristisch intendierten Äußerungen von Karl Kraus anzuwenden, denen Gilman in seiner Untersuchung eine Art von »sprachlichem Rassismus« bescheinigt (vgl. Gilman, *Jewish Self-Hatred, Anti-Semitism and the Hidden Language of the Jews*, 1986). Dem freudianischen Erklärungsmodell des ›Vatermordes‹ aber, wäre noch die Frage an die Seite zu stellen, ob der Ursprünglichkeits-Furor der ›asketischen Modernen‹ mit all seiner problematischen Umfunktionierung ästhetischer Überlegungen zu moralischen Urteilen (vgl. Stern, 1985,175) nicht auch als ein identitätssichernder Rettungsanker fungiert, der sich gegen die Erosionsarbeit der Moderne stemmt. Auf diese Rettungsanker-Funktion paßt wiederum die Charakterisierung, die Karl Kraus seinem Idol Peter Altenberg nachsagt: »Treue im Unbestand, rücksichtslose Selbstbewahrung im Wegwurf, Unverkäuflichkeit in der Prostitution« (*Die chinesische Mauer*, 1967,89).

4.2 Dichtung und Projektion:
Peter Altenberg als Schriftsteller und Idol

»Durch Jahrzehnte blieb Altenberg die Erscheinung, die er von Anfang an gewesen war – der Literat des Kaffeehauses, eine zärtlich belächelte Wiener Kuriosität. Früh schon verfiel er, viel von seiner Anmut verlierend, in die Krankheit des Literaten, (...) wurde ein Schauspieler seiner selbst, vor einem wechselnden Auditorium (...) Seine Verehrer folgten ihm in den Qualm der Nachtcafés, wo er, von Bewunderung umgeben, seine rhapsodisch-anekdotischen Reden hielt (...). Und so wie die Konturen verschwammen, wenn schwerer Rauch den Raum erfüllte, die Gesichter undeutlich wurden, in halber Beleuchtung ihre Identität verlierend, verlor das Wort sein Gewicht und seinen Wert, wurde beiläufig hingesprochen, alles auflösend, was bisher tragfähig zu sein schien« (Olga Schnitzler, 1962,35f).

Folgt man den Erinnerungen Olga Schnitzlers, so erscheint Altenberg nicht nur ihr als Schauspieler seiner selbst, der »das Wort« in der unbestimmbaren und unverbindlichen Atmosphäre des Kaffeehauses als Aussage und ethisches Urteil entwertet. Auch Arthur Schnitzler, laut Olga Schnitzler »jedem Inflationswert des Wortes im tiefsten abhold«, soll die »eruptive Verantwortungslosigkeit im Reden« bei Peter Altenberg mißbilligt haben (ebd.). Karl Kraus, der in seinem Essay über Altenberg ebenfalls das Schwankende, Unzuverlässige der Altenbergschen Urteile betont, gelangt zu dem entgegengesetzten Schluß:

»Und nichts steht heute fester in unserem Geistesleben als dies Schwanken, nichts ist klarer umrissen als diese knitterige Physiognomie, nichts bietet bessern Halt als diese Unverläßlichkeit. Unter den vielen, die hier etwas vorstellen, ist einer, der bedeutet; unter den manchen, die etwas können, ist einer, der ist. Unter den zahllosen, die ihre Stoffe aus der Literatur geholt haben und Migräne bekamen, als es an die Prüfung durchs Leben ging, ist einer, der im schmutzigsten Winkel des Lebens Literatur geschaffen hat, gleich unbekümmert um die Regeln der Literatur und des Lebens« (*Die chinesische Mauer*, 1967,89).

Kraus, der in Peter Altenberg die Identität von Leben und Literatur verkörpert sieht, weiß sich auch hinsichtlich eben dieses Lebensbegriffes mit dem Außenseiter weitgehend einig, was nicht ausschließt, daß er manch lebensreformerische Verstiegenheit Altenbergs mit nachsichtigem Tadel bedenkt. »Ihr seid Papier; er war ein Element« schreibt er noch 1932 den Lesern der von ihm kompilierten Altenberg-Anthologie als versifiziertes Vorwort ins Stammbuch (in: Klawiter, MAL, 1968,22ff). Dem Krausschen Ursprungs-Begriff mag dabei die im Altenbergschen Werk aufzufindende »Entwicklung eines monistischen Allzusammenhangs« entsprechen, »der Ausgangs- und Endpunkt im menschlichen »Innenraum« hat« (Köwer, 1987,43). Die dem zeittypischen Ideengut entsprechende Konzeption eines »naturalism of the soul« (Klawiter, MAL, 1968,26) stellt für Altenberg das Fundament dar, worauf sich seine Botschaft eines von den geltenden Normen befreiten naturhaften Lebens gründet. Eine in dieser Hinsicht typische Äußerung Altenbergs findet sich etwa in der später in das Buch *Prodomos* aufgenommenen Skizze »Individualität« (1903/04):

»In *allen* Menschen liegt ein zarter, trauriger, Ideale träumender Dichter tief verborgen. *Alle* Menschen werden einst ganz fein, ganz zart, ganz liebevoll sein, und die Natur, die Frau, das Kind mit allen Zärtlichkeiten eines exaltierten Dichterherzens lieb haben« (Altenberg, GW II, 1987,94).

Köwer weist darauf hin, daß die etwa bei Hofmannsthal oder Schnitzler immer wieder auftauchende Vergänglichkeits- und Todesthematik keinen Eingang findet in Altenbergs Ideenwelt. Dessen euphorischer Lebensbegriff »verschmilzt ihm unter dem Aspekt menschlicher Weiterentwicklung mit seinem Gedanken der »Verinnerlichung« zu einem ins Seelische gerichteten Fortschrittsoptimismus« (Köwer, 1987,45). In der erwähnten Skizze heißt es beispielsweise über den Begriff der Individualität:

»Denn insofern eine Individualität (...) auch nur den Schein einer Berechtigung hat, darf sie nichts anderes sein als ein Erster, ein Vorläufer in irgend einer organischen Entwicklung des Menschlichen überhaupt, *die aber auf dem naturgemäßen Wege der möglichen Entwicklung für alle Menschen liegt!*« (GW II, 1987,94)

Im Sinne dieser metaphysischen, mit Elementen des Darwinismus eklektizistisch angereicherten Utopie (vgl. dazu Nienhaus, 1986) ist auch die Intention der von Altenberg betriebenen Eigenstilisierung zu verstehen. Peter Altenberg, der sich seiner Herkunft nach kaum von den anderen Jung-Wiener Schriftstellern unterscheidet – er wird 1879 als Sohn des wohlhabenden Kaufmanns Moritz Engländer in eine »geistig halb wienerisch halb französisch assimilierte jüdische Familie« (Köwer, 1987,20) hinein geboren – »plant seine Existenz (...) als romantische Vermischung von Leben und Literatur« (Köwer, 1987,21). Sein von Olga Schnitzler als »Kuriosität« belächeltes Verhalten verdeutlicht dabei das erwähnte »Programm«, das, als lebensreformerischer Entwurf, »sich vom Psychischen ins Physische erstreckt und beide Bereiche zusammenschließt« (Köwer, 1987,21). Als Ausdruck dieses »Reformplans« fungieren, nach Köwer, die verschiedenen Rollen, welche Altenberg in der Öffentlichkeit spielt: die Rolle des bindungslosen Bohémiens, jene des Revolutionärs oder verstehenden Künstlers, jene des Rezensenten oder Propheten (Köwer, 1987,21). Ein Resultat der von Altenberg betriebenen Selbststilisierung besteht zweifellos in der Legendenbildung um die Person des Dichters schon zu dessen Lebzeiten. Letztere mag, wie Nienhaus im Hinblick auf die von Schweiger herausgegebene Altenberg-Anthologie (1977) beklagt, eine spätere Rezeptionshaltung befördert haben, die das Werk Altenbergs »privatisiert«, mithin die Reduktion seiner Texte auf bloß Lebensgeschichtliches vornimmt (Nienhaus, 1986,29). Indes läßt sich ein derartiger Rezeptionsprozess bereits bei den Zeitgenossen Altenbergs feststellen. Die Selbststilisierung Altenbergs geht früh einher mit der Funktionalisierung seiner personalen und schriftstellerischen Existenz als Projektionsfläche seitens der zeitgenössischen Moderne. So unterschiedlich diese Projektion auch ausfallen mag – sei es, daß Altenberg, wie bei Kraus, als Held des Ursprungs erscheint, sei es, daß er, wie bei Hofmannsthal, zum Sokrates stilisiert wird, der »Leben als Gartenkunst« betreibe (»Ein neues Wiener Buch« in: GW,8,1, 1979,227): Peter Altenberg wird erst zur öffentlichen Figur, als ihn die Wiener Modernen, aller Meinungsverschiedenheiten ungeachtet, einhellig ›entdecken‹. Altenberg selbst, hat die Geschichte seiner ›Entdeckung‹ rückblickend als erfolgreichen Prozeß einer Identitätsbildung geschildert unter dem bezeichnenden Titel »So wurde ich«:

»Ich saß im 34. Jahre meines gottlosen Lebens, Details kann eine Tageszeitung unmöglich bringen, ich saß im Café Central, Wien, Herrengasse, in einem Raume mit gepreßten englischen Goldtapeten. (...) Da traten Arthur Schnitzler, Hugo von Hofmannsthal, Felix Salten, Richard Beer-Hofmann, Hermann Bahr ein. Arthur Schnitzler sagte zu mir: »Ich habe gar nicht gewußt, daß Sie dichten!? Sie schreiben da auf Quartpapier, vor sich ein Porträt, das ist verdächtig!« Und er nahm meine Skizze »Lokale Chronik« an sich. Richard Beer-Hofmann veranstaltete nächsten Sonntag ein »literarisches Souper« und las zum Dessert diese Skizze vor. Drei Tage später schrieb mir Hermann Bahr (...). Später sandte Karl Kraus, auch der Fackel-Kraus genannt, (...) an meinen jetzigen Verleger S.Fischer, Berlin W., Bülowstraße 90, einen Pack meiner »Skizzen« mit der Empfehlung, ich sei ein Original, ein Genie, Einer, der anders sei, nebbich. S. Fischer druckte mich, und so wurde ich! (...) Alle zusammen (...) haben mich »gemacht«. Und was bin ich geworden?! Ein Schnorrer!« (In P.A., *Semmering 1912*, 5.Aufl., 1919,35f).

Altenberg, der zeit seines Lebens eine Außenseiterrolle im Kreise von Jung-Wien gespielt hat, gleichwohl aber sowohl von den Jung-Wienern, als auch von Karl Kraus die beschriebenen Identifikationsangebote bezieht, ist also nicht nur in pekuniärer Hinsicht ein »Schnorrer«, wobei die von Altenberg selbstironisch gebrauchte Charakterisierung keineswegs als abwertend zu betrachten ist, sondern lediglich die wechselseitigen Spiegelungs- Konstellationen beleuchten soll. Entsprechend variationsreich gespiegelt erscheinen die literarischen Fragestellungen der Modernen im Werk Altenbergs. Als Verfasser literarischer Kleinformen wie Skizze, Aphorismus und Feuilleton hat Altenberg teil an den für die Moderne der Jahrhundertwende typischen Kurztext-Gestaltungen, die auf gleichsam impressionistische Weise Gefühls- und Wahrnehmungsausschnitte abbilden und damit eine nurmehr »dezimierte Welthaltigkeit« (Köwer) signalisieren. Auch bei Altenberg ist eine Verschiebung des gestalterischen Akzents erkennbar: weg von geschildertem Gehalt und schilderndem Subjekt, hin zum Medium der Wahrnehmung selbst. In der bereits zitierten Skizze »Individualität« betont Altenberg diese Akzentuierung am Beispiel seiner ersten, 1896 herausgegebenen Skizzensammlung *Wie ich es sehe*: »Es darf nicht heißen ›Wie *ich* es sehe‹. Es muß heißen: ›Wie ich es *sehe*‹« (GW,2, 1987,95).

Köwer hat in ihrer Untersuchung in Anlehung an Egon Friedell (*Ecce poeta,* 1912) darauf hingewiesen, daß der kleinformatige Text mit seinen skizzierenden Gestaltungstechniken darüber hinaus als Analogon zum gewandelten Zeitempfinden der Moderne fungiert: als Faktor von Zeitbezogenheit und ökonomischer Zeitersparnis (Köwer, 1987,64f). Mit seinen Flüchtigkeit und Zufälligkeit suggerierenden Gestaltungen von Wirklichkeitssplittern und Nuancen der Alltäglichkeit verweist Altenberg zugleich auf eine Gestaltungsweise, die sich von Text zu Text als variierbare und erneuerbare, damit aber auch als vorläufige zu erkennen gibt. Diese Vorläufigkeit entspricht dem Selbstverständnis des Autors selbst, dessen Blick auf Zukünftiges gerichtet ist und der sich im Sinne seines Lebens-Programms als »Vermittler des Werdenden« (ebd., 64) begreift. In einem Brief an Schnitzler liefert Altenberg eine Begründung seiner auf Vorläufigkeit und Flüchtigkeit ausgerichteten Schreibmethodik:

»Ich betrachte Schreiben als eine natürliche, organische Entlastung eines vollen, eines übervollen Menschen. Daher alle Fehler, Blässen. Ich hasse die Retouche. Schmeiß es hin und gut -! oder schlecht! Was macht das?! (...) Meine Sachen haben das Malheur, daß sie immer für kleine Proben betrachtet werden, während sie leider bereits das sind, was ich überhaupt zu leisten im Stande bin. Aber was macht es?! (...) Ich bin so ein kleiner Handspiegel, Toilettspiegel, kein Weltenspiegel« (An Schnitzler, Juli 1894, Lindken, 1987,174f).

Die detailverliebte Nuancierung in Verbindung mit ihrer Darstellung im Kleinformat steht also bei Altenberg im Dienste seiner Konzeption von Authentizität. Im Namen dieser Konzeption aber, lehnt er den tradierten Dichtungs- und Gattungsbegriff überhaupt ab:

»Denn sind meine kleinen Sachen Dichtungen?! Keineswegs. Es sind Extracte! Extracte des Lebens. Das Leben der Seele und des zufälligen Tages, in 2-3 Seiten eingedampft, vom Überflüssigen befreit wie das Rind im Liebig-Tiegel! Dem Leser bleibe es überlassen, diese Extracte aus eigenen Kräften wieder aufzulösen, in geniessbare Bouillon zu verwandeln, aufkochen zu lassen im eigenen Geiste, mit einem Worte sie dünnflüssig und verdaulich zu machen« (»Selbstbiographie«, Wunberg, 1976, 962).

Solch »ästhetischer Minimalismus« (Barker, MAL 1989,9) mit seiner absichtsvollen Konzentration auf das – programmatisch-ethisch bestimmte – ›Wesentliche‹, offenbart die Nähe zu den Ornamentkritikern Loos und Kraus, verweist darüber hinaus aber auch auf die neue Kompositionstechnik Schönbergs und Alban Bergs Opus 4, den *Fünf Liedern nach Ansichts-Karten Texten von Peter Altenberg* (vgl. Barker, MAL 1989, 1-14). Auch Altenberg kritisiert die journalistische ›Phrase‹ im Namen des Lebens, wie die späte programmatische Skizze »Vita Ipsa. Das Leben selbst!« (1918) zeigt. Das bedeutsam-authentische Ereignis wird kontrastiert mit seiner ›verkünstelnden‹ Verarbeitung unter den Bedingungen des Pressebetriebs:

»Der Journalist dachte: »He, aus dieser Sache läßt sich bei einigem Talent etwas Feines machen...« Er drehte es, zog es auseinander, walkte es, bog es, erläuterte und schilderte, wie, wo, weshalb, zerstörte die Natur und brachte seinen eigenen feinen Geist, seine Beobachtungsgabe, seine minutiösen Feinfühligkeiten...So daß die Kenner sagten: »Der kann schreiben!« Aber das Leben in seiner einfachen genialen Tragik lachte Hohn über die Bemühungen des Journalisten...So wie es sich ereignet hatte in seiner merkwürdigen Primitivität, so war es auch künstlerisch bereits das Vollkommenste! Der Journalist hingegen nahm die Elogen entgegen seiner Freunde, die zu ihm sagten: ›Du hast es wirklich erst ins rechte Licht gerückt...‹« (GW,2, 1987,121).

Im Zeichen solcher Phrasen- und Ornamentkritik steht auch Altenbergs Einsatz von Sprache als Funktionsträger: der Textaufbau seiner Skizzen, der Einsatz lyrischer Elemente, wie Rhythmisierungen, Assonanzen, Lautmalereien, seine sprachlichen Abbildungsmechanismen mit Hilfe eingestreuter Zitate, dienen ihm dabei als »seismographische Meßinstrumente« sowohl der eigenen geistigen Haltung, als auch (wie in der zitierten Skizze) der seinem Lebensbegriff entgegengesetzten Verhältnisse (vgl. Köwer, 139). In der letztgenannten sprachkritischen Art des Einsatzes sprachlich-klischierter Versatzstücke nähert sich Altenberg wiederum der Methode des ›feindlichen Zitierens‹ bei Kraus an. Beobachtet man die gestalterische Entwicklung des Altenbergschen Werkes in seiner Gesamtheit, so kann diese durchaus ebenfalls unter dem Vorzeichen einer fortschreitenden Radikalisierung der Altenbergschen Extrakte-Konzeption betrachtet werden. Die Entwicklungslinie führt dabei, nach Köwer, von den durch lockere Reihung miteinander verbundenen Skizzenzyklen und Einzelskizzen, sowie dem Prosagedicht des Frühwerks (*Wie ich es sehe*), bis hin zum Feuilleton-Text und aphoristischen »Extrakt« der Veröffentlichungen ab etwa 1903. Aus der Tendenz zu immer prägnanteren ›Extrahierungs‹-Gestaltungen folgt zudem das in den Texten erkennbare gattungsüberschreitende Gestaltungskonzept. Altenbergs Prosagedichte etwa, sprengen die gängige »Triasformation Epik-Lyrik-Dramatik«, indem sie die gestalterischen Akzente immer wieder neu kombinieren und variieren: so etwa als

streng gegliedertes, auf die Aussage hinweisendes lyrisches Gebilde
(»Fleiss«), oder als reihend-ungegliederter und szenisch konstruierter
Text mit einer Affinität zu dramatischen Formen (»Die Witwe«). Als
vorbildhaft in diesem Sinne erweist sich dabei das französische »poè-
me en prose« (Mallarmé, Baudelaire). Aber auch der Einfluß der
von Huysmans in seinem Dekadenz-Roman *A rebours* integrierten
Gattungstheorie der extrakthaften Verknappung, sowie das von
Maeterlinck übernommene Prinzip des ›Schweigens‹, wird von
Köwer betont (Köwer, 1987,98ff). Auf das filmhafte, kaleidoskopar-
tige Element in ´den Prosagedichten Altenbergs, ihre Wiedergabe
kurzer Momentaufnahmen des Alltäglichen, ist von Köwer und
Nienhaus hingewiesen worden. Der Gestus des ›Fühlens‹ in Verbindung mit der Betonung der sensualistischen Elemente des Hörens,
Sehens, Riechens, sowie die pointillistische Wahrnehmung von Au-
ßenwelt-Reizen verweist, wie auch in den wenigen Prosagedichten Hofmannsthals (»Der Schreibtisch und die Rose«, vgl. Mayer,
1993,20, Köwer, 1987,163ff), auf die Machsche Auflösung der
Subjekt-Objekt-Konstellation. Stellt man allerdings, wie Köwer es
tut, Hofmannsthals Text »Der Schreibtisch und die Rose« den Altenbergschen Prosagedichten gegenüber, so werden die Unterschiede
deutlich: während Hofmannsthal in vollständig-geschlossenen Bildern geradezu episch erzählt, gestattet sich Altenberg ein abgekürz-
tes, extrakthaftes Verfahren, einen »Telegrammstil der Seele«
(»Selbstbiographie«, Wunberg, 1976,962). Hier wie dort allerdings,
handelt es sich um eine spezifische Aussage. Hofmannsthal bemüht
in seinem Prosagedicht den parabelhaften Märchenton: die tote,
künstliche Porzellanrose auf dem Schreibtisch beklagt sich über das
mangelnde »Stylgefühl« ihres Besitzers, da dieser es gewagt hat, eine
»lebendige Rose« in ihre Nähe zu stellen (GW, 7). »Das prosalyri-
sche Konzept, das die Spannungen zwischen Umwelt und Mensch
ins Poetische verlegt, läßt die Natur als konstante Idylle erfahrbar
werden, als Fluchtpunkt und antithetischer Fixpunkt zum sich gra-
vierend verändernden Lebensprozeß« (Köwer, 1987,166). Freilich,
so müßte man ergänzen, unterliegt die Gestaltung von Natur – die
bei Hofmannsthal im literarischen Verweis-Bild der Rose übrigens
bereits selbst nur als allegorische Vermittlung erscheint – ebenfalls
der Dynamik der modernen Blick-Perspektive. Bei aller Akzentuierung des Naturhaften im Gegensatz zum bloß Konventionellen gerade bei Altenberg – seine kindhaften Frauen und Mädchen, Tiere
und Pflanzen, Dichterfiguren sind in gewisser Weise programmatische Rollenträger – stellt das Prosagedicht keine in erster Linie programmatische Äußerungsform dar, sondern erfüllt vielmehr eine
»Poetik des Andeutens« (Nienhaus, 1986,16ff). In der fragmentari-

schen Unabgeschlossenheit des Prosagedichtes, so Nienhaus, entwik-
kelt Altenberg vergängliche, blitzhaftig auftauchende Gegenbilder
»eines Lebens, die nicht schon aus der Normalität des Herrschenden
verständlich (...) sind« (Nienhaus, 1986,243). Sowohl Köwer, als auch
Nienhaus beobachten im späteren Werk Altenbergs indes eine Ab-
wendung von dieser »Poetik des Andeutens« und ihren Gestaltungsformen. Nienhaus sieht bereits im dritten Buch Altenbergs *Was der
Tag mir zuträgt* (1901) eine Hinwendung zu einer »Poetik der Eindeu-
tigkeit« vollzogen, die in *Prodomos* (1905) zur »Literatur als Lebenshil-
fe« verkomme (Nienhaus, 1986,174ff, 204f). Auch Köwer beobachtet
die Hinwendung des späteren Altenberg zu eindeutiger gefaßten Aussagen, wertet aber dessen Neigung zu den literarisch-didaktischen
›Gebrauchsformen‹ von Feuilleton und Aphorismus eher im Sinne
von extrakthaften Gegenentwürfen zu zeitgenössischen Entwicklungen (vgl. Köwer, 269f). Während der Aphorismus bei Altenberg, ähnlich wie bei Kraus, ähnlich aber auch wie bei Hofmannsthal, »den
Konflikt von erfahrener Realität und subjektiver Reflexion« in antithetischer Zuspitzung ausdrückt, so kommt das Feuilleton als »Kunst«
des Aussparens und Nuancierens (Mennemeier, II, »Kunst der Nuance:
das Fin de siècle -Feuilleton (Peter Altenberg)«, 1988) den Extrahie-
rungs-Intentionen Altenbergs entgegen.

Wie Kraus, so beteiligt sich freilich auch Altenberg an der zeitgenössischen Feuilleton- und Zeitungsschelte, die eben nicht auf den
Aussparungs-Charakter der kleinen Form verweist, sondern, im Gegenteil, die Ornamentalisierung als charakteristisch begreift, wie aus
folgendem, für die Epoche geradezu idealtypischen Passus hervorgeht:

»Die Zeitung hat dem *Gemeinplatz* einen Thron errichtet, ihn mit mär-
chenhafter Gewalt ausgerüstet. Von Tag zu Tag wächst der Reichthum einer
Sprache an Bildern, Vergleichen, dichterischen Wendungen. Es ist Gold
und Silber, zumeist von Dichterhand gemünzt. Mit gieriger Hand greift die
Menge nach den blinkenden Schätzen. Sie wandern von Mund zu Mund,
unverstanden, gewöhnlich gemacht durch den übermäßigen Gebrauch, sie
werden zur Scheidemünze, zum abgegriffenen Nickel. (...) Und die Zeitung
ist es, die so rasch zu entwerthen versteht. Sie lebt von Gemeinplätzen, sie
nährt sich von Clichés« (Rudolf Lothar, »Die Zeitung und die Literatur«
(1891), Wunberg, 1976,287).

Die 1903/04 von Altenberg gegründete Zeitschrift *Kunst. Halbmonatsschrift für Kunst und alles Andere*, für deren Beilage, betitelt »Das
Andere«, Adolf Loos verantwortlich zeichnet, mag in ihrer programmatischen Forderung nach »Alltagsnähe« den Versuch eines ›orna-
mentlosen‹ Gegenentwurfs zum ornamentalisierten Feuilleton

darstellen. Die Zeitschrift jedoch, wie sie Altenberg konzipiert hat, besteht nur ein Jahr lang. Gleichwohl verzichtet Altenberg nicht darauf, sich der wirkungsorientierten Form des Feuilletons zu bedienen: entsprechende Texte werden von ihm, den Begriff ›Feuilleton‹ vermeidend, in seinen Briefen an Kraus häufig als »Essays« bezeichnet. Köwer verweist dabei auf den von Altenberg gestalteten Gegenentwurf zum ornamentalisierten, sich im Plauderton erschöpfenden Feuilleton seiner Zeit. Die Altenbergschen Feuilletons (»Buchbesprechung« aus *Prodomos,* »Unwichtige wichtige Ereignisse« aus *Vita ipsa*) seien durch extrakthafte Kürze ebenso gekennzeichnet, wie durch ihre aufklärerisch-didaktische Intention, die der Tradition des kritischen Feuilletons (Spitzer, Kürnberger) nahekomme. Einen solchen Gegenentwurf vermag Nienhaus in den von Altenberg verfaßten kurzen Prosatexten nicht zu erkennen. Bei den unter der Bezeichnung »Wiener Feuilleton« firmierenden Texten, so Nienhaus, handele es sich um eine »Form kurzer Prosa, wie sie sich in den Literatur-Spalten der Wiener Zeitungswelt fest etabliert hatte. Es kommt dabei nur auf die Erfüllung der Unterhaltungsfunktion an, die am besten gelingt, wenn Erlebnisse, Ereignisse subjektivisch dargeboten werden (...) Auch mit Texten dieser Art reiht sich Altenberg ein in das gängige Repertoire des Feuilletons« (Nienhaus, 1986, 203). Für beide Auffassungen wird man in den Skizzen Altenbergs Belege finden, umso mehr, da eine exakte definitorische Abgrenzung zwischen Prosagedicht, Feuilleton, Skizze, Essay, Versgedicht, sich als schwierig erweisen dürfte.

Mit all dem freilich, steht der ›Außenseiter‹ Altenberg im Zentrum der Wiener Moderne. Seine gattungsüberschreitenden Äußerungsformen markieren dieselbe poetologisch-erkenntnistheoretische Unentschiedenheit, wie sie sich in den lyrischen Einaktern Hofmannsthals oder Schnitzlers wiederfindet. Sein Streben nach extrakthafter Kürze, das zum Verschweigen des Nicht-mehr-Sagbaren tendiert (»Und dann, ich halte dafür: Was man »weise verschweigt« ist künstlerischer, als was man »geschwätzig ausspricht«!«, P.A., »Selbstbiographie«, Wunberg, 1976,962), korrespondiert mit der das Eigentliche in den Raum des nicht Sagbaren verweisenden Sprachskepsis Hofmannsthals ebenso, wie mit dem unbedingten, sich in der Negation des Gesprochenen äußernden Sprachglauben eines Karl Kraus. Im Rahmen einer von außen betrachteten Wiener Moderne mag Peter Altenberg, als Projektions-Figur ebenso wie als Schriftsteller, als der hypothetische Ort fungieren, wo sich die ›asketische Moderne‹ mit den Vertretern von Jung-Wien trifft. Dieser ›Ort‹ ist dabei als dynamischer Prozeß zu denken, der die wechselseitige ›Grenzüberschreitung‹ unterschiedlicher Kunstformen (Literatur, Architektur, Musik, Malerei) ebenso meint, wie die Überlagerung der unterschiedlichen Diskurse von ›Wissenschaft‹ und ›Literatur‹. Die zugespitzten Fragestellungen führen zudem bei nahezu sämtlichen Wiener Modernen nach 1900 zu einer Art von Wendepunkt, der eine jeweils spezifische Wendung hin zu anderen literarischen Ausdrucksformen einleitet: als ›ästhetische Wendung‹ macht sie sich bei Karl Kraus um 1905/06 in der Abkehr vom politischen Journalismus und in der Konzentration auf Sprachliches bemerkbar. Die Wendung Hofmannsthals vollzieht sich gewissermaßen in umgekehrter Weise als Modifizierung ästhetizistischer Positionen, als Abkehr vom Einakter und den lyrischen Formen, die verbunden ist mit der Hinwendung zur Dramenform und der ethischen Fundierung seiner ästhetischen Gesamtentwürfe. Die Wendung vom Einakter zum mehraktigen Drama und zur neuartigen Erzählnovelle vollzieht auch Schnitzler. Und auch Altenberg gelangt zu wirkungsorientierten Gestaltungsformen. Daß – aller Fraktionsbildung ungeachtet – derartige Beziehungen auch in der öffentlichen Auseinandersetzung wirksam bleiben, erläutert Andrew W. Barker, indem er auf das gemeinsame Auftreten von Bahr, Kraus und Altenberg in der Debatte um Gustav Mahler hinweist und die ebenfalls gemeinschaftlich unternommenen Unterstützungsaktionen für Arnold Schönberg erwähnt, desgleichen den von beiden Fraktionen als öffentliche Bühne genutzten ›Akademischen Verband für Literatur und Musik in Wien‹ (Barker, MAL, 1989,1-14). Peter Altenberg, der all diese Bestrebungen gewissermaßen in sich vereinigt, mag dann auch den Ausgangspunkt für spätere Entwicklungen markieren, deren Genese sich gewissermaßen mit dem Blick auf die Wiener Moderne um 1900 erschließt: Georg Trakl und der Expressionismus mit dem Blick auf die lebensphilosophische Emphase Altenbergs, Robert Musils Konzeption des Möglichkeits-Essayismus im *Mann ohne Eigenschaften* im Hinblick auf die gestalterischen Zwischenpositionen von Ethik und Ästhetik. Die Tatsache, daß der Ingenieur Musil einst über Ernst Mach dissertierte, verweist ebenso auf die wirkungsgeschichtliche Kontinuität der Wiener Moderne, wie etwa das Plädoyer von Josef Fürnkäs für eine Neuentdeckung von Walter Benjamins Zitattheorie im Lichte des Benjamin-Essays über Karl Kraus – abgedruckt in einem Band aus dem Jahre 1987 über die *Verabschiedung der (Post-)Moderne*. Fürnkäs schreibt im Hinblick auf Benjamins Rezeption der Krausschen Zitiertechnik:

»Im Zitat ereignet sich der Tod der Intention, erscheint das Ausdruckslose: Einerseits wird es aus seinem instrumentellen Zusammenhang gerissen, damit dessen Wirken, dessen Intention unterbrochen, zum Stillstand gebracht; andererseits wird auch die Intention des Zitierenden unterbrochen, tritt hinter die Autorität des Zitats zurück. Das Zitat spricht für sich, läßt Wahrheit bruchstückhaft aufblitzen, verweisend auf den Endzustand einer erlösten Sprache« (Fürnkäs, 1987,217).

Das Zitat bringt es an den Tag. Die Rezeption der Wiener Moderne erweist sich auch heutzutage als das, was bereits um 1900 in Gang gesetzt wurde: als unabschließbare Suche und Projektion zugleich.

5. Bibliographie (in Auswahl)

JFDH = Jahrbuch des Freien Deutschen Hochstifts
JW   = Jugend in Wien. Literatur um 1900. Literaturarchiv Marbach/
       Neckar.
MAL = Modern Austrian Literature
NR   = Die Neue Rundschau
LuK = Literatur und Kritik

5.1 Werkausgaben

Peter Altenberg: Gesammelte Werke, hg.v. Werner J. Schweiger. Wien,
Frankfurt/M. 1987. Band 1: Expeditionen in den Alltag. Gesammelte
Skizzen 1895-1898, Band 2: Extrakte des Lebens. Gesammelte Skizzen
1898-1919. (Zit. als: GW Altenberg).
Peter Altenberg: Semmering 1912. Berlin 1919.
Peter Altenberg: Selbstbiographie. Erstmals in: Wiener Rundschau, 15.2.1899,
wiederabgedr. in: Wunberg, 1976, 961-962.

Leopold Andrian: Der Garten der Erkenntnis. Mit Dokumenten und zeitgenössischen Stimmen hg.v. Walter H. Perl, Frankfurt/M. 1970.

Hermann Bahr: Die Überwindung des Naturalismus. Dresden und Leipzig.
1891.
Hermann Bahr: Studien zur Kritik der Moderne. Frankfurt/M. 1894.
Hermann Bahr: Selbstbildnis. Berlin 1923.
Hermann Bahr: Zur Überwindung des Naturalismus. Theoretische Schrif-
ten 1887-1904. Ausgewählt, eingeleitet und erläutert von Gotthart
Wunberg, Stuttgart 1968.

Richard Beer-Hofmann: Der Tod Georgs. In: Gesammelte Werke, mit einem Geleitwort von Martin Buber, Frankfurt/M. 1963. (Zit. als: GW
Beer-Hofmann). In: Große Richard-Beer-Hofmann-Ausgabe in sechs
Bänden, hg.v. Günter Helmes, Michael M. Schardt, Andreas Thomasberger, Paderborn 1993. Band 3: Der Tod Georgs. Roman. Hg. und mit
einem Nachwort v. Alo Allkemper. 1994.

Sigmund Freud: Studienausgabe (10 Bd., sowie Ergänzungsband). Hg.v.
Alexander Mitscherlich u.a., Frankfurt/M. 1969-75.
Sigmund Freud: Gesammelte Werke (18 Bd.), London 1940-52. Hg.v.
Anna Freud u.a. Bd.1: Werke aus den Jahren 1892-1899.

Hugo von Hofmannsthal: Gesammelte Werke in zehn Einzelbänden. Hg.
von Bernd Schoeller (Band 10: und Ingeborg Beyer-Ahlert) in Beratung
mit Rudolf Hirsch. Frankfurt/M. 1979/80. (Zit. als: GW Hofmannsthal).
– Band 8: Reden und Aufsätze I (1891-1913).
– Band 9: Reden und Aufsätze II (1914-1924).
– Band 10: Reden und Aufsätze III (1925-1929). Aufzeichnungen (1889-
1929).
Hugo von Hofmannsthal: Sämtliche Werke. Kritische Ausgabe. Veranstaltet
vom Freien Deutschen Hochstift. Hg.v. Rudolf Hirsch, Clemens Köttel-
wesch, Christoph Perels, Heinz Rölleke, Ernst Zinn, Frankfurt/M.
1975- (zit. als: SW Hofmannsthal).
(Ausw.):
– Band I: Gedichte 1. Hg.v. Eugene Weber. 1984.
– Band II: Gedichte 2. Aus dem Nachlass. Hg.v. Andreas Thomasberger,
Eugene Weber. 1988.
– Band III: Dramen 1. Hg.v. Götz Eberhard Hübner, Klaus Gerhard Pott,
Christoph Michel. 1982.
– Band V: Dramen 3. Der Abenteurer und die Sängerin. Die Hochzeit
der Sobeide. Hg.v. Manfred Hoppe. 1992.
– Band VIII: Dramen 6. Ödipus und die Sphinx. König Ödipus. Hg.v.
Wolfgang Nehring, Klaus E. Bohnenkamp. 1983.
– Band IX: Dramen 7. Jedermann. Hg.v. Heinz Rölleke. 1990.
– Band X: Dramen 8. Das Salzburger Große Welttheater. Pantomimen.
Hg.v. Hans-Harro Lendner, Hans-Georg Dewitz. 1977.
– Band XV: Dramen 13. Das Leben ein Traum. Dame Kobold. Hg.v.
Christoph Michel, Michael Müller, 1989.
– Band XXIII: Operndichtungen 1. Der Rosenkavalier. Hg.v. Dirk Hof-
mann und Willi Schuh. 1986.
– Band XXVIII: Erzählungen 1. Hg.v. Ellen Ritter. 1975.
– Band XXIX: Erzählungen 2. Hg.v. Ellen Ritter. 1978.
– Band XXXI: Erfundene Gespräche und Briefe. Hg.v. Ellen Ritter. 1991.
Hugo von Hofmannsthal: Wien I.Mai 1890, Prater gegen 5 Uhr nachm.,
in: Greve/Volke: JW. Marbach 1987, 87.

Karl Kraus: Frühe Schriften 1892-1900. 2 Bd. Hg.v. Johannes J. Braaken-
burg, München 1979. Band 1: 1892-1896, Band 2: 1897-1900. Zit.:
FS.
Werke, hg.v. Heinrich Fischer, 14 Bd.. München 1952-1967.
Karl Kraus: Die Fackel, Wien 1899-1936, Nr. 1-922.
Karl Kraus: Die Fackel, photomechan. Nachdruck. München 1968-76 und
Frankfurt/M. 1977, mit einem Personenverzeichnis von Franz Ögg.
Karl Kraus: Die chinesische Mauer. Frankfurt/M 1967 (nach Bd.12 d. Werk-
ausg. hg.v. H.Fischer, 1964).
Karl Kraus: Die demolirte Literatur (erstm. 1896). Edition der Varianten in
den Textausgaben der Jahre 1896 und 1897 nebst bibliograph. Nach-
weisen v. Gotthart Wunberg in: Wunberg, 1976,647-664.

Ernst Mach: Beiträge zur Analyse der Empfindungen. Jena 1886.
Ernst Mach: Populär-wissenschaftliche Vorlesungen. Leipzig 1896.

Fritz Mauthner: Beiträge zu einer Kritik der Sprache. 3 Bd., 2. Aufl.. Stuttgart 1913.

Robert Musil: Der Mann ohne Eigenschaften. Roman. Hg.v. Adolf Frisé.
Hamburg 1978.

Friedrich Nietzsche: Der Fall Wagner. In: Sämtliche Werke. Krit. Studienausgabe, hg.v. Giorgio Colli und Mazzino Montinari, Bd.6. München 1980.

Alfred Polgar: An den Rand geschrieben. Berlin 1926.

Arthur Schnitzler: Gesammelte Werke. Die Erzählenden Schriften. 2 Bän-
de. (Zit. als: SWE). Die Dramatischen Werke. 2 Bände. Frankfurt/M.
1961,1962. 2.Aufl. 1970,1972.
Arthur Schnitzler: Gesammelte Werke in Einzelausgaben. Das erzählerische
Werk. 7 Bände. Das dramatische Werk. 8 Bände. Frankfurt 1977-1979.
Band 3: Der grüne Kakadu und andere Dramen, Aufl. 1982 (zit. als:
A.S. GW 3).
Arthur Schnitzler: Anatol: Anatol-Zyklus. Anatols Größenwahn. Das Aben-
teuer seines Lebens. (Kritische Edition). Hg.v. Ernst L. Offermanns.
Berlin 1964.

Otto Weininger: Geschlecht und Charakter. Eine prinzipielle Untersuchung.
Im Anh. W's Tagebuch, Briefe August Strindbergs u. Beiträge v. Annegret
Stopczyk, Gisela Dischner und Robert Calasso. München 1980.

Ludwig Wittgenstein: Tractatus logico-philosophicus. In: Schriften Bd.1,
4.Aufl.. Frankfurt/M. 1980.

Briefe, Tagebücher, Erinnerungen

Hermann Bahr: Prophet der Moderne. Tagebücher 1888-1904. Ausgewählt
und kommentiert von Reinhard Farkas. Wien 1987.
Sigmund Freud: Briefe an Arthur Schnitzler. Hg.v. Heinrich Schnitzler. In:
Neue Rundschau. Frankfurt/M 1955. 66.Jg., 1.Heft, 95-106.
(Hugo von Hofmannsthal)/Leopold von Andrian: Briefwechsel. Hg.v. Wal-
ter H. Perl. Frankfurt/M. 1968.
(Hugo von Hofmannsthal)/Richard Beer-Hofmann: Briefwechsel. Hg.v.
Eugene Weber. Frankfurt/M. 1972.
(Hugo von Hofmannsthal)/Arthur Schnitzler: Briefwechsel. Hg.v. Therese
Nickl und Heinrich Schnitzler. Frankfurt/M. 1964.
Hugo von Hofmannsthal: Briefe an Marie Herzfeld. Hg.v. Horst Weber.
Heidelberg 1967.

Stefan George/(H.v.Hofmannsthal): Briefwechsel. München 1953.
Pannwitz, Rudolf (Hofmannsthal, H.v.): Briefe an Rudolf Pannwitz. In: Mesa 5, 1955, S. 20-42.
Arthur Schnitzler: Briefe (2 Bd.). Bd.1: 1875-1912. Hg.v. Therese Nickl und Heinrich Schnitzler. Frankfurt/M. 1981.
Hugo von Hofmannsthal und Edward Gordon Craig. Zu einem unbekannten Hofmannsthal-Text. Hg.v. Oswalt v. Nostiz, in: JFDH 1975, S. 409-430.
Arthur Schnitzler: Tagebuch 1893-1902. Hg.v. Peter Michael Braunwarth. Wien 1989.
Donald G. Daviau (Hg.): The Letters of Arthur Schnitzler to Hermann Bahr. Chapel Hill 1978.
Arthur Schnitzler: Jugend in Wien. Eine Autobiographie. Hg.v. Therese Nickl und Heinrich Schnitzler. Mit einem Nachwort von Friedrich Torberg. Frankfurt/M. 1981.
Olga Schnitzler: Spiegelbild der Freundschaft. Salzburg 1962.
Stefan Zweig: Die Welt von Gestern. Erinnerungen eines Europäers. Frankfurt/M. 1980.
Felix Salten: Aus den Anfängen. Erinnerungsskizzen II. Erstmals in: Jahrbuch d. dt. Bibliophilen und Literaturfreunde hg.v. Hans Feigl, Jg. 1932/33, Berlin/Wien/Leipzig 1933. Wiederabgedr. in: Lindken, 159f.

5.2 Sammelwerke

a) Dokumente

Greve, Ludwig/Volke, Werner (Hg.), Jugend in Wien. Literatur um 1900. Katalog der Jahresausstellung 1974, Literaturarchiv Marbach/Neckar, 2. Aufl. 1987.
Lindken, Hans-Ulrich: Arthur Schnitzler. Aspekte und Akzente. Materialien zu Leben und Werk. Frankfurt/M. 1987.
Urbach, Reinhard (Hg.): Arthur Schnitzler, Über Psychoanalyse. In: Protokolle 2, 1976. 277-284.
Urbach, Reinhard: Karl Kraus und H.v.Hofmannsthal. Eine Dokumentation. Teil I und II in: Hofmannsthal-Blätter 6 (1971) u. 12 (1974).
Urbach, Reinhard: Karl Kraus und Schnitzler. Eine Dokumentation. In: LuK, Heft 49, Okt. 1970. S. 523f.
Wunberg, Gotthart (Hg.): Die literarische Moderne. Dokumente zum Selbstverständnis der Literatur um die Jahrhundertwende, eingeleitet und herausgegeben von Gotthart Wunberg. Frankfurt/M. 1971.
Wunberg, Gotthart (Hg.): Das junge Wien. Österreichische Literatur- und Kunstkritik 1887-1902, 2 Bände. Tübingen 1976.
Wunberg, Gotthart/Braakenburg, Johannes (Hg.): Die Wiener Moderne. Literatur, Kunst und Musik zwischen 1890 und 1910. Stuttgart 1981.

b) Forschungsliteratur

Arnold, Heinz-Ludwig (Hg.): Karl Kraus. Sonderband ed. text u. kritik, München 1975.

Bauer, Roger (Hg.): Fin de siècle. Zu Literatur und Kunst der Jahrhundertwende. Frankfurt/M. 1977.

Berner, Peter/ Brix, Emil/ Mantl, Wolfgang (Hg.): Wien um 1900. Aufbruch in die Moderne. München 1986.

Brix, Emil/Werkner, Patrick (Hg.): Die Wiener Moderne. Ergebnisse eines Forschungsgesprächs der Arbeitsgemeinschaft Wien um 1900 zum Thema Aktualität und Moderne. München 1990.

Brix, Emil/Janik, Allan (Hg.): Kreatives Milieu. Wien um 1900, München 1993.

Bürger, Christa/Bürger, Peter/Schulte-Sasse, Jochen (Hg.): Naturalismus/ Ästhetizismus. Frankfurt/M. 1979.

Clair, Jean/ Pichler, Cathrin/ Pircher, Wolfgang (Hg.): Wunderblock. Eine Geschichte der modernen Seele. Katalog zur Ausstellung der Wiener Festwochen. Wien 1989.

Kaszynski, Stefan/Scheichl, Sigurd Paul (Hg.): Karl Kraus – Ästhetik und Kritik: Beiträge des Kraus-Symposiums Poznán (Sonderband der Kraus-Hefte), ed. text und kritik. München 1989.

Kluge, Gerhard: Aufsätze zu Literatur und Kunst der Jahrhundertwende. Amsterdam 1984.

Kreuzer, Helmut (Hg.): Jahrhundertende-Jahrhundertwende, Teil 1 (Neues Handbuch der Literaturwissenschaft Bd.18, hg.v. Klaus von See). Wiesbaden 1976.

Le Rider, Jacques/Leser, Norbert (Hg.): Otto Weininger. Werk und Wirkung. Wien 1984.

Le Rider, Jacques/Raulet Gérard (Hg.): Verabschiedung der (Post-) Moderne? Eine interdisziplinäre Debatte. Tübingen 1987.

Leser, Norbert (Hg.): Die Wiener Schule der Nationalökonomie. Wien 1986.

Lindken, Hans-Ulrich (Hg.): Das magische Dreieck: polnisch-deutsche Aspekte zur österreichischen und deutschen Literatur des 19. und 20. Jahrhunderts. Frankfurt/M. 1992.

Marchetti, Maria (Hg.): Wien um 1900. Kunst und Kultur. Wien/München 1985.

Nautz, Jürgen/Vahrenkamp, Richard (Hg.): Die Wiener Jahrhundertwende. Einflüsse, Umwelt, Wirkungen. Wien/Köln/Graz 1993.

Pfabigan, Alfred (Hg.): Ornament und Askese im Zeitgeist des Wien der Jahrhundertwende. Wien 1985.

Pfister, Manfred (Hg.): Die Modernisierung des Ich. Studien zur Subjektkonstitution in der Vor- und Frühmoderne. Passau 1989.

Pircher, Wolfgang (Hg.): Début eines Jahrhunderts. Essays zur Wiener Moderne. Wien 1985.

Roebling, Irmgard (Hg.): Lulu, Lilith, Mona Lisa: Frauenbilder der Jahrhundertwende (Frauen in Geschichte und Gesellschaft Bd.14). Pfaffenweiler 1989.

Rumpler, Helmut (Hg.): Innere Staatsbildung und gesellschaftliche Modernisierung in Österreich und Deutschland 1867/71-1914. München 1991.
Sauerland, Karol (Hg.): Melancholie und Enthusiasmus. Studien zur Literatur und Geistesgeschichte der Jahrhundertwende. Eine internationale Tagung, veranstaltet vom österreichischen Kulturinstitut in Bachotek/ Polen, Okt. 1985. Frankfurt/M. 1988.
Scheible, Hartmut (Hg.): Arthur Schnitzler in neuer Sicht, München 1981.
Strutz, Josef/Kiss, Endre (Hg.): Genauigkeit und Seele. Zur österreichischen Literatur nach dem fin de siècle. München 1990.
Timms, Edward/Robertson R. (Hg.): Vienna 1900: From Altenberg to Wittgenstein. Austrian Studies Bd.1. Edinburgh 1990.
Veigl, Hans (Hg.): Lokale Legenden. Wiener Kaffeehausliteratur. München 1991.
Wagner-Rieger, Renate (Hg.): Die Wiener Ringstrasse. Bild einer Epoche, Bd. II, Wiesbaden 1979, Bd. IV. Wien/Köln/Graz 1970.
Waissenberger, Robert (Hg.): Wien 1890-1920 (Ausstellungskatalog). Wien/Heidelberg 1984.
Waissenberger, Robert (Hg.): Wien 1870-1930: Traum und Wirklichkeit. Salzburg/Wien 1984.
Zeman, Herbert (Hg.): Die Österreichische Literatur. Ihr Profil von der Jahrhundertwende bis zur Gegenwart (1880-1980), Teil 1 und 2. Graz 1989.
Žmegač, Viktor (Hg.): Deutsche Literatur der Jahrhundertwende. Königstein (Ts) 1981.

5.3 Nachschlagewerke, Bibliographien, Quellenkundliche Untersuchungen, Periodika und Buchreihen

a) Nachschlagewerke

Giebisch, Hans/Gugitz, Gustav: Bio-Bibliographisches Literaturlexikon Österreichs von den Anfängen bis zur Gegenwart. Wien 1963.
Nagl, Johann Willibald / Zeidler, Jakob / Castle, Eduard (Hg.): Deutsch-Österreichische Literaturgeschichte. Ein Handbuch zur Geschichte der deutschen Literatur in Österreich-Ungarn. Band 4 (Hg. E.Castle): 1890-1918. Wien 1931-1937.

b) Bibliographien

Harris, Kathleen/Sheirich, Richard M.: Richard Beer-Hofmann. A Bibliography. In: MAL Vol.15,1 1982, 1-60.

Kiell, Norman: Psychoanalysis, Psychology and Literature. A Bibliography. Madison/Wisc. 1963.

Kiell, Norman: Psychoanalysis, Psychology and Literature. A Bibliography. 2nd ed. Vol.I,II, NJ/London 1982.

Kirchner, Joachim (Hg.): Bibliographie der Zeitschriften des deutschen Sprachgebiets bis 1900 (insges. 4 Bd.). Band III: Die Zeitschriften des deutschen Sprachgebiets 1871-1900, erarbeitet von Hans Jessen. Stuttgart 1977.

Scheichl, Sigurd Paul: Kommentierte Auswahlbibliographie zu Karl Kraus. In: Kraus Hefte, hg.v. S.P. Scheichl und Christian Wagenknecht (München 1977- fortl.).

Schmidt, Wilhelm R. (Hg.): Bibliographie d. dt. Sprach- und Literaturwissenschaft, begr.v. W. Eppelsheimer, C. Köttelwesch und B. Koßmann, Abt. »Jahrhundertwende (1880-1914)«. Frankfurt/M. fortl. Jahrg.

Neuerscheinungen österreichischer Autorinnen und Autoren. Kommentierte Bibliographie. Hg.v. Zirkular (s. unten). Erscheint jährlich.

c) Quellenkundliche Untersuchungen / Periodika

Jahrbuch des Freien Deutschen Hochstifts. Neue Folge seit 1962, Jahrb. 1975, hg.v. Detlev Lüders. Tübingen 1975.

Hofmannsthal Jahrbuch. Zur europäischen Moderne. Im Auftr. d. H.v.Hofmannsthal-Gesellschaft hg.v. Gerhard Neumann, Ursula Renner, Günter Schnitzler, Gotthart Wunberg. (Nachf. d. Hofmannsthal-Blätter). Bd.1/1993, Bd.2/1994. Freiburg/Br.

Bernd Urban: Hofmannsthal, Freud und die Psychoanalyse. Quellenkundliche Untersuchungen. Frankfurt/M. 1978.

Zirkular. Hg.v.: Dokumentationsstelle für Neuere Österreichische Literatur. Wien. Heft 1 – 20/21 (1995).

Moderne Dichtung. Monatsschrift für Literatur und Kritik. Hg.: E.M. Kafka, Red.: Michael Constantin. Jg.1, Bd. 1 u. 2. Leipzig, Brünn, Wien: Rohrer 1890.

Moderne Rundschau. Halbmonatsschrift für Literatur und Kritik. Hg.: Josef Joachim, E.M. Kafka. Jg.2, Bd. 3 u. 4. Wien: Weiß 1891/92.

d) Buchreihen

Strelka, Joseph P. (Hg.): New Yorker Beiträge zur österreichischen Literaturgeschichte (seit 1984). New York/Frankfurt/M.

Timms, Edward (Hg.): Austrian Studies. Edinburgh.

Zohn, Harry (Hg.): Austrian Culture. New York/Frankfurt/M.

5.4 Sekundärliteratur (Aufsätze und Einzelveröffentlichungen)

Alewyn, Richard: Probleme und Gestalten. Essays. Frankfurt/M. 1974.

Arntzen, Helmut: Karl Kraus als Kritiker des Fin de siècle. In: Bauer, S. 112-124.

Arntzen, Helmut: Karl Kraus und die Presse. München 1975.

Aspetsberger, Friedrich: Wiener Dichtungen um die Jahrhundertwende. Beobachtungen zu Schnitzlers und Hofmannsthals Kunstformen. In: Žmegač, S. 164-190.

Barker, Andrew W.: »Ein Lichtbringer und Leuchtender, ein Dichter und Prophet«. Responses to Peter Altenberg in Turn-of-the-Century Vienna. In: MAL, Vol.22, Nos. 3/4, 1989, S. 1-14.

Bauer, Roger: Eine »Décadence, die sich Gänsefüßchen gefallen lassen muß«. Anmerkungen zur Literatur des Wiener »fin de siècle«. In: Zeman, S. 273-278.

Bauer, Roger: Die Wiederentdeckung des Barock und das Ende des Ästhetizismus. In: Bauer, S. 206-222.

Beller, Steven: Who made Vienna 1900 a capital of modern culture? In: Brix/Janik, S. 175-180.

Beller, Steven: Wien und die Juden: 1867-1938. Wien 1993.

Berg, Leo: Die Romantik der Moderne (1891). In: Wunberg, 1971, S. 77-82.

Berger, Christian-Paul: Hermann Bahrs Mach-Rezeption aus kultursoziologischer Sicht. In: Brix/Janik, S. 216-223.

Bilke, Martina: Zeitgenossen der »Fackel«. Wien/München 1981.

Bissinger, Helene: Die ›erlebte Rede‹ der ›erlebte innere Monolog‹ und der ›innere Monolog‹ in den Werken Hermann Bahrs, Richard Beer-Hofmanns und Arthur Schnitzlers. (Diss.) Köln 1953.

Bodzenta, Erich: Gesellschaft der Vorstadt um 1900, in: Berner/Brix/Mantl, S. 197-204.

Bohnen, Klaus: Skandinavische »Moderne« und österreichische Literatur. Zu einem »Literaturgespräch« der Jahrhundertwende. In: Zeman, S. 317-342.

Bomers, Jost: Der Chandosbrief – Die Nova Poetica Hofmannsthals. Stuttgart 1991.

Borchardt, Rudolf: Rede über Hofmannsthal. Erstm. Leipzig 1905. In: Rudolf Borchardt: Reden (Gesammelte Werke in Einzelbänden, hg.v. M.L. Borchardt), Stuttgart, 1955, S. 45-103. Zit.nach: Wunberg, 1971, 139-144.

Bossinade, Johanna: »Wenn es aber...bei mir anders wäre«. Die Frage der Geschlechterbeziehungen in Arthur Schnitzlers *Reigen*. In: Kluge, S. 273-327.

Brandys, Brygida: Satirisch-polemische Formen in Karl Kraus' Skizze: »Die demolirte Literatur«. In: Kaszynski, S. 117-128.

Briese-Neumann, Gisa: Ästhet-Dilettant-Narziss. Untersuchungen zur Reflexion der *fin de siècle*-Phänomene im Frühwerk Hofmannsthals. Frankfurt/M. 1985.

189

Brix, Emil: Das österreichische und internationale Interesse am Thema »Wien um 1900«. In: Brix/Werkner, S. 136-150.

Broch, Hermann: Hofmannsthal und seine Zeit. Frankfurt/M. 1974.

Brokoph-Mauch, Gudrun: Salomé und Ophelia: Die Frau in der österreichischen Literatur der Jahrhundertwende. In: MAL, Vol.22, Nos. 3/4, 1989, S. 241-255.

Bruns, Brigitte: Geschlechterkämpfe und psychoanalytische Theoriebildung. In: Nautz/Vahrenkamp, S. 329-348.

Burckhard, Max: Ein modernes Traumbuch. Erstmals in: Die Zeit, 6.1.1900, wiederabgedr. in: Wunberg, 1976, S.1047ff.

Bürger, Christa: Hofmannsthal und das mimetische Erbe. In: Pfister, S. 218-228.

Bürger, Peter: Naturalismus-Ästhetizismus und das Problem der Subjektivität. In: Bürger, S. 18-55.

Corbineau-Hoffmann, Angelika: »...zuweilen beim Vorübergehen...« Ein Motiv Hofmannsthals im Kontext der Moderne. In: Hofmannsthal Jahrbuch 1/1993, S. 235-262.

Csáky, Moritz: Die sozial-kulturelle Wechselwirkung in der Zeit des Wiener Fin de siècle. Versuch einer Deutung. In: Berner/Brix/Mantl, S. 139-151.

Curtius, Ernst Robert: George, Hofmannsthal und Calderon. In: Kritische Essays zur europäischen Literatur. Frankfurt/M. 1984, 172-201.

Czech, Hermann: Adolf Loos – Widersprüche und Aktualität. In: Marchetti, S. 357-360.

Daviau, Donald G.: Der Mann von Übermorgen. Hermann Bahr 1863-1934. Wien 1984.

Daviau, Donald G.: Hermann Bahr – Bahnbrecher der Moderne. In: Zeman, S. 685-708.

Daviau, Donald G.: Hermann Bahr und der Antisemitismus, Zionismus und die Judenfrage. In: LuK, Heft 221/222, Jg.XXII, 1988, S.21-41.

Del Caro, Adrian: Hofmannsthal as a Paradigm of Nietzschean Influence on the Austrian fin de siècle. In: MAL, Vol.22, Nos. 3/4, 1989, S. 81-95.

Diersch, Manfred: Empiriokritizismus und Impressionismus. Über Beziehungen zwischen Philosophie, Ästhetik und Literatur um 1900 in Wien. Berlin 1973.

Diersch, Manfred: Draussen, Drinnen und Ich. Ernst Machs Spiegel der Erkenntnisse als Anregung für die österreichische Erzählkunst des 20. Jahrhunderts. In: Strutz, S. 29-42.

Doppler, Alfred: »Der Ästhet als Bösewicht-?« (Schnitzlers Schauspiel *Der einsame Weg*). In: MAL, Vol.12, No.1, 1979, S. 1-18.

Dvorak, Josef: Die Revolution auf der Couch. Psychoanalyse und Jugendstil. In: Marchetti, S. 427-435.

Eder, Franz X.: »Diese Theorie ist sehr delikat...« Zur Sexualisierung der »Wiener Moderne«. In: Nautz/Vahrenkamp, S. 159-178.

Eilert, Heike: Die Vorliebe für kostbar-erlesene Materialien und ihre Funktion in der Lyrik des Fin de Siècle. In: Bauer, S. 421-441.

Elstun, Esther N.: Einsamkeit und Isolation in den Werken Arthur Schnitzlers und Richard Beer-Hofmanns. In: MAL, Vol.19, Nos.3/4, 1986, S. 179-195.

Farkas, Reinhard: Hermann Bahr. Dynamik und Dilemma der Moderne. Wien 1989.

Fels, Friedrich Michael: Die Moderne (1891). In: Wunberg, 1971, S. 73-76.

Fischer, Jens Malte: Dekadenz und Entartung – Max Nordau als Kritiker des Fin de Siècle. In: Bauer, S. 93-111.

Fischer, Jens Malte: Fin de siècle. Kommentar zu einer Epoche. München 1978.

Fischer, Kurt Rudolf: Zur Theorie des Wiener Fin de siècle. In: Nautz/Vahrenkamp, S. 110-127.

Fischer, Markus: »Und es war die Gegenwart, die vollste erhabenste Gegenwart« – Das Phänomen des Augenblicks in der österreichischen Literatur der Jahrhundertwende. In: Zeman, S. 767-804.

Florack, Ruth: Ichverlust im schönen Schein. Ästhetizismuskritik in Hofmannsthals *Märchen der 672. Nacht*. In: Austriaca, 12/1991, Jg.16, Nr.33, S. 124-139.

Fritsch, Cornelia: Emilie Mataja – Ein Beitrag zur Forschung der österreichischen Frauenliteratur um 1900. In: Zeman, S. 805-822.

Fürnkäs, Josef: Zitat und Zerstörung. Karl Kraus und Walter Benjamin. In: Le Rider/Raulet, S. 209-226.

Geißler, Rolf: Experiment und Erkenntnis. Überlegungen zum geistesgeschichtlichen Ort des Schnitzlerschen Erzählens. In: MAL, Vol.19, No.1, 1986, S. 49-62.

Gilman, Sander L.: Jewish Self-Hatred, Anti-Semitism and the »Hidden Language of the Jews«. Baltimore, 1986.

Günther, Klaus: »Es ist wirklich, wie wenn die Leute wahnsinnig wären.« Bemerkungen zu Arthur Schnitzler und Ernst Mach. In: Scheible, S. 99-116.

Gutjahr, Ortrud: Verführte und Verführerin in der Literatur um 1900. In: Roebling, S. 45-76.

Haiko, Peter: Otto Wagner, Adolf Loos und der Wiener Historismus. In: Marchetti, S. 297-304.

Haller, Rudolf: Fragen zu Wittgenstein und Aufsätze zur österreichischen Philosophie. Amsterdam 1986.

Hamann, Brigitte: Elisabeth, Kaiserin wider Willen, Neuausg. München 1990.

Hank, Rainer: Mortifikation und Beschwörung. Zur Veränderung ästhetischer Wahrnehmung in der Moderne am Beispiel des Frühwerkes Richard Beer-Hofmanns. Frankfurt/M. 1984.

Hank, Rainer: Sanfte Apokalypse. Untergangsvisionen in der österreichischen Literatur der Jahrhundertwende. In: LuK, H.240/241, Jan./Feb. 1990, S. 58-71.

Harriman, Helga H.: Women Writers and Artists in Fin-de-Siècle Vienna. In: MAL, Vol.26, No.1, 1993, S.1-17.

Hart, Heinrich: Die Moderne (1890/91). In: Wunberg, 1971, S. 69-72.

Herzfeld, Marie: Felix Dörmann. Eine vorläufige Studie. Erstmals in: Moderne Dichtung, 1.12.1890, wiederabgedr. in: Wunberg, 1976, S.135-139.

Herzl, Theodor: Stimmung. Bemerkungen. Erstmals in: Freie Bühne für den Entwickelungskampf der Zeit, November 1893, wiederabgedr. in: Wunberg, 1976, 415-416.

Höller, Hans: Die Melancholie-Szenen in Robert Musils »Törless«. In: Sauerland, S. 47-68.

Hoppe, Manfred: Literatentum, Magie und Mystik im Frühwerk Hofmannsthals. Berlin 1968.

Hutter, Heribert: Die Wiener »Secession«. Chronik einer Künstlervereinigung. In: Marchetti, S. 35-40.

Hüttinger, Eduard: Leonardo- und Giorgone-Kult. Materialien zu einem Thema des Fin de Siècle. In: Bauer, 143-169.

Janik, Allan/Toulmin, Stephen: Wittgensteins Wien. Aus dem Amerikanischen übersetzt und bearbeitet von Reinhard Merkel. 2.Aufl., München 1985.

Janik, Allan: Vienna 1900: reflections on problems and methods. In: Brix/Werkner, S. 151-163.

Janik, Allan: Kreative Milieus. Der Fall Wien. In: Berner/Brix/Mantl, S. 45-55.

Janik, Allan: Psychoanalysis: Science, Literature, Art? In: Austriaca, 1985, 11.Jg., Nr.21, S. 35-39.

Janz, Rolf-Peter/Laermann, Klaus: Arthur Schnitzler. Zur Diagnose des Wiener Bürgertums im Fin de siècle. Stuttgart 1977.

Johnston, William M.: Österreichische Kultur- und Geistesgeschichte. Gesellschaft und Ideen im Donauraum 1848-1938. Aus dem Amerikanischen von Otto Grohma. Wien/Köln/Graz 1974.

Kampits, Peter: Sprachphilosophie und Literatur als Sprachkritik im Wien um 1900. In: Berner/Brix/Mantl, S. 119-126.

Kampits, Peter: Positivismus und Impressionismus. In: Brix/Werkner, S. 98-110.

Kaszynski, Stefan: Überlegungen zur Poetik der Aphorismen bei Karl Kraus. In: Kaszynski, S. 129-140.

Kipphoff, Petra: Der Aphorismus im Werk von Karl Kraus. Diss. München 1961.

Klawiter, Randolph J.: Peter Altenberg and Das Junge Wien. In: MAL, Vol.1, No.4, 1968, S. 1-31.

Klinger, Kurt: Lyrisches Drama – Lyrisches Lebensgefühl. Zur Theaterkunst der Wiener Jahrhundertwende. In: LuK, Hefte 237/38, Jg.XXIV, 1989, S. 353-366.

Koopmann, Helmut: Entgrenzung – Zu einem literarischen Phänomen um 1900. In: Bauer, S. 73-92.

Kosler, Hans Christian: Karl Kraus und die Wiener Moderne. In: Arnold, S. 39-57.

Köwer, Irene: Peter Altenberg als Autor der literarischen Kleinform. Untersuchungen zu seinem Werk unter gattungstypologischem Aspekt. Frankfurt/M./Bern/N.Y./Paris 1987.

Kreuzer, Helmut: Zur Periodisierung der »modernen« deutschen Literatur, in: Kreuzer, 41-63.

Kreuzer, Helmut: Die Bohème. Stuttgart 1968.

Kreuzer, Helmut: Veränderungen des Literaturbegriffs. Göttingen 1975.

Kulka, Heinrich: Adolf Loos. Das Werk des Architekten (Nachdr.v.1931), Wien 1979.

Le Rider, Jacques: Modernismus/Feminismus – Modernität/Virilität. Otto Weininger und die asketische Moderne. In: Pfabigan, S. 242-260.

Le Rider, Jacques: Wien als »Porta Orientis«. Die Farben und das Dreieck männlich/weiblich/jüdisch bei Hugo von Hofmannsthal. Über *Die Briefe des Zurückgekehrten* und *Die Wege und die Begegnungen.* In: Austriaca 12/1991, Jg. 16, Nr.33, S. 109-121.

Le Rider, Jacques: Der Fall Otto Weininger. Wurzeln des Antifeminismus und Antisemitismus. München 1985.

Le Rider, Jacques: Das Ende der Illusion. Die Wiener Moderne und die Krisen der Identität. Wien 1990.

Le Rider, Jacques: Wittgenstein und Weininger. In: Brix/Janik, S. 188-208.

Lengauer, Hubert: Metaphern der Macht. Ornament und Askese bei Hofmannsthal. In: Pfabigan, S. 191-211.

Lengauer, Hubert: Historismus und Moderne. Gesellschaft und Literatur der franzisko-josephinischen Epoche. In: Rumpler, S. 186-193.

Leser, Norbert: Geistige und politische Strömungen in Wien um 1900. In: Berner/Brix/Mantl, S. 63-68.

Lichtenberger, Elisabeth: Wirtschaftsfunktion und Sozialstruktur der Wiener Ringstrasse, Bd. IV d. Reihe: Renate Wagner-Rieger (Hg.), Wien/Köln/Graz 1970.

Lindken, Hans-Ulrich: Vor- und Nachspiele zu Arthur Schnitzlers »Lieutenant Gustl«. In: Lindken, Das magische Dreieck, S. 49-75.

Löffler, Dietrich: Otto Weiningers »Geschlecht und Charakter«. In: Sauerland, S. 121-133.

Lothar, Rudolf: Die Zeitung und die Literatur. Erstmals in: Wiener Literatur-Zeitung, 15.12.1891, wiederabgedr. in: Wunberg, 1976, S. 284-288.

Maderthaner, Wolfgang: Politik als Kunst: Victor Adler, die Wiener Moderne und das Konzept einer poetischen Politik. In: Nautz/Vahrenkamp, S. 759-776.

Magris, Claudio: Arthur Schnitzler und das Karussell der Triebe. In: Scheible, S. 71-80.

Martino, Alberto: Lektüre im Wien der Jahrhundertwende (1889-1914). In: Zeman, 1, S. 95-102.

Matis, Herbert: Grundzüge der österreichischen Wirtschaftsentwicklung 1848-1914. In: Rumpler, S. 107-124.

Mayer, Mathias: Hugo von Hofmannsthal. Stuttgart 1993.

Mennemeier, Franz Norbert: Literatur der Jahrhundertwende. Europäisch-deutsche Literaturtendenzen 1870-1910, Bd.I u. II. Bern/Frankfurt/M./New York 1985, 1988.

Neuber, Wolfgang: Paradigmenwechsel in psychologischer Erkenntnistheorie und Literatur: Zur Ablöse des Herbartianismus in Österreich (Herbart und Hamerling, Freud und Schnitzler). In: Zeman, S. 441-474.

Neumann, Gerhard: Proverb in Versen oder Schöpfungsmysterium? Hofmannsthals Einakter zwischen Sprach-Spiel und Augen-Blick. In: Hofmannsthal Jahrbuch 1/1993, S. 183-234.

Nienhaus, Stefan: Das Prosagedicht im Wien der Jahrhundertwende. Altenberg-Hofmannsthal-Polgar. Berlin 1986.

Paetzke, Iris: Erzählen in der Wiener Moderne. Tübingen 1992.

Perl, Walter H.: Der Dichter Leopold Andrian: Frühvollendung und Verstummen. In: MAL, Vol.2, No.2, 1969, S. 23-29.

Perlmann, Michaela L.: Arthur Schnitzler, Stuttgart 1987.

Perlmann, Michaela L.: Der Traum in der literarischen Moderne. Zum Werk Arthur Schnitzlers. München 1987.

Pestalozzi, Karl: Der Mythos des erhöhten Augenblicks bei Hugo von Hofmannsthal. In: Sauerland, S. 13-33.

Peters, Ulrike: Richard Beer-Hofmann. Zum jüdischen Selbstverständnis im Wiener Judentum um die Jahrhundertwende. Mit einem Vorwort von Sol Liptzin. Frankfurt/M. 1993.

Polgar, Alfred: Theorie des Café Central. In: Polgar, 83-91.

Politzer, Heinz: Die letzten Tage der Schwierigen. Hofmannsthal, Karl Kraus und Schnitzler. In: Merkur 28, 1974, S. 214-238.

Praz, Mario: Liebe, Tod und Teufel. Die schwarze Romantik. Übers. v. Lisa Rüdiger. München 1963.

Pulzer, Peter: Liberalismus, Antisemitismus und Juden im Wien der Jahrhundertwende. In: Berner/Brix/Mantl, S. 32-38.

Rasch, Wolfdietrich: Die literarische Décadence um 1900, München 1986.

Rasch, Wolfdietrich: Fin de siècle als Ende und Neubeginn. In: Bauer, S. 30-49.

Rella, Franco: Freud und Schnitzler. Der Spiegel der Analyse. In: Scheible, S. 199-205.

Renner, Ursula: Leopold Andrians »Garten der Erkenntnis«. Literarisches Paradigma einer Identitätskrise in Wien um 1900. Frankfurt/M. 1981.

Rieckmann, Jens: Aufbruch in die Moderne. Die Anfänge des Jungen Wien. Österreichische Literatur und Kritik im Fin de Siècle. Königstein (Ts), 1985.

Roche, Mark W.: Schnitzler's *Anatol* as a Philosophical Comedy. In: MAL, Vol.22, Nos. 3/4, 1989, S. 51-59.

Rösner, Manfred: Eine prinzipielle Unmöglichkeit. Bemerkungen zu Otto Weiningers »Geschlecht und Charakter«. In: Clair, S. 497-499.

Rossbacher, Karlheinz: Literatur und Liberalismus. Zur Kultur der Ringstraßenzeit in Wien. Wien 1992.

Rossbacher, Karlheinz: (Diskussionsbeitrag) in: Brix/Werkner, S. 62.

Scheible, Hartmut: Literarischer Jugendstil in Wien. Eine Einführung. München 1984.

Schiffer, Helga: Experiment und Ethik in Arthur Schnitzlers *Paracelsus*. In: Kluge, S. 329-357.

Schmidt-Dengler, Wendelin: »Ein der Natur mißlungener Künstler«. Zur Nietzsche-Rezeption im Wien der Jahrhundertwende. In: Akten d. VI. intern. Germanistenkongresses, Basel 1980. Hg.v. Heinz Rupp und Hans-Gert Roloff. Bern (Jb.f.int.Germ. Reihe A, Bd.8), S. 422f.

Schmidt-Dengler, Wendelin: Literatur und Theater, in: Waissenberger. Wien 1890-1920, S. 243-264.

Schorske, Carl E.: Wien. Geist und Gesellschaft im Fin de siècle. Dt. von Horst Günther. Frankfurt/M. 1982.

Schonauer, Franz: Stefan George. Reinbek/Hamburg, 1960.

Simon, Ernst: Sigmund Freud, the Jew, Publication of the Leo Baeck Institute, Yearbook 2, 1957. S. 270-305.

Sokel, Walter H.: Narzißmus und Judentum: Zu Richard Beer-Hofmanns »Der Tod Georgs«. In: LuK, Heft 221/222, Jg.XXII, 1988, S. 8-20.

Springer, Elisabeth: Geschichte und Kulturleben der Wiener Ringstrasse, Bd. II d.Reihe: Renate Wagner-Rieger (Hg.). Wiesbaden, 1979.

Stern, Joseph Peter: Karl Kraus. Sprache und Moralität. In: Pfabigan, S. 168-177.

Stern, Martin: Hofmannsthal und das Ende der Donaumonarchie. In: Zeman, S. 709-728.

Strutz, Josef: Der Mann ohne Konzessionen. Essayismus als poetisches Prinzip bei Musil und Altenberg. In: Strutz, S. 11-29.

Szondi, Peter: Das lyrische Drama des fin de siècle. Studienausgabe der Vorlesungen hg.v. Henriette Beese, Bd.4. Frankfurt/M. 1991.

Terwort, Nicole: Ich-Entwertung und Identitätsverlust in Arthur Schnitzlers Dramen »Reigen«, »Anatol« und »Komtesse Mizzi«. In: Lindken, Das magische Dreieck, S. 10-28.

Timms, Edward: Karl Kraus. Apocalyptic Satirist. Culture and Catastrophe in Habsburg Vienna. New Haven/London, erstm. 1986, paperb. 1989.

Timms, Edward: Die Wiener Kreise. Schöpferische Interaktionen in der Wiener Moderne. In: Nautz/Vahrenkamp, S. 128-143.

Titzmann, Michael: Das Konzept der Person und ihrer Identität in der deutschen Literatur um 1900. In: Pfister, S. 36-52.

Urbach, Reinhard: Arthur Schnitzler. Velber 1968.

Vogel, Juliane: Schattenland des ungelebten Lebens. Zur Kunst des Prologs bei Hugo von Hofmannsthal. In: Hofmannsthal Jahrbuch 1/1993, S. 165-181.

Wagenknecht, Christian: Die ästhetische Wendung der »Fackel«. In: Kaszynski, S. 103-116.

Wagner, Manfred: Der Jugendstil gilt vielen als Modern. In: Brix/Werkner, S. 111-115.

Wagner, Nike: Geist und Geschlecht. Karl Kraus und die Erotik der Wiener Moderne. Frankfurt/M. 1987.

Warum, Claudia: Richard von Schaukal als Übersetzer französischer Literatur. In: Zeman, S. 297-316.

Weibel, Peter: Das goldene Quadrupel: Physik, Philosophie, Erkenntnistheorie, Sprachkritik. In: Marchetti, S. 407-418.

Weinhold, Ulrike: Die Renaissancefrau des Fin de Siècle. Untersuchungen zum Frauenbild der Jahrhundertwende am Beispiel von R.M.Rilkes »Die weiße Fürstin« und H.v.Hofmannsthals »Die Frau am Fenster«. In: Kluge, S. 235-273.

Weinzierl, Erika: Österreichische Frauenbewegungen um die Jahrhundertwende. In: Berner/Brix/Mantl, S. 221-225.

Wengraf, Edmund: Kaffeehaus und Literatur. In: Wunberg/Braakenburg,
1981, S. 640-642.

Worbs, Michael: Nervenkunst. Literatur und Psychoanalyse im Wien der
Jahrhundertwende. Frankfurt/M. 1983.

Worbs, Michael: Psychoanalyse und Literatur: Freud und die Schriftsteller
der Wiener Moderne. In: Austriaca, 1985, 11.Jg., Nr.21, S. 21-26.

Wunberg, Gotthart: Österreichische Literatur und allgemeiner zeitgenössischer Monismus um die Jahrhundertwende. In: Berner/Brix/Mantl, S.
104-111.

Wunberg, Gotthart: Deutscher Naturalismus und Österreichische Moderne.
Thesen zur Wiener Literatur um 1900. In: Le Rider/Raulet, S. 91-116.

Wunberg, Gotthart: Der frühe Hofmannsthal. Schizophrenie als dichterische Struktur. Stuttgart 1965.

Wunberg, Gotthart: Chiffrierung und Selbstversicherung des Ich. Antikefiguration um 1900. In: Pfister, S. 190-201.

Wunberg, Gotthart: Deutscher Naturalismus und Österreichische Moderne. Thesen zur Wiener Literatur um 1900. In: le Rider/Raulet, S. 91-
116.

Wuthenow, Ralph-Rainer: Muse, Maske, Meduse. Europäischer Ästhetizismus. Frankfurt/M. 1978.

Wyss, Hugo: Die Frau in der Dichtung Hofmannsthals. Zürich, 1954.

Yates, W.E.: Erinnerung und Elegie in der Wiener Literatur 1890-1930. In:
LuK, Heft 221/222, Jg.XXII, 1988, S. 153-169.

Zeman, Herbert: Die österreichische Literatur der Jahrhundertwende – eine
literaturhistorische Skizze. In: Zeman, 1. Graz, S. 1-50.

Zohn, Harry: Karl Kraus. Aus dem Amerikanischen von Ilse Goesmann.
Frankfurt/M. 1990.

Zohner, Alfred: Café Griensteidl. In: Nagl/Zeidler/Castle, Bd.4, 1715ff.

Personenregister

Personenregister

Adler, Friedrich 78
Adler, Viktor 16, 18ff., 21, 25f., 36
Alewyn, Richard 91, 116
Altenberg, Peter = Richard Engländer (1859-1919) 2, 4, 22, 24f., 62, 78, 97, 99, 148, 155, 168f., 171ff., 174ff., 177ff., 180
Amiel, Henri Frédéric 47, 54
Andreas-Salomé, Lou 115
Andrian, Leopold = Leopold Reichsfreiherr von Andrian-Werburg (1875-1951) 10, 19, 24f., 45, 65, 69ff., 74f., 79, 81, 86f., 89f., 97, 99, 101f., 104, 119, 123ff., 134, 160
D'Annunzio, Gabriele 3, 54f., 58ff., 63, 65, 79
Anzengruber, Ludwig 4, 31, 47
Arnzten, Helmut 161f.
Aspetsberger, Friedrich 74, 140f., 143
D'Aurevilly, Barbey 56
Austerlitz, Friedrich 25f.
Avenarius, Richard 105

Bach, David Josef 21
Bachofen, Johann Jakob 127
Bacon, Francis 150f.
Badeni, Kasimir Graf 18
Bahr, Hermann (1863-1934) 1ff., 4, 6, 12f., 19, 22, 24ff., 35ff., 38ff., 41ff., 44ff., 48f., 51f., 54, 57, 71, 74ff., 77ff., 80f., 85f., 88, 90f., 93ff., 96ff., 99ff., 102, 104, 106ff., 113, 118, 120, 122, 126, 138, 144f., 153, 155, 157ff., 160, 162, 174, 180

Barker, Andrew W. 175f., 180
Barrès, Maurice 39, 44f., 47, 51f., 54, 75
Bashkirtseff, Marie 148
Baudelaire, Charles 29, 39, 48, 53, 60, 76, 177
Bauer, Anton Dr. 97f.
Bauer, Julius 26, 101
Bauer, Roger 3, 53f., 143ff., 163
Bauernfeld, Eduard von 22, 159
Baumgartner, Ferdinand 25
Beardsley, Aubrey 163
Beer-Hofmann, Richard (1866-1945) 2, 25, 45, 54f., 65f., 69f., 74f., 78ff., 81, 85f., 88f., 92f., 95ff., 99, 102, 104f., 119, 123, 125ff., 131, 133f., 136, 148, 160f., 163f., 174
Beller, Steven 5, 16, 22, 83ff.
Benedikt, Moriz 26
Benjamin, Walter 180
Bératon, Ferry 25, 78, 91, 95, 97, 157f., 160
Berg, Alban 22, 176
Berg, Leo 97, 147
Berger, Alfred von 22
Berger, Christian-Paul 107
Berner, Peter 6
Bernheim, Hippolyte 115
Bierbaum, Otto Julius 46
Bilke, Martina 161
Bismarck, Otto von 19, 27, 36
Bissinger, Helene 126
Bleibtreu, Karl 156
Bodzenta, Erich 14
Bohnen, Klaus 55f.
Bölsche, Wilhelm 46, 48
Boltzmann, Ludwig 20
Bomers, Jost 150ff.
Borchardt, Rudolf 7f.

Sammlung Metzler

206